中山大学法学文丛

JINGJI TIYU GONGZHENGXING
DE XINGFA BAOHU

竞技体育
公正性的刑法保护

庄　劲　等著

·广州·

图书在版编目（CIP）数据

竞技体育公正性的刑法保护/庄劲等著. —广州：中山大学出版社，2019.12

（中山大学法学文丛）

ISBN 978-7-306-06471-4

Ⅰ. ①竞… Ⅱ. ①庄… Ⅲ. ①竞技体育—刑法—保护—研究—中国 Ⅳ. ①D922.164 ②D924.399.4

中国版本图书馆 CIP 数据核字（2018）第 244918 号

出 版 人：王天琪

策划编辑：金继伟

责任编辑：周 玢

封面设计：曾 斌

责任校对：王 璞

责任技编：何雅涛

出版发行：中山大学出版社

电 话：编辑部 020-84110771，84110283，84111997，84110779

发行部 020-84111998，84111981，84111160

地 址：广州市新港西路 135 号

邮 编：510275 传 真：020-84036565

网 址：http://www.zsup.com.cn E-mail：zdcbs@mail.sysu.edu.cn

印 刷 者：广州一龙印刷有限公司

规 格：787mm×1092mm 1/16 17 印张 287 千字

版次印次：2019 年 12 月第 1 版 2019 年 12 月第 1 次印刷

定 价：48.00 元

如发现本书因印装质量影响阅读，请与出版社发行部联系调换

内 容 提 要

竞技体育与对竞技体育的欣赏已逐渐成为人们生活不可分割的一部分，但在竞技体育事业蓬勃发展的同时，竞技舞弊也日益猖獗。“公正性”这一体育事业的灵魂不断受到竞技舞弊的侵蚀，严重损害了人们对竞技体育的信心和热情。要保证竞技体育事业的可持续发展，就必须善于补充性地运用刑事手段遏制竞技舞弊，保护竞技体育的公正性，此即本课题的应用价值所在。后现代的犯罪预防理论认为，后现代社会是风险社会，主要表现为“信任和风险环境的更迭以及主体不安全感的增加”。社会风险总是作为过程而存在，具有潜伏、滋生、发展、实现等阶段。社会风险除了是物理性的、技术性的，也可能是主体性的，因而犯罪也是一种社会风险。要遏制犯罪，就必须将犯罪作为一个风险逐级递增的过程来把握，对该过程中各环节的不法行为予以分别遏制，而不能仅仅着眼于某一环节。据此，要有效地遏制竞技舞弊、保护竞技体育公正性，就需要对竞技舞弊犯罪链条中的风险垂直递增的诸犯罪环节，分别予以“垂直遏制”。本课题的目标在于将风险社会的犯罪预防理论与竞技舞弊的刑事遏制结合起来，探求保护竞技公正的有效刑事手段。

目　录

第一章　风险社会视域下的竞技体育犯罪 …………………………… 1
第一节　惨淡现状：阴云密布的竞技体育赛场 ………………… 2
第二节　理论背景：风险社会的风险接受与管理 ……………… 16
第三节　路径选择：垂直遏制的刑事政策体系 ………………… 33

第二章　竞技体育公正性的刑事保护政策 ………………………… 45
第一节　我国刑事保护竞技体育公正性的现状及不足 ……… 45
第二节　竞技体育公正性保护的域外刑法经验 ……………… 56
第三节　域外刑法经验之借鉴及立法建议 …………………… 79

第三章　体育竞技网络赌博的刑事政策 ………………………… 83
第一节　网络赌博的立法博弈 ………………………………… 84
第二节　网络赌博的经济权衡 ………………………………… 87
第三节　网络赌博的社会问题 ………………………………… 89
第四节　网络赌博的犯罪诱发 ………………………………… 94
第五节　网络赌博的遏制可能 ………………………………… 96
第六节　对我国刑事政策的启示 ……………………………… 98

第四章　体育竞技伤害的刑法规制 ……………………………… 102
第一节　判例法之嬗变 ……………………………………… 104
第二节　制定法之发展 ……………………………………… 117
第三节　竞技伤害之刑法介入 ……………………………… 121
第四节　理论基础之争 ……………………………………… 124
第五节　政策考量之争 ……………………………………… 131

第六节　笔者立场：刑法规制说之提倡 …… 136
第七节　刑法介入的抗辩事由 …… 140
第八节　抗辩事由的判断要素 …… 155

第五章　竞技舞弊共犯形态及其定性 …… 168
第一节　竞技舞弊的共犯形态 …… 168
第二节　竞技舞弊的共犯定性 …… 185

第六章　竞技舞弊的罪数问题 …… 197
第一节　赌球集团的罪数问题 …… 199
第二节　足协官员等人的罪数问题 …… 203
第三节　中间人的罪数问题 …… 207

第七章　竞技舞弊的犯罪化研究 …… 213
第一节　竞技舞弊之行为样态 …… 215
第二节　竞技舞弊犯罪化之思路 …… 227
第三节　竞技舞弊犯罪化之展开 …… 237

结语 …… 261

第一章　风险社会视域下的竞技体育犯罪

2009年年末，由公安部牵头的足坛反赌风暴席卷全国，从北方的辽宁、山东到南方的广州、深圳，从东部的上海、浙江到西部的四川、重庆，被要求协助调查的人数多达上百人。一大批足协官员、俱乐部高层管理人员、教练、裁判、运动员涉案，但判决结果却让人大失所望，随后足协内部的处罚更是被大呼是对腐败的纵容。此次反赌风暴的重点只是赌球中的钱球交易、权钱交易行为，故大多数被告人所犯罪名均为行贿罪、受贿罪、对非国家工作人员行贿罪和非国家工作人员受贿罪。但不可否认的是，反赌风暴证实了一直以来假球黑哨的传闻不虚。或许，这些暴露在公众面前的暗箱操作、非法操控只是冰山一角。那么，究竟当前竞技体育比赛的情况是怎样的呢？身处风险社会的大背景下，如何认识风险与竞技舞弊的关系呢？在竞技赌博—竞技管理渎职—竞技舞弊实行已形成完整犯罪链的今天，如何运用刑事手段遏制竞技舞弊、保护竞技体育的公正性呢？

因此，本章将分三节讨论上述问题：第一节阐述竞技比赛的现状，即竞技机制潜伏着不法因素，腐败渗透在竞技体育的各个环节，严重危害了竞技体育的健康、可持续发展。而且，以足球为例，细数当年轰动一时的假球、黑哨案件——1999年的“渝沈之战”、2001年的“甲B五鼠案”、2006年的“广药假球案”和2009年的青岛“吊射门案”，以及详细介绍和评价2009年的反赌风暴。第二节论述风险社会的理论背景，以贝克的风险社会论为代表，分析当代社会的风险特性，认为所有的竞技舞弊行为实际上是竞技不公正性风险逐级递增的犯罪链条；以风险接受与零度容忍、风险管理和犯罪预防的理论为基础，认为对竞技制度的风险应该接受但对竞技舞弊应该零度容忍，对竞技体育的风险应该管理而对竞技舞弊犯罪应该预防。第三节探究竞技舞弊刑法干预的整体思路和出路，主张应对犯罪链条上的各个环节进行垂直遏制，通过刑法解释论和立法论的方法实现对竞技体育的完整保护。

第一节　惨淡现状：阴云密布的竞技体育赛场

竞技体育，是指以体育竞赛为主要特征，以创造优异运动成绩、夺取比赛优胜为主要目标的社会体育活动。① 通常来说，每一个竞技比赛的参与者应该严格按照既有的原则和规则参加比赛，《中华人民共和国体育法》(以下简称《体育法》) 第三十三条也明确规定，"体育竞赛实行公平竞争的原则。体育竞赛的组织者和运动员、教练员、裁判员应当遵守体育道德，不得弄虚作假、营私舞弊"。遗憾的是，随着竞技体育事业的蓬勃发展，吹黑哨、踢假球、滥用兴奋剂、谎报身份、虚报年龄、行贿与受贿、非法赌博等一系列竞技舞弊行为接连出现，整个竞技体育赛场呈现阴云密布的状态。而本节将在探究竞技体育的制度本身潜伏的竞技舞弊诱因的基础上，以足球为例，细数那些曾经轰动一时的假球、黑哨案件，最后具体阐述2009 年年末由公安部门主导的反赌风暴，以期真实地反映体坛现状。

一、竞技机制潜伏不法

在计划经济向市场经济转变的大背景下，竞技体育也于 1994 年开始了职业化改革的新进程。作为市场经济的产物，职业体育拥有市场经济的固有优点，但同时也具备了市场经济的内在弊端，为竞技舞弊提供了生存的空间。为了追求利益的最大化，职业体育俱乐部往往选择铤而走险，使用各种妨碍竞技体育公平的伎俩。而且，单项体育协会规定将争议提交本协会仲裁委员会仲裁，仲裁决定具有最终效力，排除司法介入的可能性，处罚力度微不足道。再者，人才选拔制度虽然逐渐变得程序化与公开化，但也不是根本无法暗箱操作。此外，国家发行和管理的体育彩票尚不能满足公众的需求，地下赌博依旧猖獗，赌球集团为了提高获胜的概率甚至想方设法控制比赛的结果。现有的竞技机制固然力图将竞技舞弊行为扼杀在摇篮里，然而不法行为还是潜伏其中伺机爆发，并在间隙中依然得以"蓬勃发展"。

① 参见颜天明《竞技体育的意义》，北京体育大学出版社 2003 年版，第 30～34 页。

（一）组织机制——职业体育与名誉利益

1992年召开的党的十四大确立了建立社会主义市场经济体制的改革目标，市场经济改革的大潮迅速地蔓延到体育领域，体育市场机制变革率先在足球赛事中铺开。1994年全国足球甲A联赛昭示我国足球比赛正朝着职业化发展。随后，1995年中国男子篮球职业联赛（以下简称“CBA联赛”）的创办，标志着中国篮球职业化的开始；1996年，中国排球以赛制改革为突破口，拉开了排球职业化的序幕；1998年，“红双喜”中国乒乓球俱乐部联赛打响，乒乓球比赛步入职业化发展轨道；1999年，中国羽毛球联赛进行过尝试，2002年中断，但2010年中国羽毛球俱乐部超级联赛重新回归到职业化的道路；2000年，中国网球先在女子双打项目中试水职业化并于2009年完全走向职业化。在职业化的发展模式下，体育俱乐部占据了重要地位，以营利为目标，主要从事组织门票收入、发展俱乐部会员、经营广告业务、出售电视转播权等一系列经营活动。不可否认，竞技体育职业化发展是大势所趋，也为我国的体育发展注入了活力，但有阳光的地方就会有阴影。作为市场化的产物，职业体育同样呈现出了自发性的特征，即为了利益的最大化而不惜一切，极大地妨碍了竞技体育公正性。

1. 追名，打造城市名片

球队，凝聚了城市的精神寄托，成为一座城市的名片和象征。自然地，球队的成绩也直接影响到城市的形象。每一座城市都企图通过球队提高城市的知名度、打造城市品牌，所以，对球队的建设与发展极为重视。例如，大连市人大常委会还专门通过《大连市人大常委会关于进一步发展足球运动事业的决定》，成为第一个把体育运动作为法规性文件规定对象的城市。以足球为例，到1993年12月31日，全国11个足球发展重点城市都分别成立了职业足球俱乐部，几乎涵盖了参加1994年甲A、甲B联赛的24支球队。[①] 有些体育赛事进行分级管理，如足球分为中国足球超级联赛、中国足球甲级联赛、中国足球乙级联赛三级，篮球分为中国男子篮球职业联赛和全国男子篮球联赛两级。这样，每一场比赛的成绩就不仅仅

① 参见郑志强《中国职业足球发展问题研究——基于历史演进的视角》，线装书局2010年版，第50页。

是该场比赛的结果，还影响到球队或者俱乐部的名次与级别，决定了其能否“升级”“保级”还是只能“降级”。特别是在一些关键赛事中，倘若两支球队“协商”比赛结果能出现双赢的局面，抑或是故意输掉比赛对自己极为有利，那么就会滋生不法行为、产生以钱换球的交易，比赛结果也会不出所料，朝着大家事先预想的结局发展。

2. 逐利，扩大经济收益

在市场经济的浪潮中，扩大经济收益是每一个企业的目标与动力。作为自负盈亏的经营实体，体育俱乐部自然也会力图实现利益的最大化。目前，“一手抓训练，一手抓市场”，已成为许多俱乐部运作的基本方针。[①]一般来说，职业体育俱乐部的收入来源主要有门票、媒体转播费、赞助与广告以及商务开发四个渠道，消费支出主要有俱乐部场地费用、人员的工资、奖金和保险等方面。一个职业俱乐部的经营状况往往取决于球队成绩的好坏，[②] 但俱乐部的财力状况决定了其不可能盲目、无休止地追逐国内外优秀运动员，起用优秀的教练。为了赢得比赛、吸引足够多的球迷，俱乐部除了可以提高自身水平之外，还可能采取如上文提及的与其他俱乐部“合作”的策略。这种利益至上的市场化模式，本身就蕴含着体育参加者唯利是图、铤而走险进行违法犯罪的风险。

（二）人员机制——人才选拔与个人素质

在竞技体育比赛中，教练、运动员和裁判都占据着举足轻重的地位。教练负责运动训练、决定上场运动员的名单与比赛的战略；运动员的水平、临场的发挥或者合作能力会直接影响到比赛的结果；裁判是各类竞技比赛规则的执行者，是球场上的“法官”。如今，我国对教练、运动员以及裁判的注册管理工作由单项体育协会负责，但人员选拔机制因身份的不同而有所差别。一般来说，职业体育俱乐部的运动员与教练允许自由竞争和人员流动，采取合同制。换言之，运动员和教练根据自身的要求、球队的条件选择俱乐部，俱乐部根据自身的需要、财务状况选择运动员和教练，运动员和教练的聘任是双方双向选择、达成合意的结果。相比之下，国家队、省队、市队等专业运动员与教练的选拔就显得不是那么自由了，

① 参见张林、戴健、陈融《我国职业体育俱乐部运行机制研究》，载《体育科学》2001 年第 4 期，第 12 页。

② 参见钟天朗《体育经营管理——理论与实务》，复旦大学出版社 2004 年版，第 186 页。

选拔的程序也比较复杂。总体而言，虽然选拔程序逐渐公开化、透明化，但暗箱操作、不法行为还是有生存的空间。

1. 教练的选拔

以足球为例，专业教练的选拔有严格的程序，需要经过公布招聘岗位、要求—相关人员推荐—专业委员会提出候选人名单—主管部门审核、上报主管领导审批、下发候选人通知—候选人填写审议表—专业委员会组成评议小组评议—主管部门总结意见、提交教练员人选报告—主管领导审核—中国足协主席会议审批①这一系列的步骤。但是，候选教练无法毛遂自荐，更无法与主管部门处于同一高度、在同一平台上对话。为了顺利进入国家队、省队、市队等执教，不少知名教练均以不同方式行贿主管人员或者领导。就中国足球协会（以下简称“足协”）原副主席杨一民来说，其就曾多次利用职务上的便利，在教练、助理教练的选拔上进行权钱交易。按照（2011）铁刑二初字第00006号判决书认定的事实来看，杨一民于1999年春季接受贾秀全的请托，为贾秀全担任中国青少年足球队主教练提供了帮助并收受贾秀全所送人民币3万元；2000年7、8月，其接受黄国昌的请托，为黄国昌担任青岛颐中足球俱乐部青少年队教练提供了帮助并收受人民币1万元；2001年至2003年，其利用担任足球运动管理中心技术部主任、联赛部主任及足球运动管理中心副主任职务上的便利，为李立新在业务培训及担任国家青年足球队守门员教练等方面提供了帮助并收受李立新所送鱼缸一个；2003年，其利用担任足球运动管理中心副主任职务上的便利，为王军担任国家青年足球队助理教练提供了帮助并收受王军所送西门子牌电冰箱一台；2003年12月，接受时任国家男子足球队助理教练高洪波的请托，为高洪波担任厦门蓝狮足球俱乐部主教练提供了帮助；2003年至2006年，继续接受贾秀全的请托，先后2次为贾秀全担任中国国家青年足球队主教练提供了帮助并分别收受人民币4万元和3万元。②这些花钱进入国字号教练岗位的教练，其专业素质与道德水平可想而知。中国足坛元老马克坚也曾说，足协在选帅过程中的“暗箱操作”，毁

① 参见新浪体育网《中国足协各级国家队教练员选拔、聘任办法（试行）》，见http://sports.sina.com.cn/n/2003-11-20/0948665323.shtml，最后访问时间：2013年7月16日。

② 参见北大法宝网“杨一民受贿案”，见http://www.pkulaw.cn/fulltext_form.aspx?Db=pfnl&Gid=118783001&keyword=%e6%9d%a8%e4%b8%80%e6%b0%91&EncodingName=&Search_Mode=accurate，最后访问时间：2013年7月16日。

掉了中国足球！

2. 专业运动员的选拔

一般来说，专业运动员的选拔是采取积分制的方式或者是在比赛成绩达到一定水平时，择优录取。以国家跆拳道队为例，其将国际、国内赛事划分为若干档次计算分值，本年度运动员参加所指定的国际、国内比赛获得的积分加上上年度积分的40%之和，从积分列前者中选拔国家集训队运动员人选。[①] 运动员的比赛成绩、专业素质固然重要，由于有些运动员队伍、有些体育赛事有严格的年龄和身份要求，所以，其年龄与身份也十分关键。但是，为了通过选拔或者获得参赛机会，虚报年龄和谎报身份的行为并不少见。此外，专业运动员大多从小就专注于体育锻炼而忽视了文化课的学习。正如国家乒乓球队副领队黄飚所说的，"有什么样的文化素质，打什么样水平的球"，文化教育水平也会影响到运动员的综合素质。在现有的培养框架下，虽然文化教育问题逐渐受到重视，[②] 但依然任重道远。

3. 裁判的选拔

在竞赛场上，裁判员是依据竞赛规则确保比赛公正、有序进行的执法者。各单项体育协会不仅负责裁判的注册管理工作，还直接决定具体赛事中裁判的人选或者至少是对裁判的产生具有至关重要的影响。以羽毛球为例，《羽毛球裁判员管理办法（试行）》第二十五条规定，"担任大型综合性运动会羽毛球比赛的裁判员名单，原则上由乒羽中心提出建议，征求有关省市意见，报国家体育总局批准后确定。其他各级、各类羽毛球比赛的裁判员，由各相应体育行政部门的裁判主管部门选派"。但是，裁判名单通常会提前公布，从而，就有可能出现黑哨。假球、黑哨的传闻不绝于耳，后来也证明了所言不虚。而倘若裁判名单直至比赛开始前一直处于保密的状态，即便行贿人欲行贿也缺乏了具体明确的对象，恐怕就可以大大减少黑哨的出现概率。

（三）处罚机制——行业自律与司法介入

按照我国《体育法》的规定，单项体育协会负责各类单项体育竞赛的

---

① 参见搜狐体育网《确保公平　中国跆拳道队公布队员积分与选拔办法》，见 http://sports.sohu.com/20100414/n271512528.shtml，最后访问时间：2013 年 7 月 16 日。

② 如运动员文化水平准入制度已经纳入国家体育总局公布的《运动员文化教育和运动员保障试点工作方案》。以国家乒乓球队作为试点单位，从 2009 年开始探索施行。

组织管理，如果在竞技体育活动中发生纠纷，由体育仲裁机构负责调解、仲裁。《中国足球协会章程》第六十二条就明确规定，“一、会员协会、注册俱乐部及其成员，应保证不得将他们与本会、其它会员协会、会员俱乐部及其成员的业内争议提交法院，而只能向本会的仲裁委员会提出申诉。二、仲裁委员会在《仲裁委员会工作条例》规定的范围内，作出的最终决定，对各方均具有约束力。三、仲裁委员会作出的上述范围外的裁决，可以向执行委员会申诉，执行委员会的裁决是最终裁决”。2013 年年初，中国足协纪律委员会连开 38 张罚单，处罚决定涉及 12 家俱乐部和 58 个个人，[①] 但处罚方式不外乎罚款、扣分、取消奖项、禁赛，处罚力度也被批评太轻、名为严惩实为大赦。暂且不论处罚裁量是否合理，中国足协的法律地位与性质也决定了其不能对违规者采取诸如限制人身自由等强制措施，因而震慑效果极为有限。因此，作为一个经济理性人，经过违法成本与所得的理性计算后，自然会选择利益可观的那一方面。

虽然有些协会章程规定了行业自律，采取仲裁的方式解决，但从理论上来说，竞技舞弊行为从未排除司法介入的可能性。仲裁只能局限于平等主体之间的合同纠纷或者其他财产权益的纠纷，在行为触犯刑法、行政法的情况下，公权力的介入就是可能而且是必要的。然而，即便实际上联赛的纪律处罚规定已经明确了在某些情况下会移交司法机关处理，[②] 但由于司法资源的有限性、调查取证难度较大等各种原因，进入司法程序的案件数量极少。而且，这些进入司法程序的案件大多与受贿、行贿行为挂钩，几乎没有人因为单纯的假球、黑哨而被追究刑事责任。

因此，一方面行业自律处罚不严，另一方面司法介入困难重重，这样的处罚机制自然令违法违规者心存侥幸，整个竞技体育赛场从而“阴云密布”。

（四）博彩机制——体育彩票与地下赌博

1994 年，我国开始发行体育彩票，先后有 30 个省、自治区、市设立

① 参见中国足球协会官方网站《中国足协纪律委员会处罚决定（001－038 号）》，见 http://www.fa.org.cn/bulletin/punish/2013-02-18/392010.html，最后访问时间：2013 年 7 月 16 日。

② 如《2012—2013 中国男子篮球职业联赛纪律处罚规定》第二十一条规定，运动员（包括外籍球员、港澳台球员）参与或组织赌球、打假球或“默契球”的，除核减该运动员所在俱乐部联赛经费 10 万元人民币外，还将取消其本赛季参赛资格和在中国篮球协会（以下简称“篮协”）的注册资格 2～5 年，情节严重者终身禁赛，涉嫌违法者将移送司法机关处理。

了体育彩票管理中心和机构。体育彩票销售市场逐渐成熟，销售数额也从最开始的5亿元上涨到2012年的1104.92亿元，详细的销售情况如图1－1所示。2009年，国务院通过《彩票管理条例》，为彩票的发行和管理提供了明确的法律依据。目前，我国的体育彩票包括数字型彩票、即开型彩票、视频型彩票和竞猜型彩票四种，各种彩票均应按其销售量的一定比例分别提取彩票奖金、彩票公益金和彩票发行费。例如，以足球彩票为主的竞猜型彩票，彩票公益金提取比例为18%，彩票奖金和彩票发行费的提取比例分别为69%和13%。由于体育彩票本身的公益性质使其无法拥有诱人的经济回报的可能性，虽然近几年大奖较之前有所增多，但对于绝大部分人来说，中大奖总让他们可望而不可即，买体育彩票的积极性也渐渐受挫。

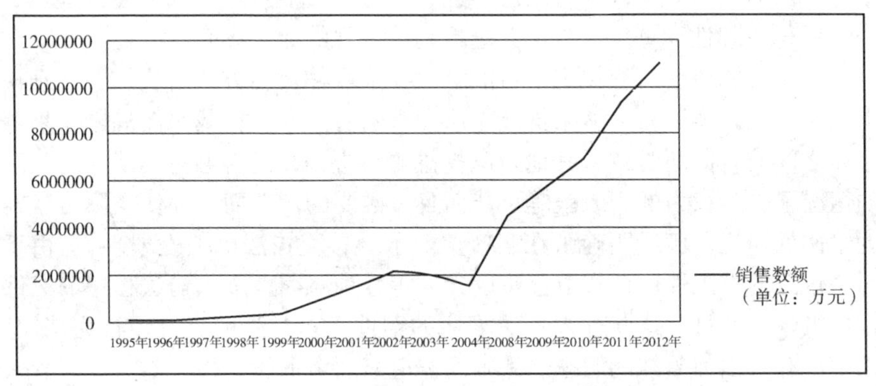

图1－1　体育彩票销售情况①

与此相对，地下赌博日益猖獗。在我国，赌博是违法甚至是犯罪行为，但依旧有竞技赌博的组织者（俗称“庄家”）在境外博彩中心注册账户、和境外庄家达成协议或者自己做庄，直接接受国内赌球者的投注或者发展“二级代理”“三级代理”赚取差额利润。为了吸纳更多赌博者参与赌博，庄家以高回报、低风险为诱饵。但同时，庄家希望自己控制比赛的结果，让原来理论上输赢同等概率的赌博行为变成必赢无疑。为了让预先猜测的盘口成为现实，庄家出钱买球，利用“奔跑者”为其操控裁判、球

① 因2005年、2006年和2007年的统计数据缺失，图表尚未反映这3年的体育彩票销售情况。图表数据来源：中华人民共和国财政部彩票专栏，见 http://zhs.mof.gov.cn/zhuantilanmu/caipiaoguanli/，最后访问时间：2013年7月16日。

队、俱乐部官员。甚至，现在操纵者不单单要求比赛的输赢，他们还要求比赛结果随着时间而变化。[1] 可见，地下赌博不但使赌博之风盛行，而且让竞技比赛成为一场表演，贻害无穷。

综上所述，当前的组织机制、人员机制、处罚机制以及博彩机制虽然已经有所进步但尚未完美。在制度缺陷的间隙中，假球、黑哨等竞技舞弊行为依然找到了生存的土壤、潜伏其中并伺机爆发。近十几年来，假球、黑哨屡见不鲜，而下文亦将详细铺开叙述。

二、假球黑哨不绝于耳

随着竞技体育事业的蓬勃发展，竞技舞弊也日益泛滥。国际上，从足球豪门尤文图斯的“电话门”到斯诺克大师希金斯的“赌球门”；在国内，从使用兴奋剂被禁赛、国家体操队虚报队员年龄被撤销奥运奖牌到一系列的假球黑哨案件，无疑都在亵渎着公平公正的竞技体育精神，挑战着观众和球迷的承受力和忍耐力。但遗憾的是，竞技舞弊早已遍布了竞技体育的各个项目，每一个竞技体育参与者都有可能对公平公开竞争造成威胁，竞技舞弊行为方式也林林总总、不一而足。在足球领域，竞技舞弊行为尤为猖獗，假球黑哨的传闻不绝于耳。前中国足球运动管理中心主任阎世铎在面对媒体采访的时候也曾指出，我们对足球行业不正之风的严重性绝不能轻视，对足球中的腐败现象所造成的危害决不能低估，俱乐部给裁判员送钱和裁判员收钱绝不是个别现象。[2] 所以，本文将以足球为例，细数当年轰动一时的“渝沈之战”“甲 B 五鼠案”“广药假球案”以及青岛“吊射门案”，回忆当时比赛的具体情况和处理结果，力图真实地反映足球领域的秩序混乱、管理无方的一面。

（一）1999 年的“渝沈之战”

1999 年的“渝沈之战”是球队保级中明显的假球案，无奈最后因证据不足，球队只被定性为“消极比赛”而逃避了应有的惩罚。在甲 A 联赛的最后一轮，倘若沈阳海狮输球就极有可能被降入甲 B，保级的压力可

---

① 参见［加］德克兰·希尔《操控：世界足球的阴谋和犯罪》，刘坤、单玲玲、李晓译，时代文艺出版社 2010 年版。

② 参见方益波《黑哨调查》，浙江人民出版社 2002 年版，第 268 页。

想而知。更为不幸的是，沈阳海狮对阵的是有希望进入当年甲 A 前三名的重庆隆鑫，实力的差距又让获胜的概率大打折扣。本来最后一轮比赛应当同时开球，但这场“渝沈之战”硬是比本轮其他比赛推迟了 6 分钟开场。在上半场，球技略胜一筹的重庆隆鑫先以 1∶0 领先；下半场，重庆隆鑫的表现与上半场大相径庭，出现多次正常情况下不可能出现的漏球、漏人，于第 71 分钟被沈阳海狮追平。到了第 94 分钟，沈阳海狮外援再次攻门，重庆隆鑫的守门员符宾“慢动作”扑救，一个软弱无力的头球还是进门了。结果沈阳海狮以 2∶1 战胜了重庆隆鑫，保级成功而广州松日被迫降级。

比赛过后，全国舆论一片声讨，广州松日也像“秋菊打官司”一般执着地上诉，足协终于硬着头皮在距离“渝沈之战”12 天后组织了专案调查组，并指定中央电视台、《中国体育报》和《足球》3 家媒体的 9 名记者随团报道。[①] 历时 103 天后，足协于 2000 年 3 月 16 日宣布了最终的调查结果，对两家俱乐部各罚款 40 万元，主教练各罚款 5 万元，但重庆隆鑫队的部分运动员只是被认定为“未能充分表现出积极进取、顽强拼搏的精神”而责成俱乐部对其进行教育和处罚。[②] 司法部门并未介入，假球黑哨的传闻也只被冠以“消极比赛”之后就不了了之。

多年以后，当年担任重庆隆鑫队主帅的李章洙在采访中仍以十分坚定的口吻表示，那就是一场假球！[③] 而随着 2009 年反赌风暴的展开，证实了一直以来假球黑哨的传闻不虚，“渝沈之战”背后的内幕也逐渐暴露在公众的视野中。原来，沈阳华晨金客足球俱乐部总经理章建事先以 68 万元行贿当时担任足管中心业余部副主任的张建强，张建强授意担任“渝沈之战”第四裁判的陆俊有意推迟下半场的开球时间，一直以来扑朔迷离的渝沈假球案终于真相大白，当年仅被判定为“消极比赛”的处罚也显得足协格外“仁慈”。

---

① 参见李承鹏、刘晓新、吴策力《中国足球内幕》，江苏人民出版社 2010 年版，第 30 页。

② 处罚决定全文参见人民网《1999—2000 赛季甲 A 联赛沈渝“假球”案》，见 http://sports.people.com.cn/GB/channel2/507/5524/5527/20031124/190340.html，最后访问时间：2013 年 7 月 16 日。

③ 参见人民网《李章洙：“渝沈之战”就是假球　治病就治彻底点》，见 http://sports.people.com.cn/GB/22134/13012041.html，最后访问时间：2013 年 7 月 16 日。

（二）2001 年的“甲 B 五鼠案”

足协的不作为，客观上极大地刺激和鼓励了各种假球黑哨行为，假球、黑哨愈演愈烈。随后发生的“甲 B 五鼠案”则性质更为恶劣，影响范围更为广泛，被认为是“联赛史上最无耻的一页”[①]。2001 年，甲 B 联赛有两个升入甲 A 的名额，上海中远提前冲 A 成功，成都五牛、长春亚泰和江苏舜天争抢最后一个名额。由于 3 支队伍积分相差无几，分别是 39 分、39 分和 38 分，所以，最终结果可能只是取决于净胜球的多少。在倒数第二轮，成都五牛竟然以 11：2 战胜四川绵阳，创下了中国职业足球史上最高的比分记录。在最后一轮比赛中，成都五牛对阵江苏舜天，长春亚泰对阵浙江绿城，两场比赛同时开赛。在落后 2 球的情况下，成都五牛于最后的 15 分钟连进 4 球，最终以 4：2 获胜。但是，浙江绿城以长春亚泰的第二个进球有手球嫌疑向裁判抗议，造成比赛中断 6 分钟。长春亚泰更是在终场前的 8 分钟连进 4 球，最终以 6：0 获胜，净胜球刚好比成都五牛多一个！

舆论哗然，浙江绿城俱乐部董事长宋卫平认为这场球赛中球员肯定有问题，并当场宣布开除 5 名队员，这 5 名球员随后发表了《我们没有打“假球”》的公开信。[②] 事后，足协一如既往地对这些“不正常事件”进行了“调查”，发布处罚决定，四川绵阳被认定为消极比赛而罚款 20 万元并扣除联赛积分 6 分，取消参与这 3 场比赛参赛球员的注册资格、转会资格、俱乐部引进国内球员资格，主教练停止赛季工作一年，等等。[③] 涉事的俱乐部对处罚不满，提起行政诉讼，最终足协适当减轻了处罚，[④] 而诉

---

① 方益波：《黑哨调查》，浙江人民出版社 2002 年版，第 26 页。

② 参见方益波《黑哨调查》，浙江人民出版社 2002 年版，第 10～14 页。

③ 参见人民网《“假 B”风波：难道就这样打假?》，见 http://sports. people. com. cn/GB/channel2/507/2244/2247/20011017/40653. html，最后访问时间：2013 年 7 月 16 日。

④ 中国足协于 2012 年 3 月 4 日召开新闻发布会，决定对江苏舜天队的过玉宾、唐京、陈警、魏大勇、王传松，浙江绿城队的高树春、杨常进、郑卫龙、谭恩德、文光赫，四川绵阳队的刘刚、杨铮、曹明、刘莹，由取消 2002 年注册资格减为取消 2002 年上半年注册资格，允许其于 2002 年 7 月 1 日后申请注册，并可参加各自所属球队相应级别的比赛；由取消 2002 年和 2003 年转会资格减为取消 2002 年转会资格。对浙江绿城、四川绵阳俱乐部队国内主教练，由停止 2002 年赛季工作一年减为停止 2002 年赛季从事主教练工作一年。对江苏舜天、浙江绿城、四川绵阳俱乐部队，由取消 2002 年、2003 年甲、乙级联赛引进国内球员的资格，减为取消 2002 年甲、乙级联赛引进国内球员的资格。

讼也被撤销。

如果说1999年的“渝沈之战”一案毫无建树，那么2年后“甲B五鼠案”的最大成果便是牵扯出了“中国第一黑哨”，开启了司法介入的先河。2001年12月26日，浙江省体育局将一封题为《一个来杭执法裁判的自白》的信向部分媒体做了公布。经过半年的扫黑，北京市宣武区人民检察院在2002年4月以涉嫌企业人员受贿罪批捕裁判龚建平，经过两审终审，龚建平以受贿罪被判处有期徒刑10年。[①] 然而，反黑风暴就这样戛然而止，龚建平是在因这场风波掀起的“足球黑幕”调查中唯一一个承认有金钱交易的人。[②] 其他许多涉嫌受贿的裁判并未受到法律的制裁，足协掌握了一份17人的名单，名单上的这些人后来依旧按照“行规”处理。

（三）2006年的“广药假球案”

正如前文所言，球队是城市的名片，在城市经济实力提升后总是渴望文化软实力也有所提高。为了球队可以冲入中国足球的顶级联赛——中超联赛，与广州的经济实力相匹配，广州医药队急功近利，不惜花钱买下“定心丸”。在“中甲”联赛第17轮比赛中，广州医药队对阵山西陆虎队，虽然广州医药队在实力上本来就强于山西路虎队，赢球的可能性很大，但对于升级来说，净球数也是十分重要的，广州医药队没有信心一定能冲超成功。山西路虎队由于已经没有升降级的压力，其俱乐部总经理王珀、副总经理王鑫通过中间人尤可为联系到广州医药的副总经理杨旭、丁哲等人，双方经过商量后决定以20万元做大球盘，即山西路虎队净输3球以上。被操控了的比赛按着原先的剧本上演着，广州医药队最终以5∶1大胜山西陆虎队。虽然比赛进行时，客队山西路虎的懈怠表现激起了广州球迷的不满，“假球声”更是响彻全场，但此事并未像“渝沈之战”“甲B五鼠案”那样引起足协的“调查”。相反，2009年公安机关才首次披露足球打假真相，广州医药队假球案才在这次公安的反赌风暴中得以曝光。

---

① 参见北大法宝网“一审：龚建平企业人员受贿案”，见 http://www.pkulaw.cn/fulltext_form.aspx?Db = pfnl&Gid = 117669451&keyword = % e9% be% 9a% e5% bb% ba% e5% b9% b3&Encoding Name = &Search_Mode = accurate；“二审：龚建平企业人员受贿案”，见 http://www.pkulaw.cn/fulltext_form.aspx? Db = pfnl&Gid = 117669518&keyword = % e9% be% 9a% e5% bb% ba% e5% b9% b3&Encoding Name = &Search_Mode = accurate，最后访问时间：2013年7月16日。

② 参见李承鹏、刘晓新、吴策力《中国足球内幕》，江苏人民出版社2010年版，第39页。

随后，足协方于2010年做出了处罚决定，给予广州医药足球俱乐部降级处罚，[1] 并于2013年发布《关于对原广州医药足球俱乐部官员吴晓东等四人违规违纪行为的处罚决定》[2]。在广州医药队假球案中，足协再次展现了其“不作为”，管理能力也可见一斑。

（四）2009年青岛“吊射门”

在2009年9月2日的中甲联赛第18轮比赛中，四川西部智谷队主场迎战青岛海利丰队。最后5分钟，3∶0领先的青岛海利丰队竟然频频朝着自己的球门疯狂射门。青岛海利丰队队员李明在中场拿球之后随即起脚向自家射门，同队队友的张天罡也往自己的球门内吊射，随后李明再次向本队球门进攻，但都未能如愿。这一幕让在场的球迷十分愤怒，高呼假球。一天后，该场比赛监督和裁判的报告被传真到了足协，两份报告均把青岛球员最后时刻的“诡异吊射”形容为异常。足协随即展开调查，发现涉及的部分问题已经超过足协权限范围，故将比赛录像和比赛监督及裁判员报告移交给了公安部门。2010年2月21日，足协认定青岛海利丰足球俱乐部队违背体育道德，丧失体育精神，进行私下交易，决定取消青岛海利丰足球俱乐部注册资格并罚款20万元。[3] 司法机关亦对青岛海利丰足球俱乐部及相关的人员进行了审理，按照既已查明的犯罪事实分别科以处罚。

从1999年的“渝沈之战”到2001年的“甲B五鼠案”，从2006年的“广药假球案”到2009年的青岛“吊射门案”，都有力印证了暗箱操作、钱球交易确实充斥整个足球竞技比赛赛场，假球黑哨的传言不虚。毋庸置疑，这些不法行为是阻碍中国足球健康发展的一块“毒瘤”，严重违背了公平公正的体育精神，必须加以干涉与惩治。从足协和司法机关对这些案件的处理态度中，我们也不难发现司法介入的力量正逐渐变得强大，足协也开始配合司法机关的工作，从而共同营造足球领域的净土。2009年的反赌风暴，力度之大、牵涉范围之广，也更为全面地展现了足球领域的是

---

① 参见中国足球协会官网《关于对广州医药足球俱乐部的处罚决定》，见 http://www.fa.org.cn/bulletin/punish/2010-02-23/325381.html，最后访问时间：2013年7月16日。

② 参见中国足球协会官网《中国足协纪律委员会处罚决定（001－038号）》，见 http://www.fa.org.cn/bulletin/punish/2013-02-18/392010.html，最后访问时间：2013年7月16日。

③ 参见中国足球协会官网《关于对青岛海利丰足球俱乐部的处罚决定》，见 http://www.fa.org.cn/bulletin/punish/2010-02-23/325379.html，最后访问时间：2013年7月16日。

是非非、林林总总，这些将在下文着重展开。

三、反赌风暴席卷而来

自2001年公安机关介入足球领域的假球黑哨行为、牵扯出“中国黑哨第一人”龚建平后，司法力量在维护公平公正的竞技秩序的进程中一直处于缺位的状态。2009年，由于王鑫在新加坡操纵队员打假球，国际刑警组织新加坡国家中心局发出红色通缉令并请求我国警方协助抓捕。我国公安机关随后调查发现了更多操控比赛的案件，“反赌风暴”迅速席卷整个足坛。前广东雄鹰俱乐部总经理钟国健最先被警方控制，高层领导、球员、裁判、俱乐部管理人员、工作人员等各个阶层也无不牵涉其中，相关案件陆续进入司法程序，逐渐暴露在公众的视野下。本文将在了解反赌风暴实况的基础上，对这场风暴进行客观的评价。诚然，通过掀起反赌风暴所取得的成果前所未有，但欲扫除足球场上的“阴霾”依然任重道远。

（一）反赌实况

正如前文所说，2009年年末由公安部督办、辽宁省公安厅承办的“扫赌打黑风暴”涉及人员众多、涉及范围很广、涉及程度很深。在调查阶段，被要求协助调查的就有上百人之众。原辽宁广原队领队王鑫第一个进入警方视线，由于“广药假球案”，前广州医药俱乐部副总经理、广州市足协秘书长杨旭成了第一个确认被警方正式刑事拘留的人物。从最开始仅仅关系到广州足坛，到中国足协工作人员的曝光，抓赌风波随后迅速涉及辽宁、广东、浙江等地。经过2年的调查、取证，最终被起诉的被告人有59人，企业单位有3个。从2011年12月19日起，辽宁省铁岭市中级人民法院和辽宁省丹东市中级人民法院分8组、19次开庭进行第一批案件的庭审；2012年4月24日起，分别在辽宁丹东、鞍山、铁岭、沈阳四地开庭审理第二批案件。

此次反赌风暴的涉案人员有足协的官员，有专业运动员、职业运动员，有球队的教练、助理教练、领队，有裁判，有俱乐部的董事长、总经理、副总经理还有一些社会人士，罪名多涉及行贿、受贿，被判处的刑罚也从15年到免除刑事处罚不等，判处的罚金或者没收的财产高达1448万元。自2001年龚建平被捕判刑的十几年来，中国足球假球黑哨的传闻非但没有停止，反而越来越多，但由于缺少司法的介入，足协态度暧昧、处罚不痛不痒，这些丑恶现象也一直未得到揭露和制裁。毋庸置疑，2009年掀起的反赌风暴向我们揭示了足球领域腐化严重的现状，同时也展示了我国整顿足坛秩序的决心和意志，力图扫除足球赛场上的阴云，还足球赛场一片净土！

（二）反赌评价

2009年的反赌风暴，在公众的惊叹声中拉开序幕，却在公众的质疑声中落下帷幕。不可否认，这次反赌风暴的力度和强度都是前所未有的，涉案人员之众、职务之高、范围之广、涉案金额之多，但究竟反赌的效果如何，震慑效果到底有多大，尚待考究，欲还足球赛场一片蓝天净土依旧任重道远。

1. 前所未有

在公安部门调查之初，上百人被带走协助调查，公众对这次反赌风暴力度之大、范围之广表示震惊，并盼望中国足坛的痼疾被清除、迎来脱胎换骨的机会。实际上，相比于11年前只有龚建平一人受罚，2012年有59人、3家企业单位被追究刑事责任，人数之众，显然是量的变化；相比于11年前只有裁判受罚，2012年有足协高层领导、俱乐部管理人员、教练、运动员、裁判，层级之多，显然是质的变化。在经过了前三次反赌反黑风暴都不了了之之后，第四次的反赌风暴称得上成果喜人，成就前所未有。

2. 任重道远

在这一系列的案件宣判之后，足协也对涉案的球队和个人进行了处罚，但许多人表示惩罚太轻，就像隔靴搔痒。[①] 的确，对于动辄花上千万引进外援的俱乐部来说，几十万元的处罚几乎可以忽略不计，仅扣几分也不痛不痒；对于已经收受了巨大金钱贿赂的个人来说，禁赛显得苍白无力、无关痛痒。极低的违法成本，不仅不利于足坛秩序的整顿，还变相鼓励了违法违规行为。再者，这次的反赌风暴以专项活动的形式进行，而

---

① 据网易体育频道发起的《您如何看待足协罚反赌涉案队和个人》的调查，仅有11.2%的人表示“公平！这个处罚方案非常合理！”，31.4%的人表示“不公！足协绝没有一碗水端平！”，1.4%的人表示“过重！对球队和个人处罚过重！”，以及56%的人表示“过轻！应该下重手罚涉案球队！”。见 http://vote.sports.163.com/vote2/showVote.do?voteId=20789#result，最后访问时间：2013年7月16日。

"严打"过后能否坚持一个长效的机制才是关键所在。当前，司法介入的障碍已经扫清，但有关部门是否愿意继续投入人力、物力监控足球赛事，及时发现不正常的比赛从而深入调查取证呢？最后，消极比赛与假球区分难度极大。整个比赛过程充满了许多未知的因素，个人的身体机能和心理水平、团队的合作精神、机遇的出现与把握等各种原因都会影响到运动员水平的发挥，影响到最终的结果。若涉及钱球交易，假球的话当然铁证如山，但当钱球交易的证据不是那么明显，无法排除合理怀疑的时候，能否进行刑法规制尚待讨论。因此，足球反赌扫黑依然任重道远。

正如前文提及的，竞技舞弊行为已经渗透在各大体育项目中，足球比赛如此，其他如篮球、排球等比赛也在上演着类似的剧情。本来的竞技机制就潜伏着漏洞，而违法违规行为发生后，应该如何处理和应对是一个亟须解决的问题。

第二节　理论背景：风险社会的风险接受与管理

自德国著名社会学家乌尔里希·贝克（Ulrich Beck，1944— ）提出"风险社会"这一概念以来，学界对"风险社会"的研究热情持续高涨，人们也普遍赞成用"风险社会"来描述当今社会的主要特征。在"风险社会"的影响下，传统的犯罪学观念也不可避免地遭到了冲击，犯罪除了被看作"理性选择""天生犯罪人""自然和社会因素""社会解体"等各种不同原因的结果外，还被视为只是"像空气污染、交通事故一样的日常风险"①。在这样的大背景下，假球、黑哨的行为是否属于不可避免的风险而必须接受呢？应该如何正确认识假球、黑哨等竞技舞弊行为？因此，本节将首先厘清风险社会的理论之争与当今社会的风险特性，阐释竞技舞弊行为实质上是环环相扣、风险逐级递增的犯罪链条。其次，探究风险接受与零度容忍本身的界限与起点，提出对竞技制度本身风险的接受但对竞技舞弊必须实行零度容忍的立场。最后，在明晰风险管理方法和犯罪预防对策的基础上，针对竞技舞弊的风险管理与犯罪预防进行一定的

① ［英］戈登·休斯：《解读犯罪预防——社会控制、风险与后现代》，刘晓梅、刘志松译，中国人民公安大学出版社2009年版。

讨论。

一、风险社会的提出

1986年，贝克在其所著的《风险社会》一书中指出，在现代化进程中，财富的社会生产系统地伴随着风险的社会生产，并且危险和潜在威胁的释放达到了一个我们前所未见的程度。[①] 所谓“风险社会”中的“风险”，是指系统地处理现代化自身引致的危险和不安全感的方式，它使这个行星上所有的生命形式处于危险之中。[②] 英国的社会学家安东尼·吉登斯（Anthony Giddens，1938— ）也同意，“核战争的可能性，生态灾难，不可遏制的人口爆炸，全球经济交流的崩溃以及其他潜在的全球性灾难，为我们每个人都勾画出了风险社会一幅令人不安的危险前景”[③]。1986年4月26日发生的苏联切尔诺贝利事故，[④] 恰好印证了风险理论的科学性，极大地推动了学界和公众对风险社会的关注。目前，国内外对风险的认知和评价标准主要存在实在论风险观和建构论风险观的对立。但无论采取何种风险观，都承认风险具有普遍性和不确定性，结果便是如贝克所说的“生活在文明的火山口上”以及“有组织的不负责任”。具体到竞技舞弊而言，所有不法行为俨然已经形成了环环相扣、对竞技体育公正性风险逐级递增的犯罪链条。

（一）实在论风险观和建构论风险观

以贝克、吉登斯为代表，实在论风险观认为风险是一种客观实在，并不依赖于我们是否意识到它抑或是承认它。换而言之，“风险与人的实践活动密切相关，只要人类进行实践活动就必定存在风险，风险本质

---

① 参见［德］乌尔里希·贝克《风险社会》，何博闻译，译林出版社2004年版，第15页。

② 参见［德］乌尔里希·贝克《风险社会》，何博闻译，译林出版社2004年版，第19页。

③ ［英］安东尼·吉登斯：《现代性的后果》，田禾译，译林出版社2000年版，第110页。

④ 1986年4月26日，曾被认为是世界上最安全、最可靠的核电站——切尔诺贝利核电站的第4号核反应堆在进行半烘烤实验中突然失火，引起爆炸，8吨多强辐射物质泄露。俄罗斯、白俄罗斯和乌克兰许多地区遭到核辐射的污染，事故后前3个月内有31人死亡，之后15年内有6万~8万人死亡，13.4万人遭受各种程度的辐射疾病折磨，方圆30平方千米地区的11.5万多人被迫疏散。

上无处不在、无时不有”[①]。实在论风险观着重从制度层面寻找风险的根源，解决风险问题无法依靠已有的制度框架而只能进行“政治的发明”，实行全球治理、生态运动、开放政治，鼓励富有政治责任感和风险意识的公民参与到政治生活中并且倡导社会系统的去分化和跨系统的协商与合作。

与此相对，玛丽·道格拉斯（Mary Douglas，1921—2007）、斯科特·拉什（Scott Lash，1945—）等学者主张的建构论风险观提倡“风险”是行为主体对社会事实进行反思性实践的结果，本质上是主体建构出来的。[②]而作为一种客观事实，“风险实际上并没有增多也没有加剧，相反，仅仅是被察觉、被意识到的风险增多和加剧了”[③]。建构论风险观用“风险文化”取代“风险社会”，将关注对象从具体的、客观的风险实在转向认知层面的风险感知与风险心理，[④] 认为“不同的风险文化对不同类型的风险具有不同的感觉和认知程度”[⑤]。因此，风险只是一种文化现象，只需要依赖于具有象征意义的信念来应对。

可见，实在论风险观与建构论风险观的对立之处就在于风险究竟是一种“客观实在”还是“主观性判断”，对风险的认识与标准不同自然也决定了应对风险的策略有所差别。但其实，实在论风险观与建构论风险观并不是截然对立的，依旧存在融通的可能性，原因在于：其一，建构论风险观本身并没有否认风险本身的客观性。正是因为风险是客观存在的，所以行为主体才必须而且能够认识并“构建”。其二，实在论风险观也承认风险的可预测性与可感知性。也正是因为越来越多的风险被感知并担心那些未被感知的风险突然爆发从而产生灾难性的后果，才主张我们已经从工业社会进入了风险社会。其三，风险本来就兼具主观和客观、事实和价值的双重属性。只要人们进行实践活动就必然具有风险，而一定的风险对特定的主体才会形成危险性。同样是百合花，对猫来说是致命的，但对于人而

---

① 潘斌、袁媛：《实在论还是建构论——对风险范畴的认识论批判》，载《贵州师范大学学报（社会科学版）》2009 年第 3 期，第 19 页。

② 参见潘斌《社会风险论》，中国社会科学出版社 2011 年版，第 37 页。

③ ［英］斯科特·拉什：《风险社会与风险文化》，王武龙编译，载《马克思主义与现实》2002 年第 4 期，第 53 页。

④ 参见潘斌《社会风险论》，中国社会科学出版社 2011 年版，第 38 页。

⑤ 周志家：《风险决策与风险管理：基于系统理论的研究》，社会科学文献出版社 2012 年版，第 20 页。

言就根本不构成生命威胁；同样是暴雨，对于久未下雨、旱情严重的地区来说是雪中送炭，而对于连日暴雨、遭遇涝灾的地区而言却是雪上加霜。

此外，实在论风险观与建构论风险观的争议点还在于社会风险的总量是否有所增加。毋庸置疑，随着科技的发展，各种新型产品和工具、转基因食品等相继出现，现代社会的不安感逐渐增强，让人产生“风险总量在增加”的感觉。例如，在那个没有汽车的年代，我们的确不用担心是否会发生交通事故，是否会因路上交通堵塞而迟到；在那个食物自给自足的年代，我们的确不用担心自己是否被迫“把元素周期表所有元素都吃一遍”。但同时，我们也应该承认在当今时代一些理所当然没有危险或者风险的事物在以前却不是那么理所当然的，这在医学领域表现得尤为突出。例如，得益于牛痘接种预防方法的发现，人类感染天花的概率大大降低，甚至联合国世界卫生组织已经于1979年10月26日宣布全世界已经消灭了天花，这种致命的传染性极强的疾病终于不再对人类的健康与生命造成威胁。所以，我们可以确定的是“一些风险在消灭而另外一些风险在生成”，至于“总量是否处于一个固定的水平”则是无关紧要的。因为无论是客观存在的风险增加了还是认识到的风险增加了，都脱离不了我们已经被风险包围这一事实。

因此，无论采用实在论风险观还是建构论风险观，都认同我们正处于一个风险遍布的时代。风险的普遍性和不确定性是当今时代的基本特征，故下文将以贝克的风险观为代表，具体阐述这两个特性，从而为正确认识假球、黑哨等竞技舞弊行为提供理论上的指引。

（二）反思性现代化的风险特性

贝克主张，我们正处于从工业社会向风险社会过渡的“反思性现代化”进程。亦即，与传统的工业社会相比，“我们不再仅仅关心利用自然或者将人类从传统的束缚中解放出来这样的问题，而是也要并主要地关注技术——经济发展本身产生的问题，现代化正变得具有反思性，现代化正在成为它自身的主体和问题”[①]。在反思性现代化中，风险具有普遍性，其伴随着实践活动的始终并且在全球范围内流动。用贝克的话来说，就是我们生活在文明的“火山口”上。另外，风险的不确定性也使得责任的归

① ［德］乌尔里希·贝克：《风险社会》，何博闻译，译林出版社2004年版，第16页。

因变得困难重重，出现“有组织的不负责任”的荒诞局面。

1. 风险的普遍性——生活在文明的“火山口”上

首先，人类进行的所有实践活动都伴随着风险。随着人类能力水平的不断提升，实践领域的不断扩展，文明强加的风险也在不断增加。对于自然而言，生态污染日益严重，却直面不能确定对人的污染程度的风险甚至“有着退化为一场忽略了人、没有对社会和文化意义加以考虑的有关自然的讨论的危险”[①]。对个人和社会而言，社会危机更多地显示为个人危机，具体转化为个人的不满、内疚、害怕、矛盾等个人心理问题。家庭和职业丧失了它们原有的保障作用，生活境况和生涯模式朝着个体化、制度化和标准化发展，[②] 而标准化的充分就业系统发展为灵活多样的不充分就业系统。[③] 总而言之，现代化的风险和后果波及植物、动物和人类生命，风险种类也越来越多样化，具有普遍性的特征。

其次，风险超越了阶级和国界，呈现出全球化的特征。在一定程度上，风险分配的类型、模式和媒介与财富的分配的确有着一定的关联，财富在上层聚集而风险在下层聚集，贫穷招致不幸的大量风险。[④] 但整体而言，风险不再局限于特定的地域和人群中，“生态灾难和核泄漏是不在乎国家边界的”[⑤]。风险在全球范围内流动，在某一地区产生的风险会产生“蝴蝶效应”从而传播到另一地区。而且，风险的分配具有“飞去来器效应”，那些生产风险或者从中得益的人迟早会受到风险的报应。[⑥]

最后，风险的核心不在于现在而在于未来。从一定意义上来说，风险是现实的，有很多风险今天已经实现了，诸如水体的污染和减少、森林的破坏、新的疾病等。但风险又是非现实的，作为对未来威胁的猜测和诊断，其又总是与预防性的行为实践相联系。

由此可见，我们一方面得益于工业社会、科技文明带来的丰硕成果，另一方面又被这些成果带来的现代化风险冲击着。生活在文明的“火山口”上，我们无法抗拒，只能竭尽全力预测、避免与缓解这些文明所强加

① ［德］乌尔里希·贝克：《风险社会》，何博闻译，译林出版社2004年版，第22～23页。

② 参见［德］乌尔里希·贝克《风险社会》，何博闻译，译林出版社2004年版，第155～168页。

③ 参见［德］乌尔里希·贝克《风险社会》，何博闻译，译林出版社2004年版，第171页。

④ 参见［德］乌尔里希·贝克《风险社会》，何博闻译，译林出版社2004年版，第36页。

⑤ ［德］乌尔里希·贝克：《风险社会》，何博闻译，译林出版社2004年版，第21页。

⑥ 参见［德］乌尔里希·贝克《风险社会》，何博闻译，译林出版社2004年版，第39页。

的风险。

2. 风险的不确定性——有组织的不负责任

一方面，风险本身具有二重性，体现为威胁与机遇并存。从客观上来说，究竟事情最终会出现什么结果是无法事先明确的；从主观上来说，行为主体也无法对事件及其发展趋势做出精确的判断。因此，风险总是体现出一定的不确定性。

另一方面，风险具有人为的不确定性。换言之，因为人为制定了各种标准和要求，所以，即便是威胁和危险被认为变得越来越危险、越来越明显，它们也日益变得无法通过科学的法律和政治的手段来确定证据、原因和具体赔偿，贝克用下列四组关系进行了阐释和说明：[①]

（1）谁将定义和决定产品的无危害性、危险、风险？责任由谁决定——由制造了风险的人，由从中受益的人，由它们潜在地影响的人还是由公共机构决定？

（2）包括关于原因、范围、行动者等的哪种知识或无知识？证明和“证据”必须呈送于谁？

（3）在一个关于环境风险的知识必定遭到抗辩和充满盖然主义的世界里，什么才是充分的证据？

（4）谁将决定对受害者的赔偿？对未来损害的限制进行控制和管制的适当方式是什么？

在风险社会中，许多结果的出现不再是由于简单的“一因一果”，而是若干个社会次级系统共同发生作用，“多因一果”。而且，风险的认识依赖于知识和经验，很多新近出现的风险本来就“完全逃脱了人的直接感知能力”[②]。明晰事实上的风险尚存困难，又如何谈得上因果关系的查明、结果的归因？因此，风险本身的不确定性再加上人为的不确定性，造成了具体的责任无法归因、“有组织的不负责任”的局面。

（三）风险逐级递增的竞技舞弊链条

竞技舞弊，是指行为人为谋取不正当利益，在竞技体育活动中出现的各种妨害竞技体育公正性的不法行为。风险遍及了人类的所有社会实践活

---

① 参见［德］乌尔里希·贝克《世界风险社会》，吴英姿、孙淑敏译，南京大学出版社2004年版，第191～192页。

② ［德］乌尔里希·贝克：《风险社会》，何博闻译，译林出版社2004年版，第26页。

动，包括竞技体育比赛。运动员参加体育比赛，有受伤与失败的风险；企业投资建设体育俱乐部，有亏本和破产的风险；竞技规则制定出来，有被不法利用的风险；等等。所有打假球、吹黑哨、使用兴奋剂、虚报年龄和谎报身份等竞技舞弊行为的出现，都可以被视作风险累加到一定阶段的结果。亦即，竞技舞弊并不是孤立的犯罪，而是源于环环相扣、风险逐级递增的犯罪链条。

首先，风险源于制度本身，竞技机制潜伏不法风险。当今的组织机制、人才机制、处罚机制以及博彩机制，都蕴含着竞技舞弊的风险。这些内容已在前文有所说明，故此处不再赘述。

其次，竞技赌博的组织者和策划者引发了竞技舞弊的风险。在竞技体育中，打假球很久之前就已成为体育中的普遍现象，并不可避免地与黑社会、非法赌球集团相联系。[①] 从源头上来说，竞技舞弊行为总是与一定的利益，特别是与经济利益相联系。竞技赌博的组织者和策划者为了使比赛结果与盘口所预言的如出一辙，让赌博变成必赢无疑而不惜一切操控比赛。因此，竞技赌博的组织者和策划者是假球、黑哨等竞技舞弊行为的始作俑者。

再次，竞技体育的管理者强化了竞技舞弊的风险。职业俱乐部对旗下教练、运动员、工作人员的约束与管理，单项体育协会对体育赛事的组织和管理，教练对运动员的培训与管理，都容易滋生不法。管理者能够轻易利用手中的权力对被管理者施压，破坏竞技体育的竞争秩序，让竞技舞弊的风险得以强化。

最后，竞技体育的参与者实现了竞技舞弊的风险。竞技比赛，本质上就是运动员水平的较量。裁判作为一个中立的第三方，具体执行各种比赛规则，同样会参与到竞技体育中去。无论是运动员还是裁判，都会对最终的比赛结果产生直接或间接的影响，决定假球、黑哨等各种竞技舞弊行为是否会出现。从而，竞技体育的参与者使得竞技舞弊的风险最终得到实现。

因此，竞技舞弊在一定意义上实质是竞技制度本身固有风险的实现。竞技舞弊行为已经形成一条完整的犯罪链条，从竞技赌博组织、策划到竞

① Nishant Gokhale. Fixing the Fixers：the Justification of Criminal Liability for Match-fixing. NUJS L. Rev，2009（2）：335.

技管理渎职、竞技舞弊实行，彼此紧密联系并且对竞技体育公正性的风险和威胁逐级递增。诚然，我们处于风险社会的大背景下，风险无处不在但并不意味着我们无计可施，只能消极忍受。面对普遍出现的风险，我们在接受的同时也可以进行风险的管理。但这些风险，究竟哪些是可以而且必须容忍与接受，哪些是要坚决杜绝的呢？下文亦将针对此问题展开详细的讨论，划清风险接受的界限和零度容忍的起点，从而找出竞技舞弊犯罪链条中风险接受与零度容忍的分界点。

二、风险接受与零度容忍

虽然风险本身具有复杂性和多样性，一旦爆发会产生十分严重甚至是毁灭性的后果，但风险同时意味着机遇，与发展密切相连。因此，社会发展的路径选择实际上是在进行利益衡量后的风险决策。然而，风险有显性风险与隐性风险之分，人们对于风险的掌握程度不同，对风险的接受程度固然有所差异。与此相对，为了防微杜渐、预防犯罪的发生，在犯罪学上要求对不良习惯风气、不道德行为、轻微违规行为决不容忍，坚决打击，彻底清除。具体到竞技体育来说，如何正确处理风险接受与零度容忍的关系则是我们在竞技体育公正性保护中需要回答的另一难题。

（一）风险接受之界限

人们究竟是愿意追逐风险还是规避风险？① 如果是愿意追逐风险，那为什么不是每个人都选择投资股票而不是选择风险较低的银行储蓄；如果是愿意规避风险，那为什么明知不系安全带会有安全隐患而依然选择不系？显然，不同人对风险的态度是不一样的，接受的风险水平、容忍的风险水平、不可容忍的风险区域是不尽相同的。而且，人们对风险的接受度与对风险的认识程度有关。亦即，对显性风险的接受以具体利益衡量为前提，对隐形风险的接受则以经验和知识为基础。

1. 显性风险

所谓显性风险，就是有显著的外在特征或标志，通常能够大体预测其

① 参见［美］阿斯沃斯·达莫达兰《驾驭风险》，时启亮、孙相云、杨广鹏译，中国人民大学出版社 2010 年版，第 11 页。

基本走向、危害对象与程度的风险。[1] 作为一个经济理性人，既然已经明确知道并了解某一事件会存在什么风险，那选择继续还是终止当然是利益博弈、价值衡量的结果。在预期收益高于或者至少是等于因承受风险而遭受的损失的情况下，风险就是可接受的。所以，在利益的追逐下，便有人愿意主动地卷入博彩行为的风险中，有人情愿选择乘坐风险更高的飞机而不愿花更长的时间去坐火车。

2. 隐形风险

所谓隐形风险，是指风险并无明显的外在特征，既不能预测风险发生的大致时间，也不能预言其危害程度，甚至风险存在何处、持续多长时间都无法预料。[2] 既然风险是强加在不完全知情的风险承担者身上，他们的反应更应当被看作容忍或默认而不是接受。[3] 从风险心理学的角度来说，人们会依赖于经验和知识进行隐形风险的风险感知、追求确定性的承诺。一方面，在面对那些受害者既看不见也无法感知的危险的时候，例如，那些作用于后代的危险，需要科学的“感受器”——理论、实验和测量工具，为的是使它最后变成可见和可解释的危险。[4] 但是，科学理性并不是客观地研究风险的危险性，而是在各种现代性主体和受影响群体的竞争和冲突的影响下，按照一定群体的要求、利益去界定风险。[5] 因此，另一方面，人们会依据自己的经验来确定隐形风险的忍受界限。以核电站的建设为例，专家和政府官员会极力主张核电站的安全性，但由于接二连三发生的核电站事故，公众对核电站的安全性产生了强烈的质疑并反对核电站的建设。可见，在隐形风险面前，人们总是尝试在知识和经验的帮助下将那些不确定的、未知的因素变为相对确定，从而确定可忍受风险的范围。

（二）零度容忍之起点

“零度容忍”（zero tolerance），是指对不良习惯习气、不道德行为、

---

① 参见潘斌《社会风险论》，中国社会科学出版社2011年版，第70页。

② 参见潘斌《社会风险论》，中国社会科学出版社2011年版，第70页。

③ 参见［美］珍妮·X. 卡斯帕森、罗杰·E. 卡斯帕森《风险的社会视野（下）：风险分析、合作以及风险全球化》，李楠、何欢译，中国劳动社会保障出版社2010年版，第5页。

④ 参见［德］乌尔里希·贝克《风险社会》，何博闻译，译林出版社2004年版，第26页。

⑤ 参见［德］乌尔里希·贝克《风险社会》，何博闻译，译林出版社2004年版，第28～29页。

轻微违规行为决不容忍，坚决打击，彻底清除。[1]“零度容忍”刑事政策是依据美国政治学家詹姆斯·Q. 威尔森（James Q. Wilson，1931—2012）和预防犯罪学家乔治·L. 可林（George L. Kelling，1935— ）于1982年提出的破窗理论（the broken windows theory）而出现的处罚方针。按照破窗理论，如果社区里的一个窗户被打破且未及时修缮，那么无论其邻里关系如何，其余所有窗户将很快会被打破。因为这个未修复的破窗意味着无人关心和干预，即使打破更多的窗户也不用付出任何的代价。[2] 无序的环境直接导致该环境中人们对犯罪产生恐惧感，进而导致该区域社会控制力的削弱，最终导致严重违法犯罪的产生。[3] 因此，一旦出现破窗，必须马上修复，从而防止破坏蔓延、治安恶化，即实行“零度容忍”。

然而，“零度容忍”首先面对的是司法资源有限而不良行为可能性无限的矛盾。现有的警力根本无法监控到每一个人每一分每一秒做出的所有行为。而且，无论警力如何扩充，这也绝对无法实现。有学者主张，社会秩序的维护不是单靠警察就可以实现的，而必须通过人们自身的自愿性控制和内部准则等复杂的机制来完成。[4] 但是，倘若希冀于普通公众同时充当不良行为的监控者，那便陷入了一个怪圈和悖论：假如公众都乐于监控别人的不法，还会有人自己做出越轨行为吗？当然，一方面要求他人守法而另一方面自己违法的可能性也不是没有，但发生的概率很低。而且，在这个人性自私、“事不关己高高挂起”的社会里，要求公民积极配合以实现全民监控本身就是难度极大的。最后，贯彻“零度容忍”的刑事政策会导致监狱人员的爆炸性增长。[5] 在看守所和监狱已经人满为患的中国语境下，“零度容忍”遭遇到了来自硬件设施方面的挑战。

再者，越轨行为和违法犯罪行为必须严格区分，不良习惯风气与不道

---

① 参见杨爱华、李小红《破窗理论与反腐败“零度容忍”预惩机制》，载《中国行政管理》2006年第4期，第103页。

② James Q. Wilson, George L. Kelling. The Police and Neighborhood Safety: Broken Windows. The Atlantic Monthly, 1982 (249): 30.

③ Michael Wagers, William Sousa, George Kelling. Broken Windows. in Richard Wortley, Lorraine Mazerolle (eds). Environmental Criminology and Crime Analysis. Willan Publishing, 2008: 248, 252 - 253.

④ Jane Jacobs. The Death and Life of Great American Cities. Vintage Books, 1961: 40.

⑤ Dixon David. Broken Windows, Zero Tolerance, and the New York Miracle. Current Issues Crim. Just, 1998—1999: 101.

德行为无法诉诸法律手段解决。“破窗理论”将司空见惯的生活现象与犯罪控制联系起来，引导警察等执法机关注意对小的无序的关注，防止因无序的增量而出现犯罪等严重影响社会秩序的问题。[①] 毋庸置疑，任何事物性质都是从量变到质变的过程。但与此同时，任何人都享有行为自由并应该得到保障。或许，被随意放在桌上的财物、因忘记上锁而敞开的大门，可能使本无贪念的人心生贪念继而做出违法犯罪行为，但这些“粗心”的行为就值得被追究法律责任吗？在立法上，何种行为应当禁止或者提倡除了考虑预防的压力外，还需要考虑行为的危害性。防微杜渐、防患于未然的策略固然美好，但司法的介入涉及公权和私权的划分，不可能让公权利无限膨胀而私权利被压缩在一个小小的角落里，使公民行动自由受到极大的限制。在司法上，执法机关必须严格遵守法律的规定，法无规定则禁止。对于公众而言，法无禁止则自由。

所以，不是所有的行为都可以因为需要防微杜渐、“零度容忍”而允许司法介入。在立法层面，应当考虑行为的危害性、预防的必要性以及惩罚的可行性与有效性，科学立法；在司法层面，应当按照当前已经成文的法律办事，不允许任何人有超越宪法和法律的特权，严格守法。总而言之，“零度容忍”的起点是法律的规定，包括了自然法和实定法的要求。但在法律规定不尽完善的情况下，“零度容忍”刑事政策的贯彻和执行只能是加大立法力度，而不能类推解释、越权执法。

（三）竞技制度之风险接受，竞技舞弊之零度容忍

具体到竞技体育比赛，针对竞技机制的不完善、竞技赌博的组织和策划、竞技管理的渎职以及竞技舞弊的实行行为，同样应当划清接受和容忍的范围和界限，为竞技体育公正性的保护提供指引。

在制度本身就是风险根源的情况下，任何制度都存在被不法利用的风险，竞技机制也未能幸免。所以，先进制度与落后制度的区别只是被不法利用风险的大小不同罢了。当前，职业化改革带来的唯利是图的风险、人员机制中弄虚作假的风险、处罚机制中的处罚不力的风险、博彩机制中非法赌博的风险还有各种各样我们尚未查明的隐形风险充斥在竞技机制之

---

① 参见李本森《破窗理论与美国的犯罪控制》，载《中国社会科学》2010 年第 5 期，第 158 页。

中，让我们不禁反思现有制度的合理性。可是，即便竞技机制充斥着不少显性风险和隐形风险是一个不争的事实，目前的竞技组织机制、人员机制、处罚机制和博彩机制也是我们历史的选择，符合发展的潮流，具有一定的合理性。在制度改革没有定论、具体的方案没有出台之前，这些制度应该被遵守，所强加的风险也应该被接受或忍受。

除此之外的所有竞技赌博行为、竞技管理渎职行为、竞技舞弊的实行行为，则是不能被接受和忍受的。正如前文所阐述的那样，“零度容忍”的起点是法律规定，而这些异常行为至少是部分违反了法律，甚至属于刑法规制的范畴。在我国，非法赌博、开设赌场是违反行政法规的行为，情节严重的话要依据刑法给予刑事制裁；竞技管理渎职和竞技舞弊实行行为多与金钱挂钩，涉嫌行贿与受贿，在司法实践中已经有相关追究刑事责任的案例。从应然的角度来说，打假球、吹黑哨等行为成了竞技体育公正性的巨大威胁，广大观众和球迷深受蒙骗，被迫观看了一场表演，为了肃整竞技体育的秩序应坚持零度容忍，采用法律的手段维持和保护竞技体育的公平公正。

综上所述，我们必须接受和容忍的是竞技机制潜伏的风险，而对所有的竞技舞弊行为都应该持“零度容忍”的态度。遍观现有的所有法律条文，我们应在坚持罪刑法定原则的前提下，尽可能将以往极少处罚的竞技舞弊行为在解释论上予以犯罪化，同时要完善立法，强化对竞技监管人员的刑事问责，防微杜渐，采用抽象危险犯的立法模式将相关竞技舞弊行为的处罚前置。

三、风险管理与犯罪预防

置身于风险社会的大背景下，我们无法回避和根除所有的风险，只能选择接受或忍受。但是，接受和忍受并不等于无能为力、任其蹂躏。面对普遍存在的、具有不确定性的风险，我们依旧可以进行风险的管理，具体包括了风险的评估和预警、利用和对冲。而伴随着风险社会的研究热潮，犯罪相应地被视为“情景化”“制度化”的产物，即将犯罪视为犯罪情境和制度诱发风险的实现。为了更有效地预防犯罪，“情境犯罪预防”理论亦随之被提出。就竞技体育而言，其中蕴含的制度风险也可以被管理，竞技舞弊犯罪也可以被预防。

（一）风险管理之对策

在风险管理中，理性科学地评估风险，判断哪些风险要规避、哪些风险可转移、哪些风险可利用是成功的关键；积极主动地预警风险，监测风险的实情和现状、分析风险的成因和级别、预测风险的趋势和动向是成功的要素。除了风险的评估和预警，我们还能够充分发挥主观能动性，利用风险和以风险对冲的方法降低风险。

1. 风险的评估和预警

为了能够做出评估，我们首先要进行风险的感知，知道风险的后果和影响是什么。按照风险心理学的观点，主要通过以下三种心理模型来选择、辨识、判断和评价风险：[①]

（1）概率判断，即对事件可能导致的风险后果运用概率进行描述。风险（risk）=危险（hazard）×危险发生的概率（possibility）。

（2）归因排列，即对可能面临的风险按照轻重缓急的程度进行排列，以权重的形式判断风险后果。

（3）确定性构想，即在心理层面认为每一种风险选择的后果都是理性思考的结果，不确定性的问题已经转为确定性的问题。

对风险评估的具体方式有定性的方式和定量的方式两种。所谓定性评估，就是主观上判断风险的影响是大还是小，而定量评估是用计量的方法来测量风险影响的程度。[②] 经过风险的评估，哪些风险要规避、哪些风险可转移、哪些风险可利用便一目了然。

事件的风险从来都不是一成不变、静止不动的，而是会随着情势的变更而变化。因此，在对风险进行评估之后，还需要实时监测，进行风险的预警。风险预警从解释历史事实出发，批判现实状况，指示未来趋向，分为监测警情—寻找警源—分析警兆—预报警度—实时监控五个环节。[③] 一般来说，风险预警信号会按照风险的级别用不同的颜色表示，如在台风预报预警中，根据台风的强度、登陆的时间、可能影响的程度相应地发布蓝色警报、黄色警报、橙色警报和红色警报。通过风险预警预见未来的发展

① 参见潘斌《社会风险论》，中国社会科学出版社2011年版，第53页。

② 参见［美］阿斯沃斯·达莫达兰《驾驭风险》，时启亮、孙相云、杨广鹏译，中国人民大学出版社2010年版，第301页。

③ 参见潘斌《社会风险论》，中国社会科学出版社2011年版，第232、235～239页。

态势，趋利避害，从而有效管理风险。

2. 风险的利用和对冲

正如前文所言，风险具有危险和机遇的双重性。所以，对潜在的不利风险应该减少其影响，对有利的风险则应该加以利用。

倘若在利益衡量后认为风险可以接受或忍受，那么我们可以利用风险带来的上升空间为我们创造机遇和财富。以股票投资为例，虽然股票市场随时都有上行或下行的风险并且这种风险的确不可避免，但是，其属于可以控制的范畴。亦即，我们可以依据一定的投资策略和技术手段决定自己的买入或卖出，将承受风险的成本降到最低限度，从而实现在股票市场获利的目标。

面对风险，我们还可以利用风险对冲的方式降低甚至是消灭风险。在金融学上，对冲（hedge）就是指特意为减低某一项投资风险而进行的另一项投资，是“一种在减低商业风险的同时仍然能在投资中获利的手法”[①]，而最古老也是最成熟的对冲方法就是购买保险。毋庸置疑，保险是分摊意外事故损失的一种财务安排。在出现保险合同约定的可能发生的事故或者当被保险人死亡、伤残、患病，抑或是达到合同约定的年龄、期限时，保险公司承担赔偿和给付保险金的责任，从而降低投保人的财产损失。又例如，针对某一制度可能出现的风险而配套另一制度来对冲、降低风险。当然，规避风险是要发生成本的，只是有些风险对冲的成本显而易见而有些风险对冲的成本并不明显罢了。通常来说，我们只会去对冲那些成本小于收益的风险。[②]

总而言之，在接受和忍受风险的同时，我们可以进行风险的管理，评估风险、预警风险、利用风险、对冲风险，从而使风险的潜在优势得以充分发挥，预期目标得到满足。

（二）犯罪预防之方法

自古典犯罪学派认为“犯罪是人性自私、意志自由、功利主义的结

① 维基百科：《对冲》，见 http://zh. wikipedia. org/wiki/%E5%B0%8D%E6%B2%96，最后访问时间：2013 年 7 月 16 日。

② 参见［美］阿斯沃斯·达莫达兰《驾驭风险》，时启亮、孙相云、杨广鹏译，中国人民大学出版社 2010 年版，第 308～309 页。

果”[①]、实证犯罪学派认为“犯罪是个体因素、自然因素和社会因素的结果”以来，20 到 21 世纪的社会犯罪学派“广泛运用社会客观的理论和方法研究犯罪问题，如社会分化论、价值崩溃论、亚文化论、冲突论、标签论等等”[②]。在社会学热衷于风险社会研究的影响下，社会犯罪学派也融入了“风险”因素的讨论，犯罪开始被视为日常生活风险和环境所带来风险的实现，是被告人对自身所处境地实行风险衡量后的结果。犯罪学研究的重点开始从犯罪人、犯罪行为转向犯罪环境，具体体现在日常生活理论、理性选择理论和环境犯罪学理论中。日常生活理论（routine activity theory）着重分析了社会活动的时空结构，主张犯罪是发生在特定时间和空间下的事件，而这个事件至少是“有犯罪动机的犯罪人”“有适当的被害目标”和“缺乏有能力的监护人”三个因素在时间和空间上的集合。[③]理性选择理论（rational choice theory）以经济学中的“预期使用性”原理为基础，认为犯罪是犯罪人对犯罪所得和损失经过理智思考或决策后进行的行为。[④] 环境犯罪学理论（environmental criminology）从犯罪原因论的理解转移到对犯罪情景的理解，将犯罪当作社会事件，提出通过防卫环境的设计管理，达到减少犯罪的目的。[⑤] 而基于以上三种理论，犯罪预防的对策也相应发展成“犯罪的情境预防”策略。所谓犯罪的“情境预防”（situational crime prevention），就是指“针对某些高发的特定犯罪，通过采取环境管理、设计、监控等一系列系统而永久的措施减少犯罪机会，让潜在的犯罪者意识到犯罪风险的增加从而实现减少犯罪的目标”[⑥]。

1. 环境管理，减少犯罪机会

犯罪与一定时空下的环境密不可分，某些地区的环境无疑是为犯罪创造了机会。照明太差、门窗容易进入等，都加大了犯罪出现的风险。例如，可以通过进入/退出筛查的方式，当然其目的不是在于排除潜在的犯

---

① 吴宗宪：《西方犯罪学史（第一卷）》，中国人民公安大学出版社 2010 年版，第 102 ~ 103 页。

② 杨燮蛟：《现代犯罪学》，浙江大学出版社 2010 年版，第 48、53 页。

③ 参见杨燮蛟《现代犯罪学》，浙江大学出版社 2010 年版，第 59 页。

④ Ronald V. Clarke. Situational Crime Prevention. Crime & Justice, 1995 (19): 97 - 99.

⑤ 参见庄劲、廖万里《犯罪预防体系的第三支柱——西方国家犯罪情境预防的策略》，载《犯罪研究》2005 年第 2 期，第 21 页。

⑥ Ronald V. Clarke. Situational Crime Prevention: Its Theoretical Basis and Practical Scope. Crime & Justice, 1983 (4): 225.

罪者，而是增加那些不符合进入或退出条件的人员被侦查出来的风险。[1]又例如，使用现金结算的收银台比起使用支票结算的收银台更容易遭受不法之徒的抢劫，[2] 故可以大力倡导电子钱包的使用。从环境设计上堵塞违法犯罪的可能，抑或是创造一种令人无法轻易实施犯罪的环境，减少犯罪机会，是风险社会下预防犯罪的"第一道防线"[3]。

2. 加强监控，提高犯罪风险

如果说环境管理是从设计上就减少了犯罪的机会，那么加强监控就是从操作过程中提高了犯罪的风险。正如前文提及的"破窗理论"，按照此理论最终提出的其中一个解决方案就是要加强监控，"警察对于社区或邻里等无序性的行为可以通过正式或非正式的交涉规则来进行清除"[4]，及时修补"破窗"。现在，监控摄像头已经数量可观，监控点已经分布广泛，甚至有人在家中安装防盗摄像头，在汽车里安装行车记录仪。事实也雄辩地证明，许多案件的破获中也的确有监控摄像头的一份功劳。在到处是"天眼"24 小时实时监控的情况下，犯罪分子会顾虑自己的犯罪行为被发现、需要付出巨大代价而不敢贸然行动，从而实现了预防犯罪的初衷。

3. 目标物强化，提高犯罪难度

与环境管理从整体上减少犯罪风险不同，目标物强化是加强对具体犯罪对象本身的保护来提高犯罪的难度。例如，为了防止汽车被盗，可以将汽车停在车库而不是马路边，隐藏目标物；可以在汽车上悬挂牌照，标识目标物；可以安装防盗玻璃和防盗锁，强化目标物。此外，还可以使用固定目标物的方式，让目标物无法被移动继而降低被盗或遭遇其他犯罪活动的风险。在英国，目标物强化的犯罪预防方式已经得到了成功的印证。在20 世纪 60 年代中后期，英国邮政局将公共电话亭中铝制的硬币罐换成了硬度更大的钢罐，于是，储蓄罐中硬币被偷的情况显著减少。[5] 因此，通

---

① Ronald V. Clarke. Situational Crime Prevention. Crime & Justice, 1995 (19): 112.

② Ronald V. Clarke. Situational Crime Prevention: Its Theoretical Basis and Practical Scope. Crime & Justice, 1983 (4): 227.

③ Patricia L. Brantingham, Paul J. Brantingham, Wendy Taylor. Situational Crime Prevention as a Key Component in Embedded Crime Prevention. Canadian Journal of Criminology & Criminal Justice, 2005 (47): 274.

④ 李本森：《破窗理论与美国的犯罪控制》，载《中国社会科学》2010 年第 5 期，第 158 页。

⑤ Ronald V. Clarke. Situational Crime Prevention: Its Theoretical Basis and Practical Scope. Crime & Justice, 1983 (4): 241.

过强化对目标物本身的保护，提高犯罪的难度，不失为有效进行犯罪预防的一个良策。

4. 破坏不法市场，减少犯罪收益

与边沁的“功利主义”一脉相承，理性选择理论认为犯罪是风险收益理性衡量的结果。若能减少犯罪收益，增加犯罪成本，造成犯罪成本大于犯罪收益的结果，社会的犯罪率也必然会随之下降。例如，绝大多数的盗窃物质所得并不是犯罪人自留自用而是要转卖来获得金钱利益，因此，我们可以加强对合法市场，如典当商店、街市商贩的管理，建立完善的市场准入和市场退出机制，阻碍不法因素的入侵，以切断销赃的去路、[①] 让犯罪利益的实现变得困难的方式来降低犯罪所得利益的诱惑，减少犯罪。

（三）竞技体育风险之管理，竞技舞弊犯罪之预防

针对竞技机制中包含的显性和隐形风险，我们同样可以进行风险的评估、风险的预警、风险的管理以及风险的对冲。职业体育俱乐部有盈亏的风险，我们能够采取扩大收入来源、减少支出等措施来利用风险；运动员在体育赛场上有受到伤害的风险，我们能够以做好防护工作、购买保险等方式来规避风险；人员选拔机制中有暗箱操作的风险，我们能够通过完善选拔制度、增进选拔制度的程序化和公开化程度等技术来对冲风险；处罚机制中有处罚不力的风险，我们能够凭借转变处罚的观念、改革处罚制度等手段来管理风险；博彩机制中有非法赌博的风险，我们能够运用加强对地下赌博的打击、净化彩票市场等方法来驾驭风险。然而，开展所有这些风险管理活动的前提是风险的评估。为了能够准确而科学地了解风险的种类和影响，我们需要借鉴国内外的经验和模式，联系我国的特殊国情，用科学理性的眼光客观评价制度中的风险。而且，制度本身与制度的执行往往是两回事，我们还需要随时进行风险的监控，确保制度在原计划的轨道上运行。一旦出现异常现象，便开始快速进行风险的评估，重新决定该何

---

① 如《中华人民共和国治安管理处罚法》（以下简称《治安管理处罚法》）第五十九条规定：“有下列行为之一的，处五百元以上一千元以下罚款；情节严重的，处五日以上十日以下拘留，并处五百元以上一千元以下罚款：（一）典当业工作人员承接典当的物品，不查验有关证明、不履行登记手续，或者明知是违法犯罪嫌疑人、赃物，不向公安机关报告的；（二）违反国家规定，收购铁路、油田、供电、电信、矿山、水利、测量和城市公用设施等废旧专用器材的；（三）收购公安机关通报寻查的赃物或者有赃物嫌疑的物品的；（四）收购国家禁止收购的其他物品的。”

去何从。

按照犯罪情境预防理论，竞技舞弊犯罪的预防应该是遵循“提高犯罪风险，降低犯罪所得”的思路而展开。就“提高犯罪风险”而言，一方面包括提高犯罪实行的风险、增大犯罪实施的难度，如可以将两队球迷在空间上隔开以预防球迷寻衅滋事，增强公众的监督以预防内部腐败与暗箱操作，加大警力和巡逻以预防非法赌博横行，等等；另一方面又包括提高犯罪行为被发现的风险，同样地可以通过监控和管理来达成目标。就“降低犯罪所得”而言，一言以概之就是要加大对竞技舞弊行为的惩罚力度。目前，单项体育协会的处罚已经无关痛痒，缺乏震慑效果是一个不争的事实，前文已有所论证，此处不再赘述。因此，如何利用制裁方法最严厉的刑法手段才是我们应该研究的重点。但是，动用刑法手段也需要解决种种矛盾和困境。首先，在罪刑法定的要求下，是否所有的竞技舞弊行为都能够被纳入现有刑法调整的范围是存疑的；其次，犯罪事实是需要证据证明的，而所有的竞技舞弊行为都具有一定的隐蔽性，如何证明犯罪的存在是一个难题；最后，由于刑法的立法漏洞，竞技舞弊中部分行为逃离了刑法的处罚，是否应该立法、应该如何立法也是关键所在。究竟是否应该动用刑法手段？怎样利用刑法的手段保护竞技体育的公正性？总的来说，可以在垂直遏制的刑事政策的指引下，从立法和司法的路径解决，而这一问题亦将在下一节深入探究。

第三节　路径选择：垂直遏制的刑事政策体系

刑事政策，是指国家和地方公共团体通过预防犯罪来维持社会秩序的稳定、安宁所采取的一切措施。[①] 垂直遏制，是指针对竞技舞弊垂直发展的各个环节分别给予刑事干预，从而将各个环节的犯罪风险扼杀于犯罪链条的进程中，以遏制其向下一环节发展的可能和趋势。不可否认的是，良好的刑事政策能够有力地预防和打击犯罪。但是，刑事政策与刑法之间有一种天然的紧张关系。正如李斯特所言，“刑法是刑事政策不可逾越的樊篱”。只有允许刑事政策的价值选择进入刑法体系中去，才能实现刑事政

① 参见［日］大谷实《刑事政策学》，黎宏译，中国人民大学出版社2009年版，第3页。

策和刑法之间的体系性统一，实现法律上的限制和合乎刑事政策的目的的结合。[①] 同样地，垂直遏制的刑事政策应该与我国刑法融合起来方能发挥最大效用。为了更有效地预防和打击竞技舞弊犯罪，我们必须在垂直遏制刑事政策的价值指引下，完善立法漏洞，修补司法破窗。因此，本节将在道出刑法介入是当前的必然之路的基础上，主张我们应该克服司法上自由主义的泛化和法律解释惰性，将部分的竞技舞弊行为从解释论的路径纳入现行刑法调整的范围之内。但同时主张，法律解释并非万能，法律漏洞是不可避免的，所以，完善立法是我们最终的选择。

一、修补破窗，垂直遏制

刑法具有最后手段性。只有当一般部门法不能充分保护某种利益时，才由刑法保护；只有当一般部门法还不足以抑止某种危害行为时，才由刑法禁止。[②] 在竞技体育中，其他的处罚手段已经无法震慑层出不穷的竞技舞弊行为，严重危害了竞技体育的健康发展，刑法解释是必然的选择。依照现行的法律规定和司法实践，竞技舞弊行为也不是一律不能处罚。所有法律适用的过程，在一定程度上就是法律解释的过程。为此，我们要克服法律解释的惰性，采用科学的解释方法，以零度容忍、垂直遏制的态度将竞技舞弊行为纳入现行刑法的调整范围，实现竞技体育公正性的刑法保护。

（一）刑法介入是必然之路

在其他手段完全失效，起不到任何震慑作用的时候，刑法就应该义不容辞地承担起它的任务和使命。当今，竞技舞弊行为已经严重侵害了公平公正的刑法秩序，也触犯了我国现行的刑法规定，应当按照刑法来追究相关人员的刑事责任。如果说十几年前龚建平一案还面临着刑法是否应该介入的迟疑，那么2009年秋风扫落叶般的反赌风暴已经扫除了刑法介入的障碍，证明了刑法介入是有可能而且有必要的。因此，刑法介入是我们整顿竞技秩序的必然之路。

---

① 参见［德］克劳斯·罗克辛《刑事政策与刑法体系（第二版）》，蔡桂生译，中国人民大学出版社2011年版，第15～16页。

② 参见张明楷《刑法学（第四版）》，法律出版社2011年版，第24页。

1. 其他处罚手段的无效性

针对竞技舞弊行为，处罚的类型有球队内部的惩罚、单项体育协会的惩罚、部门法的处罚以及触犯刑法后的刑罚。

就球队内部处理而言，处罚的范围和权限都是有限的。球队欲进行一定的处罚，前提便是将要受处罚的球员、教练或者工作人员与球队有一定的隶属关系，属于球队的一员。球队内部的处罚方式极为单一，仅仅是一定的金钱处罚、停赛或者予以开除罢了。以《恒大国脚八项规定》[①] 为例，上期入选而因自身不努力导致本期落选的恒大球员，处以每人一次性20万元的处罚；对上场拼搏精神排名末位的恒大国脚，处以10万元的处罚并停训停赛一天等。而且，司法实践已经证明在职业体育俱乐部内部，多名高层管理人员亦会参与到竞技舞弊中。管理监督者与被管理监督者利益攸关，球队内部处罚假球、黑哨等舞弊行为就相当于管理者“搬起石头砸自己的脚”，处罚的决心可想而知，“从重处罚”也永远只是停留在口头上说说而已。

单项体育协会的处罚同样是无关痛痒。单项体育协会的处罚针对一般犯规、企图犯规和参与犯规的行为，处罚方式包括但不限于：①对自然人和法人的通报批评、警告、罚款、退回奖项、禁止转会、取消注册资格、禁止从事任何与足球有关的活动。②专门针对自然人的警告（黄牌）、罚令出场（红牌）、停赛、禁止进入运动员休息室或替补席、禁止进入体育场（馆）。③专门针对法人的进行无观众的比赛、在中立场地进行比赛、禁止在某体育场（馆）比赛、取消比赛结果、比分作废、扣分、取消比赛资格、降级、减少转会名额、暂停引进外籍球员等。[②] 虽然处罚方式极其多样，但真正的震慑效果有限。就连曾被给予处罚的成都谢菲联足球俱乐部也认为，“对于同样情况涉案的俱乐部，足协的处罚尺度却存在巨大差异。足协的本次处罚[③]决定罚款不痛不痒，罚分难形成威慑，想通过非常规途径夺冠或者保级的球队很有可能继续铤而走险，而想通过自身实力夺

---

① 参见广州恒大足球俱乐部《关于下发〈恒大国脚八项规定〉的通知》，见 http://www.gzevergrandefc.com/news.aspx?fid = 138&ftid = 3388，最后访问时间：2013 年 7 月 16 日。

② 参见中国足球协会官网《中国足球协会纪律准则及处罚办法》，见 http://www.fa.org.cn/bulletin/file/2011-05-24/352717.html，最后访问时间：2013 年 7 月 16 日。

③ 即 2013 年年初中国足协纪律委员会连开 38 张罚单，处罚决定涉及 12 家俱乐部和 58 人一事——笔者注。

冠和保级的球队势必愤愤不平”[①]。与球队内部的处罚一样，因为同处利益链的一环，所以，单项体育协会的处罚总让人有一种“既当运动员，又当裁判员”的感觉，无法公平公正，也无法对自己进行严厉处罚。

在法律层面，竞技舞弊行为首先受到刑法以外的其他法律、相关条例等的约束。《体育法》第七章中规定了“法律责任”，具体规定了对“在竞技体育中从事弄虚作假等违反纪律和体育规则的行为”“在体育运动中使用禁用的药物和方法”“利用竞技体育从事赌博活动”“侵占、破坏公共体育设施”“在体育活动中寻衅滋事、扰乱公共秩序”“违反国家财政制度、财务制度，挪用、克扣体育资金”等行为的处罚措施。[②]《治安管理处罚法》又规定了对“围攻裁判员、运动员或者其他工作人员”“向场内投掷杂物，不听制止”等扰乱文化、体育等大型群众活动秩序行为，“以营利为目的，为赌博提供条件的，或者参与赌博赌资较大”等行为的处罚。[③]《反兴奋剂条例》的第五章“法律责任”中明确规定了“体育主管部门和其他行政机关及其工作人员”“体育社会团体、运动员管理单位”“体育健身活动经营单位”“医师”“运动员辅助人员”“运动员”违法组织、强迫、欺骗、使用、纵容使用、包庇、持有兴奋剂等行为的法律后果。[④]就行政处罚而言，处罚的种类只能局限于：①警告；②罚款；③行政拘留；④吊销公安机关发放的许可证。[⑤]其中处罚最重的行政拘留也不能超过15天。实际上，被追究行政责任的案件也大多为简单的个人非法赌博案件，其他的竞技舞弊行为无法得到有效的管理和约束。因此，其他法律难以承担整肃竞技体育秩序的重任。

因此，在其他法律这“第一道防线”被攻破之后，必须启动“第二道防线”——刑法。刑法的刑罚极其严厉，不仅可以剥夺犯罪分子的财产，限制或剥夺犯罪分子的人身自由，剥夺犯罪分子的政治权利，而且在最严重的情况下还可以剥夺犯罪分子的生命。[⑥]也正是因为刑罚的严厉性，

---

① 成都谢菲联足球俱乐部：《理解足协处罚决定　担忧中国足球前景》，见 http://www.sufc.com.cn/Article/ShowInfo.asp?InfoID=2787，最后访问时间：2013年7月16日。

② 参见《体育法》第四十九到五十四条。

③ 参见《治安管理处罚法》第二十四条、第七十条。

④ 参见《反兴奋剂条例》第三十七到四十六条。

⑤ 参见《治安管理处罚法》第十条。

⑥ 参见高铭暄、马克昌、赵秉志《刑法学》，北京大学出版社、高等教育出版社2011年版，第8页。

对犯罪人个人本身和潜在的犯罪人都极具震慑效果。采用刑法保护的方法，在一定程度上加大了竞技舞弊者的犯罪成本，甚至是得不偿失，从而使竞技舞弊犯罪大大减少。总而言之，在其他处罚手段都失效的情况下，应当诉诸刑法手段解决。

2. 竞技舞弊行为的法益侵害性

刑法的谦抑性同时要求行为的违法性必须达到可罚的程度才能被纳入刑法规制的范畴。作为犯罪基本特征之一的"社会危害性"，要求"行为对刑法所保护的社会关系造成或可能造成这样或那样损害"[①]，即侵害了相关法益。竞技舞弊行为的法益侵害性主要表现为对正常管理秩序和职务廉洁性的侵犯、对体育竞争秩序和社会秩序的破坏、对观众和球迷财产的侵害。

首先，竞技舞弊行为多涉及钱球交易、权钱交易，涉及受贿罪、行贿罪、非国家工作人员受贿罪以及非国家工作人员行贿罪，侵犯了正常的管理秩序和职务廉洁性。行为人利用职务上的便利收受或给予他人财物，企图为他人谋取或者是使自己得到某种不正当的利益，造成了正常管理秩序的破坏，也让原本应该廉洁的职务行为变得腐败。

其次，竞技舞弊行为极大地破坏了体育竞争秩序和社会秩序，妨碍了竞技体育的健康发展和社会的进步。竞技体育赛场阴云密布，不少人也由此对我国的体育现状表示失望，对体育的发展前景表示担忧。竞技舞弊行为使不少运动员不再是在实力对抗中成长，而是变成所谓的"消极应赛"。例如，赌球就一直被视作阻碍中国足球发展的最大障碍。"打黑斗士"、浙江省体育局原局长陈培德曾明确指出，"赌球是中国足球止步不前的根源：赌球带动假球，假球带动黑哨"[②]。足协本身也意识到，"赌球和假球是严重的违法犯罪行为，也是阻碍中国足球健康发展的一块'毒瘤'，严重违背体育精神，其危害极大，影响极坏，必须坚决予以铲除"[③]。竞技舞弊行为同时败坏了社会风气。竞技赌博的组织和策划者在一定程度上鼓励了

---

① 高铭暄、马克昌、赵秉志：《刑法学》，北京大学出版社、高等教育出版社2011年版，第44页。

② 网易体育：《陈培德振奋扫赌风暴　点出中国足球腐败最大根源》，见 http://sports.163.com/09/1106/22/5NFHP1FH00051C89.html，最后访问时间：2013年7月16日。

③ 搜狐网：《中国足协发布公告　称支持抓赌打假行动》，见 http://news.sohu.com/20091107/n268027265.shtml，最后访问时间：2013年7月16日。

赌博，侵犯了国家对社会风尚的管理秩序。

最后，竞技舞弊行为伤害了球迷的感情，令其基于错误的认识处分了财产——买票进场观赛。无数的球迷为了支持自己喜欢的球队，宁愿忍受买票过程的艰难也要尽力抢票捧场。他们花钱本来想去欣赏专业人士上演的足球比赛，但遗憾的是，只能看到预先导演好的游戏。“假球”声音响彻全场的情况并不少见，倘若球迷们事先知道这是一场“表演”，还会继续买票吗？虽然我们不能否认存在答案是肯定的可能性，但可以肯定的是，有部分球迷的确会望而却步。因此，竞技舞弊行为侵犯了财产利益。

竞技舞弊的社会危害性严重，刑法必须加以干预。无论是正常的管理秩序、职务廉洁性，还是体育竞争秩序、社会秩序，抑或是财产权益，也都在刑法保护法益的范围之列。因此，刑法介入是必然的选择。

（二）刑法解释是应然之道

任何法律在实际运用中都面临解释的问题，就如任何文本都需要读者理解一样。[①] 法律适用的过程主要就是法律解释的过程，反之亦然。在现有刑法的规定中，存在与竞技舞弊相关联的具体罪名，通过法律解释将这些竞技舞弊行为纳入其调整的范围也不是没有可能的。此外，本文主张垂直遏制的刑事政策与刑法解释论的路径，但并不意味着所有的竞技舞弊行为都能够被纳入刑法的范畴，在解释的过程中依然应该遵循一定的解释方法和原则，科学而合理地进行法律解释。

1. 法律适用与法律解释

法律适用，是指将抽象的、一般性的法律规范运用于具体的、特定的个案，在个案中确定特定当事人之间的权利（力）义务关系。[②] 法律解释，是指为理解法律规定的内容、法律或者立法者的思想或观点而进行的逻辑推理活动。[③] 从本质上来说，法律适用的过程就是法律解释的过程，其原因在于：其一，法律适用遵循三段论的思维模式，以法律规定为大前提，以具体案件事实为小前提，在此基础上得出结论，故任何的法律适用

---

① 参见张文显《法理学》，高等教育出版社、北京大学出版社 2007 年版，第 279 页。

② 参见孔祥俊《法律方法论：法律解释的理念与方法（第二卷）》，人民法院出版社 2006 年版，第 505 页。

③ 参见孔祥俊《法律方法论：法律解释的理念与方法（第二卷）》，人民法院出版社 2006 年版，第 494 页。

必然涉及对法律规定的理解。其二，法律条文都是抽象和概括的，所以，必须是先通过法律解释来理解法律条文的含义。其三，语言具有含糊性，在不同的语境中会产生不同的含义。某一具体案件是否属于法律条文的涵摄范围，同样需要通过法律解释来解决。

因此，任何的法律适用都需要法律解释，法律解释贯穿法律适用的始终。在遇到疑难案件的时候，法律解释就显得更为重要了。究竟能不能用现有的法律调整这些受争议的社会关系，需要我们进行认真而细致的考量。就竞技舞弊而言，刑法予以干涉的历史不长，有很多内容是否涵摄在某一概念之下同样需要耐心的论证与说理。然而，当前的司法却陷入了法律解释的惰性，结果便是将原本能纳入法律规定调整范围的简单而粗暴地一律“出罪”，这不仅不利于法益的保护，还不利于预防和打击犯罪。

2. 现行规定与解释可能

法律解释，依然须以法律条文本身为蓝本。与竞技舞弊相关联的罪名有很多，所以还是存在解释的空间。

在司法实践中，大多数竞技舞弊者被以行贿罪、受贿罪、非国家工作人员行贿罪或者是非国家工作人员受贿罪追究刑事责任，2009 年的扫赌风暴将裁判归入非国家工作人员之列而 2001 年的龚建平案将裁判归入国家工作人员之列。当然，这样的转变与法律的变迁是息息相关的。2006 年全国人大常委会通过了《中华人民共和国刑法修正案（六）》［以下简称《刑法修正案（六）》］，对《中华人民共和国刑法》（以下简称《刑法》）第一百六十三条进行了修改，在公司、企业工作人员以外增加了“其他单位工作人员”的规定，公司、企业受贿罪也相应变成了非国家工作人员受贿罪。[①] 但是，这并不能当然导致裁判向非工作人员转化。实际上，裁判是否属于国家工作人员是值得探讨的，具体有无罪说[②]、商业受

① 参见高铭暄《中华人民共和国刑法的孕育诞生和发展完善》，北京大学出版社 2012 年版，第 375 页。

② 参见王作富、田宏杰《“黑哨”行为不能以犯罪论处》，载《政法论坛》2006 年第 3 期，第 162～164 页。

贿论[①]以及普通受贿论[②]的争议。

除此之外，我国《刑法》第二百六十六条规定了诈骗罪，那么操控者用虚构事实或者隐瞒真相的方法使观众花钱观看了一场表演、使广告商和赞助商的预期目的无法实现是否符合诈骗罪的构成要件呢？如果符合，那有没有符合其他特殊诈骗类型的可能，如《刑法》第二百二十四条的合同诈骗罪？《刑法》第三百九十七条规定了滥用职权罪，那么竞技管理官员帮助操控比赛的行为是否构成此罪呢？《刑法》第三百五十三条规定了引诱、教唆、诈骗、强迫他人吸毒罪，那么强迫运动员吸食兴奋剂的行为是否属于此罪的调整范围呢？《刑法》第二十条规定了正当防卫，那么竞技伤害行为是否能以正当防卫为由排除犯罪性呢？所有这些问题的回答，都需要我们对相关罪名进行深入而透彻的研究，方能得出是否符合此罪或彼罪的构成要件、是否可以入罪或出罪的结论。因此，在现行的刑法规定下，法律解释不但是必需的，而且是可能的。

3. 垂直遏制与解释方法

垂直遏制，是要把竞技舞弊的各个环节看成整个犯罪链条的一部分，尽量在各个环节都予以刑事干预，力图全面处罚竞技舞弊的行为。同时，法律解释依然要遵循的一定的解释方法和解释原则，不能为了扩大处罚范围而违背刑法的精神，侵犯人权。

刑法解释应坚持文义解释的解释方法。法律的意思只能从条文的词义中找到。条文的词义是解释的要素，因此在任何情况下必须将“可能的词义”视为最宽的界限。[③] 一般而言，为了保障国民的预测可能性，法律用语的语义通常与日常用语的语义是一致的。但在特殊情况下，会出现限制解释和扩大解释的情况。亦即，当法条的含义过于宽泛时，限制法条的文义，缩小法条的外延；当刑法条文的字面通常含义比刑法的真实含义要窄时，扩张字面含义，使其符合刑法的真实含义。[④] 但无论是限制解释还是

---

① 参见最高人民检察院2002年2月25日发布的《依法严肃处理足球“黑哨”腐败问题的通知》所持的立场。

② 参见曲新久《“黑哨”行为已构成受贿罪》，载《政法论丛》2002年第3期，第159～161页；谢望原、陈琴《体育竞技中贿赂犯罪比较研究》，载《政法论丛》2004年第6期，第34～38页。

③ 参见［德］汉斯·海因里希·耶塞克、托马斯·魏根特《德国刑法教科书》，徐久生译，中国法制出版社2001年版，第197页。

④ 参见张明楷《刑法学》，法律出版社2011年版，第45页。

扩大解释，都必须在语义界限内进行。

刑法解释应坚持客观解释的立场。英国学者布莱克斯通主张，解释制定法应当理解立法者的意志，而最正当合理的理解立法者意志的方式是用最可能的符号查明立法时的意图。[①] 但是，刑法一经指定与颁布，就是一种客观存在。探寻立法者原意是不必要而且是不可能的。从保障国民预测性的角度来说，“当一个人为了了解他的权利与义务或其他人的权利与义务而研读法规时，应当能够使他信赖该法规文本，而不应当强迫他对立法者在通过此法规时脑子里所真正思考的东西进行费力的考察”[②]。诚然，立法目的对于我们理解法条有一定的帮助，但我们又并不需要拘泥于立法目的本身。所以，刑法解释的目标只是“在文本的意义界限内，立足于读者全部的案例经验，最大化地实现社会主流价值观认可的罪刑等价关系”[③]。

刑法解释应坚持形式解释论与实质解释论的结合，特别是实质解释论的重要性不容小觑。形式解释论主张忠诚于罪状的核心含义，通过形式要件将实质上值得科处刑罚但缺乏刑法规定的行为排斥在犯罪范围之外。[④] 实质解释论提倡对构成要件的解释必须以法条的保护法益为指导，而不能仅停留在法条的字面含义上。[⑤] 我们一方面要以法律条文本身为蓝本，另一方面要通过法益更好地理解构成要件的涵摄范围，即坚持形式解释论与实质解释论的结合。

综上所述，在对犯罪链条中各环节竞技舞弊行为的犯罪性讨论中，应当坚持以“法益”为指导，以“可能的语义”为界限做出符合当代主流价值观的刑法解释。

---

① William Blackstone. Commentaries on the Laws of England（vol. 1）. Butterworth & Son，1825：78.

② ［美］E. 博登海默：《法理学：法律哲学与法律方法》，邓正来译，中国政法大学出版社2004年版，第556页。

③ 聂立泽、庄劲：《从“主客间性”到“主体间性”的刑法解释观》，载《法学》2011年第9期，第61～73页。

④ 参见陈兴良《形式解释论的再宣示》，载《中国法学》2010年第4期，第27页。

⑤ 参见张明楷《实质解释论的再提倡》，载《中国法学》2010年第4期，第49页。

二、弥补漏洞，完善立法

不可否认，法律解释总是有一定的局限性，不仅受制于法律文本的制约，还存在刑法价值观念的冲突。而且，“法律总是具有一定程度的粗糙和不足，因为它必须在基于过去的同时着眼未来，但不能预见未来可能发生的全部情况。现代社会变化之疾之大使刑法即使经常修改也赶不上它的速度”①。所以，完善相关立法是规制竞技舞弊犯罪的最终选择。

（一）法律解释不是万能的

正如前文所说，刑法解释必须在语义界限内进行，必须严格遵守罪刑法定原则。我国《刑法》第三条规定，法律明文规定为犯罪行为的，依照法律定罪处刑；法律没有明文规定为犯罪行为的，不得定罪处刑。在罪刑法定原则的要求下，类推解释是在缺乏法律明文规定的情况下，将具有一定社会危害性、人身危险性的行为比照刑法的相似条文定罪量刑，故不利于被告人的类推解释被当然禁止。无论采取何种解释方法，无论怎么解释，都不能将15岁运动员的受贿行为以非国家工作人员受贿罪处罚，都不能将偶尔赌博的行为解释为“以赌博为业”、成立赌博罪，都不能将诈骗客观价值和主观价值都甚微的物品认为符合诈骗罪“数额较大”的要求。因此，法律解释受制于文本的约束，并不能将所有的竞技舞弊行为纳入刑法的调整范围之中。

此外，法律解释难免存在无法凝聚共识、最后只沦落为一家之言的风险。一千个读者就有一千个哈姆雷特。虽然大家对法条的理解都遵循一个普遍的思路，但遇到一些重大而复杂的案件时，对法律的理解就会因个人的知识储备、人生经历、价值取向等的不同而有所差别。在对法律条文解释存在冲突的时候，虽说应该按照主流的观念来理解，但又谈何容易：要调查多少人的看法才称得上是“主流观念”？民众意见与司法独立的界限是什么？倘若本来就“公说公有理，婆说婆有理”，没有主流观念或者是几种主流观念势均力敌呢？因此，法律语言的开放性不仅让法律解释变得必要，而且令法律解释变得困难。

---

① ［意］菲利：《犯罪社会学》，郭建安译，中国人民公安大学出版社1990年版，第101页。

由此可见，法律解释有一定的局限性，并非万能的。

（二）法律漏洞是不可避免的

情无限，法有限。基于各种原因，任何法律都不可避免地存在法律漏洞，十全十美的法典永远只存在于乌托邦里。一方面，“社会生活中存在的危害行为是无穷无尽的，而立法能力是有限的，立法者不可能将社会当中所有应当受到刑法处罚的行为都毫无遗漏地规定在刑法当中，而必然是挂一漏万”[①]。另一方面，法律制定是对过去的总结并伴随着对未来的一点预测，而社会瞬息万变，人类的认知与预测能力又具有一定的局限性，故不可能将未来的一切事情尽数掌握。虽然我们可以随时进行法典的修改，但法律要求一定的稳定性，朝令夕改的做法不仅不利于普法活动，也不利于树立法律的权威。

法律漏洞不可避免，绝不是等同于法典不需要修正，那种“反正怎么改也还是有漏洞，那就无须更改”的观点是根本站不住脚的。当法律已经完全不能适应社会的发展时，固守旧的法律便是徒劳的甚至是有害的。“社会发展变化，迟早会直接、间接地引起刑法的发展变化。”[②] 当出现小小的漏洞的时候，我们还能寄希望于通过解释论的路径解决；但当出现无法修复的漏洞时，就应该启动立法程序。因此，正确的做法应该是，确有必要的时候就应该毫不迟疑地启动立法程序，完善相关立法。

（三）完善立法是最终的选择

面对刑法解释的不足，倡导解释论的路径也只是一时的权宜之计，最终的解决方法还是完善相关立法。目前，对刑法进行补充和修正的方法主要有司法解释和刑法修正案的方式。无论是何种方式，均可以弥补竞技舞弊犯罪规制中的法律漏洞，实现对竞技体育公正性的完整保护。

在立法过程中，我们离不开风险社会的背景。置身于风险社会，我们要求接受风险，同时又要求零度容忍。我们在倡导“允许的风险”的同时，也主张采用抽象危险犯的立法模式将处罚前置。因此，立法应该处理好行动自由与社会保护之间的关系，既不能事无巨细都纳入刑法之内，也

① 陈兴良：《罪刑法定主义》，中国法制出版社2010年版，第33页。
② 许发民：《刑法的社会学分析》，法律出版社2003年版，第3页。

不能泛化自由主义。

在立法过程中，我们离不开竞技舞弊的现状。相关的刑法规定应当立足于已经存在的不法，而并非仅仅基于行为人的危险性。[①] 也正是因为在司法实践中陷入了犯罪猖獗而缺乏法律依据予以处罚的困境，我们才会开始思考是否必须完善立法。而在竞技舞弊的犯罪链条上，前一环节对后一环节的影响有多大，是否值得处罚都是我们应该考量的问题。当然，竞技舞弊的现状只是为我们打开了思考的闸门，立法不应该只拘泥于现在，而应该同时预测未来的发展动向和趋势。

在立法过程中，我们离不开域外的立法经验。国外在竞技领域方面的研究比我国起步早，研究得也更为深入，其理论和实践固然能够为我们提供参考，但我们也应该清醒地认识到，由于立法上本来存在的差距以及社会价值观念的不同，进行法律移植需要考虑中国的现实情况而不可照搬照抄。

“立法过程实际上就是认识、提炼、遴选、纠正公理或规律的过程。”[②] 走出竞技舞弊犯罪规制困境的最终手段是完善立法，我们既要立足于现状，也要展望于未来；既要立足于本国国情，也要借鉴国外经验。在“垂直遏制”刑事政策的价值导向下，科学立法、合理立法，从而有效保护竞技公正，确保竞技体育的健康、可持续发展。

① 参见［德］乌尔里希·齐白《全球风险社会与信息社会中的刑法：二十一世纪刑法模式的转换》，周遵友、江溯等译，中国法制出版社 2012 年版，第 224 页。

② 张笑侠：《法的现象与观念》，山东人民出版社 2001 年版，第 18 页。

第二章　竞技体育公正性的刑事保护政策

竞技体育是社会生活的重要组成部分，在强身健体、生活娱乐、商业政治等领域都担任着不同的角色，发挥着不同的作用。但随着竞技商业化的发展，利益的驱使使得竞技体育的健康发展偏离了正轨，越来越多的竞技舞弊行为如竞技赌博、体育贿赂、假球黑哨行为、兴奋剂及竞技伤害等一系列问题侵蚀着竞技体育的公正性、娱乐性，甚至危害相关人员的生命健康。而面对体育竞技领域链条式的问题，国际及各国行业组织在加强其内部管理手段的同时，也开始寻求刑事法律的保护，以保障竞技体育的公正性及人们的生命健康。

第一节　我国刑事保护竞技体育公正性的现状及不足

竞技舞弊，从广义上说是指行为人为获取不正当利益采取不正当的手段操纵、支配、改变体育竞技比赛结果，损害与竞技相关的各方利益的各种行为。从行为链条上看，竞技舞弊包括以体育赌博为源头而引发的竞技操纵的组织策划行为，体育贿赂以及兴奋剂服用，竞技伤害等各环节的组织和实施行为。下面以竞技舞弊各个环节为线索，考察我国刑事法律对竞技舞弊的刑法规制现状。以赌球为源头的内幕操纵流程图参见图2－1：[①]

① 参见《足坛反赌　问法何如》，见 http://news. sohu. com/s2009/zutanfandu/index. shtml，最后访问时间：2012年6月11日。

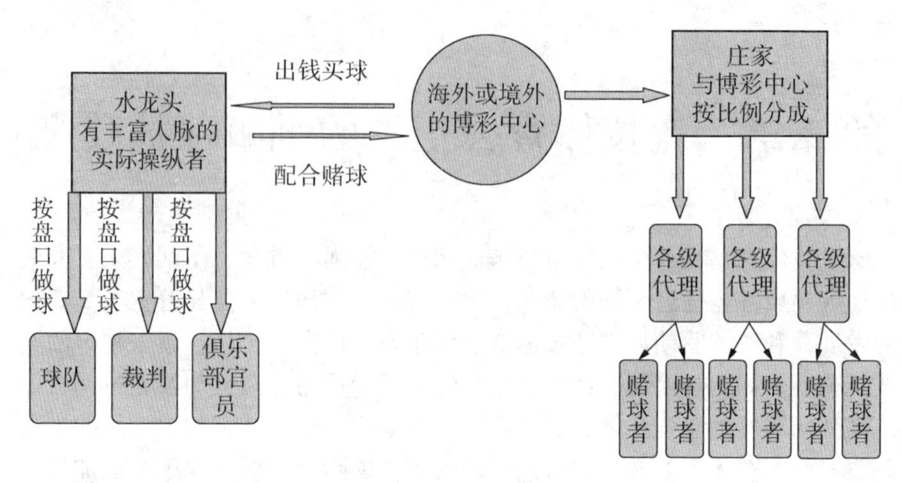

图2－1 赌球操作流程

一、我国竞技体育犯罪刑事立法现状

（一）我国对体育赌博与集团操控问题的刑法规制

1. 现有的刑事处罚依据

我国对赌博采取遏制的态度，只有由财政部统一负责管理和发展的足球彩票是经国家批准的体育赌博形式，其他的体育赌博均为非法行为（一般也称外围赌球）。尽管法律明令禁止，但非法赌球行为仍然猖獗，尤其在广东、浙江、江西、湖北等地更是泛滥成灾。而且，近年来的足坛反赌案均显示非法赌球“公司”与境外“公司”建立联系，并采用树形结构、多级管理的方式通过网络形式运行。①

在我国现有法律框架下，对非法体育赌博的处罚依据主要是：

（1）《体育法》第三十四条规定：体育竞赛实行公平竞争的原则。严禁任何组织和个人利用体育竞赛从事赌博活动。

第五十一条规定：利用竞技体育从事赌博活动的，由体育行政部门协助公安机关责令停止违法活动，并由公安机关依照治安管理处罚条例的有

① 参见胡卫康、王建平《网络赌球运作方式及犯罪认定》，载《犯罪研究》2006 年第4 期，第64～68 页。

关规定给予处罚。在竞技体育活动中，有贿赂、诈骗、组织赌博行为，构成犯罪的，依法追究刑事责任。

上述规定只是原则性的规定，并没有具体的惩罚措施，其执行性仍以刑法中赌博犯罪的相关规定作为依据。

（2）《刑法》第三百零三条规定了赌博罪和开设赌场罪：以营利为目的，聚众赌博或者以赌博为业的，处 3 年以下有期徒刑、拘役或者管制，并处罚金。开设赌场的，处 3 年以下有期徒刑、拘役或者管制，并处罚金；同时对情节严重者加重处罚。

同时，根据《刑法》第二百八十七条的规定，利用计算机从事犯罪的，依照相应的规定处理。即利用计算机或者计算机网络从事赌博行为，构成犯罪的，可以依照赌博罪处罚。

（3）《最高人民法院、最高人民检察院关于办理赌博刑事案件具体应用法律若干问题的解释》第四条规定：明知他人实施赌博犯罪活动，而为其提供资金、计算机网络、通讯、费用结算等直接帮助的，以赌博罪的共犯论处。同时，上述帮助实施赌博犯罪的行为，亦可根据刑法中关于共同犯罪的规定予以认定。

同时，第六条规定：未经国家批准擅自发行、销售彩票，构成犯罪的，依照《刑法》第二百二十五条第（四）项的规定，以非法经营罪定罪处罚。

（4）由于网络赌博的兴起，实践中对赌博犯罪的认定、管辖以及证据获取都提出了新的挑战，故公检法于 2010 年共同颁布了《最高人民法院、最高人民检察院、公安部关于办理网络赌博犯罪案件适用法律若干问题的意见》，对网络赌博“开设赌场”、犯罪案件的管辖以及电子证据的收集获取等方面做出了更具体的规定。

（5）其他行政条例、规章性文件中的原则性规定，如公安部颁发的《计算机信息网络国际互联网安全保护管理办法》禁止任何单位和个人利用国际互联网制作、复制、查阅和传播宣扬封建迷信、淫秽、色情、赌博、暴力、凶杀、恐怖、教唆犯罪的信息，违反者可处以行政处罚，犯罪者需承担刑事责任。

2. 法律适用的问题与立法不足

如前所述，体育赌博是破坏体育竞技公正公平的一大诱因，而从参赌者到各级代理到体育赌博集团（开设赌场、赌局者）以及竞技舞弊的各级实施者，已经形成了犯罪风险链条。要遏制犯罪风险的蔓延和递增，必须对各个犯罪环节都予以垂直管理，实时切断犯罪风险和非法利益的链条。

虽然我国相关法律法规明令禁止体育赌博，而且刑法规定了赌博罪和开设赌场罪，但仍不足以遏制体育赌博：

第一，体育法等关于禁止体育赌博的规定只是原则性和抽象化的规定，并不具有操作性。对体育赌博行为的刑罚依据最终只落在刑法及相关的司法解释上。

第二，刑法虽设有赌博罪，但严格限定了其适用的情景和对象——以营利为目的的聚众赌博或以赌博为业，立法目的也更侧重对相关组织人员的处罚。[①] 这就大大降低了对参与体育赌博人员的打击力度，尤其在网络赌博盛行的情况下，该罪名的适用更加困难。

（二）对操控、策划、组织竞技舞弊行为的刑法规定

1. 现有的刑事处罚依据

由于竞技舞弊行为通常以犯罪集团的模式出现，从体育赌博集团自上而下地进行竞技比赛的结果操纵，因此，体育赌博集团中竞技舞弊的组织、策划者多为犯罪链条的幕后推手。正如我国“足坛第一反黑斗士”陈培德曾说的“赌球是中国足球止步不前的根源：赌球带动假球，假球带动黑哨”。当然也不排除行为人为了其他的商业利益或其他目的参与竞技舞弊的组织策划。在非法体育赌博的场景下，赌博经营者及利益相关人为牟取利益，根据赌博的具体开盘情况，通过各种非法途径随意操纵、改变竞技比赛的结果。这就构成了所谓的赌博诈骗，是指在形似赌博的行为过程中采取欺骗性手段导致赌局的输赢实际上没有偶然性，并从他人参与赌博的行为中不法取得对方财物的行为。即使没有体育赌博的背景，体育操纵多与俱乐部、球队等主体利益相关，从而侵犯了观众、其他竞技对手等第三方的利益。我国刑法规定，诈骗罪是指以非法占有为目的，使用虚构事实或隐瞒真相的欺骗行为，使对方产生错误认识从而进行财产处分，行为

① 《最高人民法院、最高人民检察院关于办理赌博刑事案件具体应用法律若干问题的解释》第一条规定，以营利为目的，有下列情形之一的，属于刑法第三百零三条规定的“聚众赌博”：（一）组织3人以上赌博，抽头渔利数额累计达到5000元以上的；（二）组织3人以上赌博，赌资数额累计达到5万元以上的；（三）组织3人以上赌博，参赌人数累计达到20人以上的；（四）组织中华人民共和国公民10人以上赴境外赌博，从中收取回扣、介绍费的。

人从中获取较大公私财物的行为。因此，非法赌博场景下的通过操纵竞技结果获取参赌者的财物为目的，对参赌者隐瞒竞技比赛的操纵结果，可以诈骗罪定罪处罚。而其他情景下的体育操纵行为本质上也是欺诈性的行为，可根据实际情况以诈骗罪入罪。

在足坛臭名昭著的有“金牌做球人”之称的足球俱乐部经理王珀曾多次把球赛作为买卖，为谋取非法利益要求球队在比赛中打假球，同时也参与国际赌博网站的投注从中牟取暴利。王珀作为俱乐部经理多次设计并操纵球队竞技结果的行为在2011年的足坛反赌打假大审判案件中被认定为诈骗罪。①

同时，若由非法体育赌博集团组织、操纵竞技舞弊的实施，满足我国刑法关于犯罪集团的构成要件的，可以按照《刑法》第二十六条的规定，对组织、领导犯罪集团的首要分子，按照集团所犯的全部罪行进行处罚。

2. 法律适用的问题

从行为本质上看，组织策划、实施竞技舞弊以操纵并预设原本偶然性的比赛结果并从中牟利的，符合诈骗罪的构成要件。但我国相关文件对设圈套诱赌行为的解释使刑法学界对“赌博诈骗”的行为定性产生了困惑。

根据1992年《最高人民法院研究室关于设置圈套诱骗他人参赌获取钱财的案件应如何定罪问题的电话答复》，对于行为人以营利为目的，设置圈套，诱骗他人参赌的行为，需要追究刑事责任的，应以赌博罪论处。1995年《最高人民法院关于对设置圈套诱骗他人参赌又向索还钱财的受骗者施以暴力或暴力威胁的行为应如何定罪问题的批复》也明确：行为人设置圈套诱骗他人参赌获取钱财，属赌博行为，构成犯罪的，应当以赌博罪定罪处罚。

刑法学者对上述解释有异议，认为上述行为符合诈骗罪的构成要件，应以诈骗罪论处。② 也有学者认为设置圈套诱骗他人参赌的诱赌行为与在赌博过程中采取欺诈手段赢取他人财物的赌博诈骗是有区别的，前者按相关法律解释以赌博罪论处，后者宜以诈骗罪论处。③ 体育赌博集团操纵体育竞技比赛结果的行为该如何定罪量刑，至今仍无定论。

---

① 参见搜狐体育《中国足坛反赌打假大审判》，见 http://sports.sohu.com/s2009/09saodufengbao/，最后访问时间：2012年6月11日。

② 参见张明楷《刑法学》，法律出版社2007年版，第738～739页。

③ 参见李立众《刑法一本通》，法律出版社2010年版，第310页。

（三）体育贿赂及监管渎职问题的刑法规制

如图 2－1 所示，从源头的体育赌博到最后竞技的实施者，整个竞技操纵的流程是一个多层级的从上至下的过程。在此过程中，维系操纵“指令”逐层传递的是利益，而维系利益链条过程中最为常见的手段即贿赂。根据收到贿赂、操纵竞技比赛的主体的不同，体育竞技中的贿赂行为可分为以下两大类：一是体育竞技中的裁判收受贿赂，吹黑哨以操纵比赛结果。当然，对裁判行贿者包括体育俱乐部、运动员、教练等。二是体育联盟、体育管理部门等的管理人员收受相关人员的贿赂，从而指使裁判、运动员等相关人员实施操纵竞技结果的行为。

1. 现有的处罚依据

在我国刑事法律法规框架下，对收取贿赂行为的处罚主要适用以下条款：

（1）针对国家工作人员包括国企、国家单位等从事公务的人员的受贿罪：国家工作人员利用职务上的便利，索取他人财物的，或者非法收受他人财物，为他人谋取利益的，是受贿罪。（第三百八十五条）

（2）非国家工作人员，包括公司、企业或者其他单位的工作人员，利用职务之便索取或非法收受他人财物，为他人谋取利益，数额较大的，处 5 年以下有期徒刑或者拘役。（第一百六十三、第一百八十四条）

相应地，为谋取不正当利益，对国家工作人员、公司、企业或者其他单位的工作人员以财物的行贿行为也需承担刑事处罚。（第一百六十四、第三百八十九条等）

从贿赂的行为实质上看，体育竞技领域的贿赂行为与官场、商业领域的贿赂行为无异，因此，上述罪名对体育竞技相应主体的适用并没有理论障碍。我国体育贿赂刑事司法第一案应是 2002 年龚建平黑哨案：龚建平原是国家足球协会裁判员，于 2000—2001 年在担任全国足球甲级联赛主裁职务期间，利用职务之便接受请托，多次收受他人财物，检察院以企业人员受贿罪对其批捕，法院以贿赂罪判处其有期徒刑 10 年。[①] 而在 2009 年的足坛反赌扫黑案件中，辽宁丹东、铁岭、鞍山、沈阳四地法院陆续于

① 参见 http://sports. sohu. com/1/0704/19/subject220951991. shtml，最后访问时间：2012 年 6 月 11 日。

2012年对10多名涉案人员进行审判，涉案人员谢亚龙、杨一民等于国家体育运动委员会、体育总局等国家机构任职的人员均被认定为受贿罪；其他相关比赛中的俱乐部管理人员、裁判、运动员等根据行贿、受贿的事实均被判定为对非国家工作人员行贿、非国家工作人员受贿罪等。①

2. 法律适用的问题与不足

尽管我国司法实践已逐渐对体育贿赂行为予以刑法规制，但此类案件仍寥寥无几。而刑事司法和理论界对于部分体育贿赂行为尤其是裁判人员的黑哨行为是否构成犯罪，构成什么罪仍争论不休。因体育竞技裁判人员身份的不同，司法学界的观点大抵有三种：

第一，认为不宜按犯罪处理。因为我国刑法原则是罪刑法定，但根据我国现有刑法的规定，受贿犯罪的主体需为国家工作人员或公司、企业或其他单位工作人员，但体育竞技裁判员是凭借其专业知识从事体育活动的人员，并不属于上述两类人员，故在法无明文规定的情况下不为罪。②

第二，认为应按《刑法》第三百八十五条受贿罪处理：中国足协的法律性质是社会团体，其从事的是管理社会的公共事务，受其聘任的裁判员担任足球职业联赛彩排的工作属于从事公共管理事务，故其贿赂行为应依照针对国家工作人员的受贿罪处罚。③

第三，认为应定非国家工作人员受贿罪，因为职业俱乐部之间的竞技比赛实际上是一种商业活动，足球裁判是以其专业知识参与赛事的人员，因此，裁判活动实际上属于体育竞技比赛——特定商业活动的组成部分。从而，裁判人员在竞技活动中收受贿赂而有吹黑哨行为，性质应为商业贿赂，应按《刑法》第一百六十三条定罪处罚。④

即使从司法实践上看，对于竞技比赛中裁判人员受贿行为的定罪也莫衷一是，如龚建平被判受贿罪，而黄俊杰等人利用执裁足球比赛的职务之便收受财物被判非国家工作人员受贿罪。上述问题的根源在于我国对受贿行为的刑事制裁因行为主体的不同而有所差异，但我国法律对于体育竞技

---

① 参见网易体育，见 http://sports.163.com/，最后访问时间：2012年6月11日。

② 参见谢望原、陈琴《体育竞技中贿赂犯罪比较研究》，载《政法论丛》2004年第6期；王作富、田宏杰《“焙烧”行为不能以犯罪论处》，载《政法论坛》2002年第6期。

③ 参见曲新久《“黑哨”行为已构成受贿罪》，载《政法论坛》2002年第6期。

④ 最高人民检察院2002年2月25日发的《依法严肃处理足球“黑哨”腐败问题》的通知持该见解。

领域的管理体制及竞技比赛裁判人员的身份没有清晰的定位。

即使根据《刑法》关于贿赂的条文，结合我国《体育法》及体育管理组织的实际管理情况，通过实质解释之方法将裁判人员纳入贿赂犯罪的打击范畴（无论是认定为受贿罪抑或是非国家工作人员受贿罪），我国刑事法律框架仍难以覆盖所有的竞技贿赂行为，尤其是非职业竞技比赛过程中的黑哨、黑球行为等。如对运动员受贿打黑球行为适用我国刑法，其焦点与裁判人员的黑哨行为一样，即对其身份的确认。根据《中国足球协会注册工作管理暂行规定》第十五条："职业俱乐部注册应符合以下条件：……四、为独立企业法人，所有者权益：中超俱乐部不少于人民币3000万元，中甲俱乐部不少于人民币1500万元。"又据《中国足球协会业余俱乐部暂行管理办法》第二条："业余俱乐部不以盈利为目的，是推动中国足球运动普及与提高的基层组织。"也就是说，职业体育俱乐部本质上是进行商业运营的企业，其运动员就是该企业的工作人员，故对职业体育竞技领域的体育贿赂适用刑法没有理论障碍；但业余的体育俱乐部是非盈利的群众性组织，难以根据《刑法》第一百六十三条追究刑事责任。

（四）体育竞技伤害及兴奋剂问题

在竞技舞弊的链条中，除了作为利益根源的体育赌博及常用的体育贿赂手段外，体育暴力、竞技伤害及兴奋剂滥用问题也是影响体育竞技公平公正的顽疾。

1. 竞技伤害的刑法规制

所谓竞技，本来就意味着竞争与对抗。由于对抗性是体育竞技活动的固有属性，其活动参与者及观众从活动的竞争和对抗中获得快乐和满足，因此，在体育竞技活动中尤其是对抗性极为激烈的竞技活动中难免会出现伤害的情况。但随着体育竞技的商业化，名利的催化使得竞技活动中的严重伤害行为频频发生，受害者或轻伤或重伤，甚至被迫退出竞技场或就此丧命。

然而，我国法律体系中并没有针对竞技伤害的特别规定，即便是《体育法》也仅明文禁止运动员的不道德行为，并未明确提及竞技伤害；《刑法》中也没有针对体育竞技伤害的处罚。而我国司法实践中至今仍未有涉及体育伤害的刑事案件。

然而，从刑法理论层面分析，我国《刑法》第二百三十四条（故意伤害罪）及第二百三十五条（过失致人重伤罪）的处罚对象分别是故意伤害他人身体、过失伤害他人致人重伤的行为。上述罪名适用于一般主体，并未将体育竞技相关人员排除在外。因此，可依据刑法上的伤害罪对竞技伤害予以刑法规制。但在我国刑法领域中，竞技伤害问题的理论障碍在于违法性判断上——即认为从实质上看，在竞技体育的前提下，通过对抗的手段引起伤害的结果，其行为并没有严重的社会危害性，因而排除刑法的违法性。关于竞技伤害行为的正当化依据，理论界主要有以下几种学说：

（1）法益权衡说。其认为如果符合构成要件的法益侵害行为是为了救济更高价值的法益，则该侵害行为是正当的。[①]

（2）目的说（即国家允许说）。其认为如果行为是为了达到国家承认的共同生活目的而采取的适当手段，则该行为是正当承担。[②]

（3）社会相当性说。其认为在历史地形成的社会伦理秩序的范围内，被社会秩序所允许的行为就是正当。[③] 此说综合了法益权衡说和目的说，在判断社会相当性的时候一般考虑目的的正当性、手段的正当性和权益的平衡性。[④]

不可否认，竞技体育活动本身带有对抗性及一定的暴力性，而一定的伤害行为也为竞技参与者和社会所接受。但竞技体育并非伤害行为的避风港和免责金牌，竞技体育的精神在于公平公正而非输赢，在竞技比赛过程中利用故意或过度的伤害手段，不仅破坏了竞技体育的健康发展，而且也非世人所能接受。因此，正当化事由不应将一切竞技伤害行为均排除在刑罚的范畴之外，而且上述理论观点也强调满足一定条件的竞技伤害行为方为正当。而我国目前缺少的正是划分竞技伤害行为构成伤害罪和排除刑事违法性的标准及司法实践。

2. 兴奋剂问题的刑法规制

随着科学技术的发展以及竞技比赛的商业化发展，竞技参与者使用兴

---

① 参见张明楷《刑法学》，法律出版社 2009 年版，第 173 页。

② 参见吴情树、陈慰星、王方玉《论体育运动中的正当行为——以大陆法系刑法为文本》，载《天津体育学院学报》2005 年第 4 期。

③ 参见黄京平、陈展鹏《竞技行为正当化研究》，载《中国刑事法杂志》2004 年第 6 期。

④ 参见叶圣彬《竞技体育刑法规制问题研究》（报告），国家体育总局一般项目——“竞技体育刑法规制问题研究”，项目编号：1260SS08078。

奋剂以追求更好的竞技成绩，已成为国际体育领域所面临的问题。兴奋剂的使用不仅与竞技体育公平竞争的理念相违背，背离了体育竞技的根本目的；而且兴奋药物的滥用会导致个体及公共健康方面的问题。因此，相关的国际组织和各国的政府、体育组织也逐渐加强了对兴奋剂问题的管制，并出台一系列的公约、条例：如欧洲理事会部长委员会于2000年9月通过的《关于国家立法反对兴奋剂交易普遍使用原则的建议》指出：反对兴奋剂交易的立法与反毒品的法律没有本质的区别。相关的公约、条例如下：2005年10月19日联合国教科文组织通过的《反对在体育运动中使用兴奋剂国际公约》、世界反兴奋剂机构（WADA）通过的《世界反兴奋剂条例》（2004年1月生效）、《国际反兴奋剂协定质量规划》（1997年），地区性的如《北欧体育联合会反兴奋剂协议》（SCNADA）、《欧洲反兴奋剂公约》（1989年11月）、《欧洲体育部长会议反兴奋剂斗争决议》（2000年5月）、《奥斯陆反兴奋剂宣言》（2000年11月）、《哥本哈根反兴奋剂宣言》（2003年3月），等等。

（1）我国关于兴奋剂问题的刑事处罚依据。

随着我国竞技体育与国际舞台的接轨和相融，兴奋剂问题愈演愈烈。为了保护运动员及社会公众的身心健康，维护竞技体育的秩序和公平竞争的原则，我国除参加相关的国际公约外，国务院还于2004年颁布并实施了《反兴奋剂条例》（以下简称《条例》），连同药品管理的相关规定，对兴奋剂问题予以管制。该条例从兴奋剂的研发、销售、管理、使用等渠道全面禁止竞技领域兴奋剂的滥用：

> 第十九条　体育社会团体、运动员管理单位和其他单位，不得向运动员提供兴奋剂，不得组织、强迫、欺骗运动员在体育运动中使用兴奋剂。科研单位不得为使用兴奋剂或者逃避兴奋剂检查提供技术支持。
>
> …………
>
> 第二十三条　……运动员辅助人员不得向运动员提供兴奋剂，不得组织、强迫、欺骗、教唆、协助运动员在体育运动中使用兴奋剂，不得阻挠兴奋剂检查，不得实施影响采样结果的行为。……
>
> 第二十四条　运动员不得在体育运动中使用兴奋剂。

同时在第五章“法律责任”中明确规定相关单位、个人违反兴奋剂管理规定的，给予相应的行政处罚，构成犯罪的，依法追究刑事责任。

上述立法是我国惩治兴奋剂违法行为的主要法律依据，同时也明确了对销售、提供、使用兴奋剂等行为构成犯罪的追究其刑事责任。但该条例并未明确相关违法行为的具体刑事责任，而我国刑法也没有关于兴奋剂的特别规定，那么，对于情节严重的行为，应该适用刑法的哪条规定、哪项罪名来追究行为人的刑事责任呢？从药物性质对人体健康和社会公共卫生的角度考量，兴奋药物与毒品没有本质上的区别，因此在一定程度上，关于兴奋药物的行为违法情节严重的，可根据我国刑法就毒品犯罪的相关罪名予以定罪量刑。

（2）法律适用的难题和尴尬。

由于《反兴奋剂条例》是基于对复合法益——竞技体育的公平竞争原则及对个体、社会公众的身心健康的保护设立的条款，而由于我国刑法对体育竞技公正性的保护的缺失，没有对竞技体育舞弊等相关行为的专门立法或特别规定，因此，尽管刑法上关于毒品犯罪的规定可在一定程度上作为兴奋剂犯罪的刑法依据，但并不能将所有的兴奋剂违法行为纳入刑法的调整范围。

第一，根据我国《刑法》第三百四十七条以及《最高人民法院关于审理毒品案件定罪量刑标准有关问题的解释》（2000 年 4 月 20 日）的规定，我国刑法打击的毒品犯罪其对象是有所限定的，主要包括鸦片、海洛因、甲基苯丙胺及其他毒品。但从兴奋剂的目录中可以看出，并非所有的兴奋剂都属于我国刑法禁止的毒品。[①] 即从刑法打击对象看，现有刑法并不能完全涵盖兴奋剂的所有类型，与某些类型的兴奋药物有关的违法行为仍处于刑事法律的真空地带。

第二，《条例》禁止一切运动员及其辅助人员等竞技体育相关人员的各种兴奋剂违法行为，虽然我国刑法规定了走私、贩卖、运输、制造毒品罪，引诱、教唆、欺骗、强迫他人吸食、注射毒品的犯罪，但是并未对自愿吸食、注射毒品的行为予以刑法规制。即从犯罪主体上看，运动员的辅助人员引诱、教唆、欺骗或强迫运动员注射兴奋剂的，而该兴奋剂属于刑事司法毒品范畴的，可依法予以刑罚管制，但运动员自愿使用兴奋药物的

① 参见《2013 年兴奋剂目录公告》，国家体育总局、中华人民共和国商务部、中华人民共和国卫生部、中华人民共和国海关总署、国家食品药品监督管理总局公告第 14 号。

行为处于刑事立法空白地带。

第三，《条例》规定，体育社会团体、运动员管理单位向运动员提供兴奋剂或者组织、强迫、欺骗运动员在体育运动中使用兴奋剂的，构成犯罪的，依法追究刑事责任。(《反兴奋剂条例》第三十九条）上述规定旨在约束体育机构等相关单位的非法行为，但我国《刑法》中与此相对应规定单位向毒品吸食、注射者提供毒品的第三百五十五条规定：依法从事生产、运输、管理、使用国家管制的麻醉药品、精神药品的人员，违反国家规定，向吸食、注射毒品的人提供国家规定管制的能够使人形成瘾癖的麻醉药品、精神药品的，……单位犯前款罪的，对单位判处罚金，并对其直接负责的主管人员和其他直接责任人员，依照前款的规定处罚。《刑法》该条款的犯罪主体是特殊主体，只适用于依法从事生产、运输、管理、使用国家管制的麻醉药品、精神药品的单位或个人，而体育社会团体、运动员管理单位并不属于该主体范畴，故无法依据《刑法》第三百五十五条来规范体育相关单位强迫、欺骗运动员使用兴奋剂的行为。

综上所述，尽管我国具有反兴奋剂的条例，但该法并没有具体的刑法规制措施，而依据我国现有的刑事规定，条例中所规定的很多兴奋剂违法行为仍处于刑事规制的空白地带。

第二节　竞技体育公正性保护的域外刑法经验

欧美国家的体育竞技职业化进程比我国快，非法体育赌博、体育贿赂等竞技舞弊问题暴露得比较早，因此，经过几十年的发展，欧美各国对各种形式的竞技舞弊行为的遏制及预防的立法与司法实践发展较为成熟。下文将着重介绍欧美国家就竞技舞弊问题的刑事法律规制现状，以资借鉴。

一、竞技体育赌博及集团操控问题

竞技体育赌博是随着体育产业的发展而产生的一种赌博方式，指以某一竞技体育赛事中某种事件发生与否的偶然性或者竞技比赛的不确定性去确定输赢的行为，从而丧失或获得约定的财产或其他权益、为或不为约定的行为。[①] 竞技赌博业的发展在给相关主体带来巨大经济利益的同时也潜藏着许多的社会问题，因此，多数国家都对此予以严格的控制，由国家、地方政府或相关部门管理体育博彩业的发展。然而在利益的驱动下，非法竞技赌博（如“地下赌球”“外围赌球”等）层出不穷，它们不仅阻碍了体育博彩业的健康发展，非法赌球集团为牟取非法利益而操纵竞技比赛的行为更严重损害了竞技体育的公正性。

正如美国国家橄榄球联盟（National Foodball League）的副总裁所言：体育赌博滋生腐败。因此，欧美许多体育职业联盟如国际足球联盟（Federation Internationale de Football Association）及欧盟会议成员（Members of European Parliament）等都对非法竞技赌博采取“零容忍政策”（Zero-Tolerance Policy）。各国立法也在不同程度上对非法竞技赌博进行刑事制裁。

（一）对体育赌博运营的刑法遏制

1. 美国

在美国，赌博本属于州法律管辖的范畴，尽管各个州（犹他州和夏威夷除外）对传统赌博进行合法化管理，但体育赌博是否合法仍存在较大的争议。直至新兴的网络赌博形式逐渐泛滥，体育赌博问题日益严重，给美国社会及体育竞技事业带来了极大的冲击，美国联邦及各个州便纷纷立法将其非法化，并给予一定的刑事制裁。[②]

（1）非法的体育赌博。

《美国联邦法典》（*US Code*）在第28编“司法和法院程序”，第178章“职业和业余体育活动保护”[③] 中规定了非法的体育赌博，第3702条明确规定以下行为是非法的：①非政府实体发行、经营、宣传、推广、许可或通过规章或契约授权；②个人根据非政府实体的规章或契约发行、经营、宣传或推广直接或间接地以业余、职业运动员参加或意图参加的一次或多次竞技比赛或表演为基础的彩票抽奖活动或其他赌博或下

---

① 参见罗嘉司《竞技体育犯罪研究——以犯罪学为视角》（博士学位论文），吉林大学2006年。

② 美国官方对体育赌博持绝对的反对态度，直至2004年，美国只有内华达州及俄勒冈州存在合法的体育赌博行为。而2009年经州议会批准，特拉华州的赛马场赌场及棋牌室赌场内的体育赌博得以合法化。参见马宏俊等《体育博彩的法律保障比较研究》，中国法制出版社2011年版。

③ Professional and Amateur Sports Protection Act of 1992, Pub. L. No. 102 –559, 106 Stat. 4227 –4229 (1992).

注活动。

由此可见，美国将非政府依法发行或经营的体育博彩都认定为非法赌博，应根据其他的赌博犯罪规定予以相应的刑事制裁。

（2）赌博犯罪的立法例。

美国联邦法律中关于赌博的相关犯罪散见于各种法律的不同章节，从赌博组织的设立经营及赌博信息、设施的运输等方面遏制非法赌博行为。

联邦刑法典中第18编（犯罪和刑事程序）的第50章（Gambling）专门规定了赌博犯罪的问题，第1082条规定任何美国公民或居民或在美国船只或其他美国管辖领域范围内的个人，设立、运营、持有赌船（gambling ship）或船上的任何赌博设施，或者操作赌博设施引导赌博活动、操作赌博装置，引诱、诱导、招徕或允许他人进行赌博的，应处以罚金或/和2年以下有期徒刑。而第1084条则规定了传送赌博信息的犯罪，任何从事赌博或投注事业的人故意使用有线通信设备进行下列行为的，应判处罚金或/和2年以下有期徒刑：对体育事项或比赛进行投注的州际或外国传输及信息协助，通过有线通信传输接收赌注、赌金，为设置投注提供信息协助。①

第95章“敲诈勒索罪”则对非法运输赌博设备及相关事物和非法赌博组织（illegal gambling business）予以禁止：第1952条②禁止以分配非法活动收益，或者为促进非法活动实施任何暴力犯罪，或者推销、管理、设立及继续从事非法活动为目的在州际或国外旅行或利用邮件或其他工具，否则处以罚款或/和监禁刑。而第2款明确规定“非法活动”包括非法赌博。第1953条明确规定任何人明知记录、随身赌博器具、票券、文书、证书、执照、书面资料等装置用于或将用于外围下注、体育赌博等赌博活动而在州际或对外运输或传送的，应判处罚金或/和5年以下有期徒刑。③

---

① Wire Act of 1961, See Sporting Events—Transmission of Bets, Wagers, and Related Information Act, Pub. L. No. 87 - 216, § 2, 75 Stat. 491, 552 - 553 (1961). US Code § 1084 第3款还明确规定本条所规定的行为在任何州任何法律下都不能免于刑事起诉。但本条规定的犯罪不包括州际或国外的关于体育赌博的新闻报道信息传播，或者在体育赌博合法的州或国家不包括就体育竞技投注进行的信息协助。

② Travel Act of 1961, See Racketeering Enterprises—Travel or Transportation Act, Pub. L. No. 87 - 228, 75 Stat. 498, 561 - 562 (1961).

③ Interstate Transportation of Wagering Paraphernalia Act of 1961, U. S. Code. & Cong. News, 87th Cong. 1st Sess., 2635. 本条（e）款明确规定以体育比赛打赌或下注并不属于彩票活动。

而第1955条意图通过打击赌博集团、赌马业者等收益源头以根除与赌博相关的有组织犯罪，明确规定对经营、提供资金、管理监督、指导或拥有全部或部分非法赌博组织的人予以罚款或/和5年以下有期徒刑。①

类似地，对赌博集团非法行为的刑事规制还包括1970年的《诈骗影响和腐败组织法》（*Racketeer Influenced and Corrupt Organizations Act*），② 从资金流动层面打击有组织犯罪，防止诈骗资金流入合法组织。③ 该法提出行为人应为下列禁止的行为承担相应的刑事责任：将直接或间接地通过诈骗活动（racketeering activity）模式或通过收集非法债务（unlawful debt）获得的收益用于收购或设立经营从事州际或对外贸易的企业或活动，从事州际或对外贸易的企业、活动的雇员或与之相关的任何人通过诈骗活动模式或收集非法债务处理企业事务。④ 其中诈骗活动包括涉及赌博等的任何行为或威胁，以及与体育贿赂相关的可诉行为；非法债务则指非法赌博活动或赌博业引起的债务。⑤

而第15编（商业和贸易）第24章对"赌博设施"的含义及具体所指做出解释，并对在美国境内的非法运输赌博设备，以及生产、修理、销售、持有赌博设备等行为予以刑事处罚。⑥

（3）网络赌博犯罪的立法例。

尽管美国联邦已经从源头、设备运输、信息传送等方面较为全面地对非法赌博予以打击，但它们针对的对象更多的是传统的赌场赌博方式。虽然在适用《电信法》时法官将网络下注等同于电话投注处罚，⑦ 但随着网络赌博方式的泛滥，上述立法对其适用显得力不从心。因此，议会于2006年通过了《非法网络赌博执行法》（*Unlawful Internet Gambling Enforcement*

---

① Illegal Gambling Business Act, See Organized Crime Control Act, Pub. L. No. 91－452, § 803, 84 Stat. 922, 1091－1092（1970）. 该条（b）款规定"非法赌博组织"是指：①违反州或政治分区的法律；②经营、管理、监督、指导或拥有者在5人以上；③实际连续经营超过30天或每天的营业总收入超过2000美元。

② Pub. L. No. 91－452，§901（a），84 Stat. 941（1970）.

③ S. 30，91st Cong.，2nd Sess.，1 U. S. Code & Cong. News 4033. 资料来源见 http://www.gambling-law-us.com/Federal-Laws/rico.htm，最近访问日期：2012年6月18日。

④ See 18 U. S. C. § 1962.

⑤ See 18 U. S. C. § 1961（1）（6）.

⑥ Transportation of Gambling Devices Act of 1951，See US Code § 1171－1178.

⑦ United States v. Cohen，260 F. 3d 68，76（2nd Cir. 2001）.

Act, UIGEA),[①] 将网络赌博站点经营者接受赌徒资金的行为非法化。

该法明确了“打赌或下注”指以他人的比赛、体育事项或机会游戏的结果为根据，以有价值的事物作为赌注或冒险，双方同意或协议当上述事项出现一定结果则有价值的事物归一方或第三方所有。[②]

第5363条将从事赌博、下注业者明知他人的信用卡、电子资金账户、支票或其他资金转移方式与非法网络赌博相关，仍予以接受的行为规定为犯罪，处以罚金或/和5年以下有期徒刑。[③]

综上所述，美国对非法赌博问题设立了较为完善的刑法规制体系，对赌博集团运营的各个层面、各种方式予以全面禁止，而体育赌博只是其中的一个类型，当然可适用上述法律对外围下注等非法体育赌博问题予以刑事制裁。

2. 其他欧美国家

不同于美国对赌博业的严格限制及对体育赌博的坚决反对，加拿大对赌博行为持允许态度——《加拿大刑事法典》第204条规定了赌博犯罪的豁免情况，允许不以任何方式参与赌博交易的个人之间的私人打赌，以及得到农业与农业食品部认可的在赛马博彩制度下运作的赛马赌博。[④] 但是，经营游戏赌博或者赌博场所、明知地允许将一个场所出租为或用于游戏赌博或赌博场所、制造购买使用赌博相关设备等行为都构成犯罪，应予以刑事处罚。法典同时规定了由省政府或拥有许可证的慈善机构、宗教组织等合法主体管理经营的合法彩票活动，它们具有豁免权。然而涉及体育赌博的以下行为并不属于“彩票计划”的范畴：记账、卖赌注或者制造、记录赌注，包括通过赌注代理或者博彩系统投注，为任何比赛、打架或者运动竞赛、体育比赛而赌博。[⑤] 因此，在违反刑法典关于游戏、赌博、彩票等

① 议会于2006年10月通过UIGEA，但后来国会议员Barney Frank提出法案要求将UIGEA的执行延迟至2010年12月1日，该法案获得通过。

② See 31 U.S.C. § 5362 (1).

③ See 31 U.S.C. § 5363, 5366.

④ 《加拿大刑法典》201、202、206条等，参见罗文波、冯凡英《加拿大刑事法典》，北京大学出版社2008年版，第154～159页。

⑤ 《加拿大刑法典》第207条（4）（b），参见罗文波、冯凡英《加拿大刑事法典》，北京大学出版社2008年版，第161页。

方面的条文而犯罪时，体育赌博并不能以合法彩票为由获得豁免。[①]

与其他国家相比，体育博彩、赌博在欧洲国家是一种涉及利益数以亿计的产业。虽然各国对于体育赌博尤其是赛马、赛狗和足球的博彩业管理较为严密，但其发展轨迹都是公开合法化的。如英国经过长期的努力，沿着彩票—赛马—赌场合法化的路径将博彩业纳入法制轨道，认为合法化更有利于对其进行规范性的管理。[②] 对于体育博彩，2005 年的《赌博法案》明确规定赌博包括以比赛、竞赛或其他事项或进程的结果为载体进行投注。[③] 但从严格意义上讲，英国的体育博彩也仅仅包括体育彩票和赛马活动，赌博一般不包括在内，因为从本质上看，赌博更多的是一种商业性质的活动，很少以体育公益活动为目的。[④] 而且，博彩委员会对于博彩业的经营等采取严格的授权许可经营制度，故以牟取巨额利益为目的的地下赌球等并不在合法博彩的范畴内，对其可根据上述法案规定的博彩犯罪论处：任何人未经法律授权或许可经营赌场、提供赌博场所、赌博设施及赌博软件，单处或并处 51 周以下的监禁刑和罚金。[⑤] 同样，虽然意大利在其刑法典第 721 条中明确对在公共领域和/或私人俱乐部进行的赌博行为予以刑事处罚，但是条文明确将赌博（gambling）和简单的游戏打赌（simple betting games）、技能游戏予以区分：赌博是指因个人利益而进行的结果完全不确定的游戏，包括 Bingo（宾果游戏）、彩票、轮盘游戏等；而简单的打赌游戏包括体育打赌、赌马等，这些活动的结果并非纯粹靠运气或机会，参与者的个人技能也是影响游戏结果的重要因素。[⑥] 也即，意大利

---

① 根据《加拿大刑法典》第 207 条（4）（b）的现有规定，省政府等合法主体不能就单一的竞技比赛或体育事项发行彩票，为突破这一限制，安大略省的非内阁成员议员 Joe Comartin 于 2011 年向议会提交一项法案，希望撤销对以单一竞技比赛或体育事项为载体的赌博的禁止。而且，为了巨大的经济利益，安大略省于 2012 年起将由安大略省博彩局（Ontario Lottery and Gaming Corp.）管理的网络赌博合法化。（资料来源见 http://www2.canada.com/windsorstar/news/story.html?id=41317d16-cab9-4766-98a0-5f62f2c3f70d，http://www.thestar.com/news/canada/article/845919-online-gambling-coming-to-ontario，最近访问日期：2012 年 6 月 19 日。）

② 英国国会成立的专门委员会向议会提交报告建议称：“如果社会存在博彩的需求，与其禁止不如通过立法对其进行规范监管。法律允许博彩的前提是博彩业的目的应当是旨在资助慈善事业、体育事业等公益性事业的发展，而非其他的营利性目的。”[Nick Cohen. Gambling with Our Future. New Statesman，2003（1）：22.]

③ Gambling Act 2005 s9（1）.

④ 参见马宏俊等《体育博彩的法律保障比较研究》，中国法制出版社 2011 年版。

⑤ Gambling Act 2005 s33，s37，s41.

⑥ Michele Coluncci. Sports Law in Italy. Kluwer Law International，2010：118.

并未禁止简单的打赌游戏，而是通过特定的法律及相关机构对其进行规制和监管。[①] 但随着非法的体育打赌行为的泛滥，法院将未经授权的体育打赌行为归类为刑法中的赌博行为，如著名的“Tontero”案件。但这并不能从根本上解决非法体育打赌的问题，这就促使立法者制定新的法案NO. 401（1989）[②] 对体育活动中的非法打赌行为予以刑事处罚。[③]

（二）体育赌博参与者的刑事制裁问题

非法体育赌博是体育贿赂、竞技舞弊等问题的源头，各国都对其予以严密监管和禁止。但综观各国法律，刑事制裁几乎都只是以赌博集团的运营者及其相关人员为规制对象，并未禁止赌博者的投注行为。唯《加拿大刑法典》第201条（2）规定行为人没有合法理由，在游戏赌博场所或普通赌博场所中即可构成简易罪。[④]

投注者的参赌行为从本质上看是对自己财产的自由处分权，因此，即使严禁赌博的美国亦未将其纳入刑罚范畴。但在体育赌博领域，运动员、裁判等竞技比赛相关人员的参赌行为同样是竞技舞弊等破坏体育公正性行为的上游行为，它们在处分财产之余，更多的是对体育活动公正性及合法赌博活动的潜在威胁。众所周知，非法体育赌博并不仅仅是对竞技比赛的结果下注，竞技场上许多中间点均可作为下注的对象，如英国差额投注（spread betting）的投注项目就包括比分、总进球数、角球总数、犯规次数等。而运动员、教练以及裁判等都对竞技比赛的进行及结果具有一定的可操作性，若他们对自己所参与的竞技比赛下注，为了获取更大的赌博利益，他们会暗中操作以影响竞技比赛的结果。[⑤] 如运动员可以故意犯规或让赛（point-shaving），教练可在拟定队员阵营或比赛策略方面作弊，裁判

① 2006年通过的法律（Article 38, Law Decree 4 July 2006, number 223）允许在一定情况下对技能游戏和体育进行网络打赌，其条件包括：the administrative authorization and police licence were duly issued; the game platform complies with the National Monopoly's regulations; the fee necessary to play the game does not exceed a certain amount, currently EUR 100; and certain information on the game's mechanics is publicly available.

② Legge 13 Dicembre 1989, n. 401，第4条规定对未经公共或特定授权控制、管理打赌活动的人予以刑罚。

③ Michele Colucci. Sports Law in Italy. Kluwer Law International, 2010: 119.

④ 参见罗文波、冯凡英《加拿大刑事法典》，北京大学出版社2008年版，第153页。

⑤ Risks to the Integrity of Sport from Betting Corruption, a Report for the Central Council for Physical Recreation by the Centre for the Study of Gambling, University of Salford, February, 2008.

可做出不公正的评判等。因此，许多国内和国际体育职业联盟及体育管理组织都制定规章或规则禁止运动员、裁判等相关人员以自己或对手参与的比赛或同类比赛为载体下注。[①]

但在刑事制裁层面，很少有针对该特殊人群参赌行为的专门规定。只有英国2005年的《赌博法案》第42条规定的赌博作弊罪可作为对运动员参赌及其下游舞弊行为的刑罚依据：[②]

（1）行为人以（a）在赌博活动中作弊，或者（b）促进或帮助他人在赌博活动中作弊为目的之行为构成犯罪。

（2）为了第（1）款之目的，行为人的行为是否（a）增加其赢得财物的机会，或者（b）赢得财物无关紧要。

（3）在不影响第（1）款适用的情况下，赌博作弊行为可能，特别是包括与下列情况相关的实质或企图欺骗或干预行为：（a）赌博活动操作过程，或者（b）与赌博相关的实际或虚拟的游戏、竞赛或其他事项或过程。

（4）行为人犯本条所述之罪的，（a）被控罪名成立，处以2年以下有期徒刑，单处或并处罚金；或者（b）以简易程序定罪，处以51周有期徒刑，单处或并处罚金。

其他国家大多将其认定为欺诈行为，通过刑法中的诈骗罪等相关的条文对运动员、裁判等为获得更大的赌博利益而实施竞技舞弊的行为定罪量刑。

（三）体育赌博集团操控竞技比赛之行为

如前所述，体育赌博集团设赌的目的是获取财物，他们通过庄家设立赌盘，通过贿赂等手段让运动员、教练、裁判等按照盘口做球，从而操纵比赛结果，使本该具有不确定性的竞技比赛成为获得财政收益的工具。[③]由此可见，设立赌场、体育贿赂到最后运动员或裁判等的竞技舞弊的具体实施都只是整个比赛操控的一个个具体环节，它们可适用相应的刑法法规

---

① See Code of Conduct on Sports Betting for Athletes, http://www.egba.eu/en/consumers/athletesconductcode，最近访问时间：2012年6月20日；2008 ATP（Association of Tennis Professionals）Official Rulebook，139.

② Gambling Act 2005 s42.

③ See Recommendation CM/Rec（2011）10, adopted by the Council of Europe on 28 September, 2011：2.

予以规范。那么，对于上述行为的幕后黑手——比赛操控的设计、策划、组织等首脑行为该如何处理呢?[①]

1. **就体育操纵行为的专门立法**

2011年9月，欧洲理事会部长委员会（the Committee of Ministers of the Council of Europe）接受了关于“促进体育公正性，反对操纵比赛结果尤其是打假球”的建议，强调各成员国应确保其法律法规足以惩治比赛操纵行为。[②] 据调查，该委员会中有11个国家就操纵体育比赛结果做出了专门的立法规定。[③] 它们对操纵竞技比赛结果的界定以主动和/或被动贿赂和/或欺诈的一般定义为基础。

在英国的法律体系中，体育赌博集团的操纵行为可依据赌博法案的赌博作弊罪予以入罪处罚。其他国家的特别刑事规范分别对以下行为予以规制：[④]

（1）故意“影响体育竞技比赛的进展或结果”（保加利亚），[⑤] 或者“影响竞争或比赛的结果”（格鲁吉亚），或者“对结果施加影响”（俄罗斯联邦），或者“影响特定的竞技比赛”（土耳其）。

（2）以“改变任何团队或个人竞技结果”（塞浦路斯），或者“改变结果使其有利或不利于体育俱乐部、团体付费运动员或体育股份有限公司”（希腊），或者“改变、扭曲体育事项的结果”（葡萄牙）为目的之行为。

---

① 体育操控，广义上看，包括影响竞技比赛结果的一系列行为，包括组织、策划、贿赂、打假球、服用兴奋剂等。但本文将上述行为类型化，根据操纵流程的不同阶段将其细分为狭义的体育操控行为，即指体育赌博集团等幕后人员对体育操控的组织、策划及监管的行为；体育贿赂行为；以及竞技舞弊行为，即运动员让赛、打假球、裁判吹黑哨等影响比赛的具体实施行为。

② European Committee on Crime Problems（CDPC），Feasibility Study on Criminal Law on Promotion of the Integrity of Sport Against Manipulation of Results，Notably Match-Fixing，Strasbourg，22 February 2012.

③ 这11个国家包括：保加利亚、塞浦路斯、格鲁吉亚、希腊、波兰、葡萄牙、俄罗斯联邦、土耳其、英国、意大利和西班牙。

④ European Committee on Crime Problems（CDPC），Feasibility Study on Criminal Law on Promotion of the Integrity of Sport Against Manipulation of Results，Notably Match-Fixing，Strasbourg，22 February 2012.

⑤ 参见 Chapter 8：Crimes Against Sport，Bulgarian Criminal Code，August 2011：Art. 307(b)，对通过暴力、欺诈、胁迫等非法手段让他人影响体育赛事的发展及结果的行为处以1年以上6年以下的监禁刑和1000～10000列弗的罚款。但若上述行为涉及有组织犯罪集团或体育赌博，处以3年以上10年以下监禁刑和15000～30000列弗的罚款［Art. 307d（2）1、4］。

(3)“为获得不同于常规比赛的结果”而实施的欺诈行为（意大利）。

(4) 故意实施“可以影响竞技比赛结果的不公正行为”（波兰）。[①]

有时候上述条文也适用于特殊主体，如运动员、体育俱乐部管理者和成员（塞浦路斯），竞技参与者、裁判、教练、团队或职业体育竞技组织领导者、营利性娱乐比赛的评判委员会组织者或成员（格鲁吉亚、俄罗斯联邦）。而且上述条文的适用并不要求体育操纵结果的实际发生，唯希腊和塞浦路斯将其作为加重处罚之情节。保加利亚及意大利的法律将与投注方案相关的竞技结果操纵行为作为加重之情节，而波兰刑法明确规定对明知体育操纵行为的发生仍参与或主张参与投注方案的人予以刑事制裁。[②]

另外，澳大利亚议员于2011年向议会提出的《交互赌博和广播修正案》[*Interactive Gambling and Broadcasting Amendment* (*Online Transactions and Other Measures*) *Bill* 2011] 有意在刑法典第135条后增加一条135A，将涉及体育活动，通过欺诈手段获得财产利益的行为明确纳入刑事犯罪范畴，处以10年有期徒刑和/或10000澳元的罚金（135A. 3）。而且135A. 1扩大了原条款所规定的欺诈行为（deception）的范畴，包括：

1）行为人谋划体育竞技比赛结果或竞技比赛中微小事件的发生的行为。

2）运动员为达到特定的比赛结果而故意表现不佳。

3）为达到特定的比赛结果设法使某运动员退出比赛。

4）行为人在体育竞技相关的保密信息公开前利用该信息的行为，该保密信息是基于行为人与竞技活动的关系而获知的。

5）在竞技比赛过程中故意做出不适当的裁判或类似的决定以影响竞技比赛结果。

6）在竞技比赛前故意侵害比赛设备或比赛场地。

7）对他人行贿、威胁，或者通过其他强制手段，以谋求特定的比赛结果。

---

① 上述国家更多的是对以体育操纵为目的的具体行为如行贿受贿等予以处罚，而非针对组织、策划行为本身。但从理论上说，通过刑法上的共犯、帮助犯、正犯、有组织犯罪等一般刑事理论可以解决这些条款对体育操纵的组织、策划者的适用问题。

② European Committee on Crime Problems (CDPC), Feasibility Study on Criminal Law on Promotion of the Integrity of Sport Against Manipulation of Results, Notably Match-Fixing, Strasbourg, 22 February 2012.

若该法案最终获得通过，则可直接适用第1）款打击澳大利亚管辖范围内的体育操纵组织、策划及具体的竞技舞弊行为。

而希腊也正在考虑出台新的法律对体育法第132条予以修改，将网络体育赌博纳入体育犯罪。① 涉及体育竞技操纵的网络赌博将构成重罪，最高可判处10年有期徒刑。

2. 一般刑法规定的适用

另外，更多的国家表明根据其刑法的一般规定足以处理竞技结果操纵问题，因此没有必要设立新的罪名。丹麦、法国、德国等国家认为诈骗和贿赂罪能覆盖操纵体育结果的大部分（至少是某些类型）行为。② 除此之外，一些国家根据体育操纵的具体情节适用敲诈勒索罪、洗钱罪或非法赌博罪、共谋罪、有组织犯罪等刑法规范。③ 然而，上述竞技操纵是从广义上理解的，直观上看，诈骗、贿赂、洗钱等罪名的适用更多的是针对体育操纵策划后的具体实行行为，能否涵盖单纯的设计、策划行为仍需进一步研究探讨。下面以德国诈骗罪为例进行分析。

德国司法及学术界就诈骗罪对体育操纵的相关问题的适用做了详细的解释，一些司法判例也以诈骗罪对赌博相关的体育操纵行为定罪。《德国刑法典》第263条明确规定诈骗即指意图为自己或第三人获得不法财产利益，以欺诈、歪曲或隐瞒事实的方法，使人陷于错误之中，因而损害其财产的行为——例如损害赌博经营者和投注者的财产。④ 在德国的Hoyzer案⑤中，法院确定了一种新的损害类型——机会侵害（Quotenschaden），

---

① Facing of Violence in the Grounds, Doping, Match-Fixing fights and Other Provisions, 2011－12－22，转引自Match-fixing in Sport, a Mapping of Criminal Law Provisions in EU 27, March 2012.

② 类似地以欺诈和贿赂罪处理体育操纵问题的国家还包括爱沙尼亚、芬兰、爱尔兰、拉脱维亚、立陶宛、黑山共和国、塞尔维亚、斯洛文尼亚和瑞士等。

③ Match-fixing in Sport, a Mapping of Criminal Law Provisions in EU 27, March 2012.

④ Fritzweiler, Jochen. 2007. Praxishandbuch Sportrecht, 711. Beck CH.，转引自Match-fixing in Sport, a Mapping of Criminal Law Provisions in EU 27, March 2012, p. 29.

⑤ 该案件与体育赌博相关，发生于2000年。案件涉及德国国家联盟裁判Robert Hoyzer以及赌球集团的运营者Ante Sapina，他们以诈骗罪分别被判处25和35个月的监禁刑。随后，联邦上诉法院驳回了控方关于推翻Hoyze有罪判决的请求。控方认为："毫无疑问，今天所审理的行为应当受到惩罚。但问题在于我们是否可依据现有法律制度予以制裁，抑或需要另外的罪名或针对投注中介的不同行为规则来遏制体育操纵行为。即使我们有所需要，但在现有制度下并不能施以刑罚，因此被告应无罪释放。"（ITN Source 2006）联邦最高法院于2006年12月6日做出裁决，将其认定为诈骗罪，并支持了地方法院根据德国足球总会遭受的财政损失和对公正体育竞技公众信任的受损程度做出的量刑。

即指因改变概率导致的损害;[①] 类似地，在 Bochum 案中确定了在体育赌博中的特定财产损失。在体育操纵的欺诈问题上，关键在于赌博营运商等是否存在财产损失，竞技比赛中操纵行为的成败无关紧要。

二、竞技体育贿赂及监管渎职问题

在赌博集团等幕后黑手设计、策划了整个竞技操纵计划后，他们就会寻求实施的机会，如通过贿赂、威胁等手段要求运动员、教练、裁判员、体育组织管理者等竞技比赛相关人员实施各种舞弊或渎职行为。

体育贿赂是连接赌博集团与竞技比赛相关人员的最主要方式。虽然体育贿赂本质上与刑法典规定的贿赂行为一致，但早期刑法中的贿赂犯罪一般限于公共领域或私人领域中的商事活动，对体育竞技领域尤其是业余的体育竞技活动中的贿赂行为难以适用。[②] 如《法国刑法典》第 445 - 1 和 445 - 2 条规定了私人领域的贿赂罪，同时明确私人领域并不局限于商事活动，而应包括所有的职业和社会活动，如非营利活动。但条文明确规定构成贿赂罪的前提是“违反他们法律上、合同上或工作上的义务”，因此它仍难以覆盖所有的体育竞技领域，尤其是非职业运动员或独立（self-employee）的职业运动员。[③]

故大多数国家或专门立法或通过对一般刑法规定进行扩大法律解释对体育贿赂行为予以规制：有的国家在刑法典中设立特定的条款，如美国、保加利亚和西班牙；有的国家在体育法中设立特定的体育犯罪行为，如塞浦路

---

① Rotsch, Thomas. Concerning the Hypertrophy of Law. Zeitschrift für Internationale Strafrechts-dogmatik, 2009 (3): 89 - 96.

② 欧盟关于腐败的刑事公约（The Criminal Law Convention on Corruption 1998）要求成员国采取有效的措施打击腐败行为，但在私人领域，只有发生在商事活动中的腐败行为被认定为犯罪，该定义难以涵盖体育操纵涉及的贿赂行为，而且该公约对私人领域的刑事制裁并非强制性的。

后来欧盟通过了打击私人领域腐败行为的 Framework Decision 2003/568/JHA，操纵体育竞技结果落在框架决定的腐败范围之内。但由于私人领域的腐败犯罪行为必须是职业活动中违反职责的，因此，该框架决定对于非职业体育竞技仍存在适用问题。

③ French Penal Code Art. 445 - 1, 445 - 2，而且，法国 2012 年 2 月通过了关于加强体育道德和体育人权利的法案 n° 2012 - 158（LOI n° 2012 - 158 du 1er février 2012 visant à renforcer l'éthique du sport et les droits des sportifs），在《法国刑法典》第 445 条中增加的两个条款——第 445 - 1 - 1、445 - 2 - 2 就对与体育赌博相关的操纵体育竞技结果的腐败行为予以特别规定。

斯、希腊；还有的国家设立单行的体育犯罪刑法，如意大利和葡萄牙等。

（一）在刑法典中设立特定条款

1. 美国

美国也可对体育竞技中的贿赂行为适用一般受贿罪的刑法规定。美国受贿罪的适用主体包括：公务员和准公务员以及业务受贿。业务受贿者是：①一个公司或者商店的雇员可能成为批发商或其他人的受贿人；②体育运动、竞技比赛等活动中职业的或业余的运动员和裁判人员也可能成为受贿人。[①]《美国法典》第18卷第224条专门规定了体育竞技环境下的贿赂罪：[②]

（1）任何人实施、意图实施或与其他人共谋实施任何商业计划，明知该商业计划的目的是以贿赂影响比赛，而使用任何方式以贿赂影响体育比赛的，依照本条处罚金和/或处以5年以下监禁。

（2）本条中"商业计划"是指通过使用州际或外国商业的用于运输或交通的任何设备全部或部分完成的任何计划。"体育竞赛"是指在个人或团体竞争者之间（不考虑业余的或其中具有专业地位的竞争者）举行的且在举行前予以公开宣布的任何体育竞赛。"人"只是任何个人和合伙、公司、协会或其他实体。

除了联邦对体育贿赂做了专门的规定外，美国许多州对此也做了详尽的规定，如《密西西比州法典》（1972）第97-9-5的贿赂罪规定其犯罪主体包括陪审员、仲裁人和裁判；堪萨斯州刑法明确体育贿赂（sport bribery）指：①在体育竞赛中，向运动人员给送或提供利益或者许诺给予利益，意图使其不尽力发挥技能；②向体育行政官员或裁判官等给送、提供利益或者许诺给予利益，意图使其不适当履行职务。同时明确，体育竞赛包括一切公开举行的职业的或业余的比赛，而运动人员指一切参加或可能参加竞赛的运动员、运动队之成员、教练、管理人员、训练技师以及其他一切与运动员和运动队有关的人员。[③] 有类似规定的还有艾奥瓦州、新罕布尔州、密苏里州、特拉华州等。各州法典在体例安排上，一般将运动贿赂罪列于欺诈、伪造罪的章节中。[④]

---

① 参见储槐植《美国刑法》，北京大学出版社1996年版，第269页。

② 18 USC §224，见 http://www.law.cornell.edu/uscode/text/18/224.

③ Leigh Edward Somers. Economic Crime Investigative Principles and Techniques. West，1984：194.

④ 参见谢望原、陈琴《体育竞技中贿赂犯罪比较研究》，载《政法论丛》2006年第6期。

2. 欧洲国家

同样，欧洲不少国家也在刑法中明确对体育竞技领域贿赂行为的处罚。德国刑法典中关于贿赂罪的主体包括：公务员或负有特别义务的人员，法官或仲裁员。如第331条（接受利益）第2款明确规定“法官或仲裁员，以其已经实施或将要实施的裁判行为作为回报，为自己或他人索要、让他人允诺或接受他人利益的，处5年以下自由刑或罚金刑。犯本罪未遂的，亦应处罚”。第332条（索贿）第2款规定：法官或仲裁员，以已经实施或将要实施、因而违反或将要违反其裁判义务的裁判行为作为回报，为自己或他人索要、让他人允诺或接受他人利益的，处1年以上、10年以下自由刑，情节较轻的，处6个月以上、5年以下自由刑。[①] 而根据德国刑法学者的解释，此处所指“仲裁员”包括体育竞技比赛中的裁判。

保加利亚2011年在刑法典中增加了新的一章“体育犯罪”，为打击各种竞技舞弊行为提供刑法依据。[②] 其中，体育贿赂条款明确规定：[③]

（1）任何人为实施或因为他人已经实施了影响体育竞技进行或比赛结果的行为，承诺、提议或给予他人非应得利益的，处以1年以上、6年以下有期徒刑，并处罚金1000列弗以上、10000列弗以下。

（2）为实施或因为行为人已经实施了影响体育竞技进行或比赛结果的行为，索取或接受任何非应得利益，或者为谋取利益接受提议或承诺的，根据上述条款予以定罪处罚。对于允诺将提议的、承诺的或给予的利益给予第三人的行为人，同样适用。

（3）为实施条款（1）（2）的行为而居间斡旋的，应处以3年以下有期徒刑，并处罚金5000列弗以下。

（4）条款（1）同样适用于提供或组织利益供给的行为人。

同时，法律还规定了体育贿赂行为的加重处罚情节，如贿赂行为涉及未满18周岁的体育竞技参与者，涉及两个及以上的体育竞技参与者，涉及体育组织管理机构的管理成员、裁判、代表或其他在履行公务或职能期间的人，或者多次实施的，应被判处2年以上、8年以下有期徒刑。并处

① 参见《德国刑法典》，徐久生、庄敬华译，中国方正出版社2004年版。

② 保加利亚的检察官承认在该法律规定出台前，因缺乏针对竞技舞弊的法律条款，对此类行为难以提起刑事诉讼。（See Match-fixing in Sport，a Mapping of Criminal Law Provisions in EU 27，March 2012.）

③ New Chapter 8：Crimes Against Sport，art. 307c，Bulgarian Criminal Code，August 2011.

罚金 10000～20000 列弗。若行为人代表有组织犯罪集团或依照其决定实施体育贿赂，或者行为构成危险的累犯，或者情节特别严重，或者与体育竞技赌博相关，应处以 3 年以上、10 年以下有期徒刑，并处罚金 15000～30000 列弗。[①]

因此，在保加利亚的管辖区域内，可直接根据上述条款对与体育竞技相关的行贿及受贿人员予以严厉的刑事制裁。

同样，由于波兰缺少对职业体育竞技领域的病态现象的刑事规制，立法者针对体育贿赂问题于 2003 年出台了“反腐败修正案”，在波兰刑法典增加 296b，将职业竞技比赛的举办者或参与者被动接受或主动给予或承诺金钱或其他个人利益，实施影响竞技比赛结果的不公正行为或以此为目的的行为予以刑事处罚。[②] 但该规定对竞技比赛的裁判人员及体育组织相关管理者的刑事归责问题阐述得模糊不清，并不足以保障竞技体育的公正性。2010 年，波兰再次在体育法案中设立特定的刑法条文以打击体育操纵及腐败行为——将体育贿赂的行为主体延伸至有组织竞技体育的相关人员（第 46 条），而且加大刑罚的力度为 6 个月以上、8 年以下有期徒刑；若犯罪行为人的实际利益巨大，应判处 10 年有期徒刑。[③] 此外，波兰新立法还规定了新的体育犯罪行为：内部信息交易（第 47 条）、影响力非法交易（第 48 条）。

西班牙对体育贿赂相关行为的刑事规定稍微有所不同。该国于 2010 年对刑法典的私人领域进行了修改，确定了与私人腐败相关的新犯罪类型，其中包括与体育相关的特殊形态。如《西班牙刑法典》第 286 条第 1 款将行贿行为定义如下：[④] 任何人直接地或通过中间人承诺、提议或给予董事、管理者、雇员或合作者非正当利益，使他们违反自己的职务要求的

① New Chapter 8：Crimes Against Sport，art. 307d，Bulgarian Criminal Code，August 2011.

② ①任何举办或参与职业体育比赛的人，接受金钱或个人利益或以此为对象的承诺，以可能影响竞技结果的不公正行为为交换条件的，应处以 3 个月以上、5 年以下有期徒刑。②任何人在上述条款①的情形下给予或承诺金钱或个人利益的，应受到同等的刑罚。

③ Journal of Laws No. 127，item 857，Act of 25 June 2010 on Sport，Art. 46.

④ 有学者对该条款提出批评：第一，它并不能制裁非法体育赌博，该条款并不适用于体育组织相关人员以外的赌博参与者，也不适用于贿赂裁判或运动员的人；第二，“合作者”的界定不明；第三，该条款规定行为必须违反职业义务，它不能适用于最初的操纵者，而且它只适用于职业竞技比赛；第四，条款规定必须以改变比赛结果为目的，那么对于旨在改变体育竞技事项的发展但不牵涉经济结果的行为并不涉及，如被罚红牌的数目等。详见 Match-fixing in Sport，a Mapping of Criminal Law Provisions in EU 27，March 2012，p. 35.

行为。贿赂行为应处以6个月以上、4年以下有期徒刑，撤职1年以上、6年以下，并处非法所得3倍以下罚金。上述刑罚同样适用于被动的腐败行为，即直接或通过中间人要求、接受或同意任何非法利益。第4款明确指出行贿罪、受贿罪对体育组织董事、管理者、雇员和“合作者”，以及运动员和裁判以改变职业体育赛事的结果为目的实施的相关行为同样适用。但根据调查，西班牙处理竞技结果操纵的审判案件并不多，即使在新法实施之后也是这样。

（二）在体育法中规定体育腐败犯罪

与上述刑法规制模式不同，有的国家采取在体育法中规定特定的体育犯罪行为。如《希腊体育法》第132条规定：为了俱乐部、Athletic Societe Anonyme（AAE） or a Remunerated Athletes Section（TAA）的利益，行为人以操纵竞技比赛结果为目的，主动或被动地实施贿赂行为应被处以3个月以上有期徒刑。如果行为人达到操纵结果之目的，则起刑期上升为6个月。[①] 同时，该条款明确了刑事审判与体育组织的纪律处罚是相互独立的，尤其在体育腐败行为涉及运动员、教练、训练员、体育俱乐部的行政人员或成员时，两者并行不悖。

另外，塞浦路斯也在其《体育组织法》[②] 中的第24条将主动和被动的体育腐败行为入罪。主动腐败行为包括为了获得有利于他（她）的俱乐部的结果，向运动员、俱乐部或委员的朋友或亲戚、俱乐部或委员会的成员提供、给予或承诺给予利益。[③] 同时，法律明确规定了“运动员”包括所有参与体育活动的人，不管是不是俱乐部成员；而“俱乐部”包括以推广体育教育和校外运动为目的在塞浦路斯合法成立的任何俱乐部或组织，包括体操俱乐部。因此，该条款适用的主体范围比其他欧洲国家相关适用条款的范围更广。但其规制的行为仅限于操纵竞技结果，竞技过程的操纵行为并不在条款的调整之列。

（三）体育刑法

除了在刑法典、体育法中设立新的条款，意大利、葡萄牙和马耳他则

① Law 2725/1999 as amended by Act 3057/2002，Art 132.

② Cyprus，Law 41、69 on Sport Organisation.

③ 触犯该法条可处以2年以下有期徒刑，如果影响了比赛结果可处以3年有期徒刑。

选择制定特定的单行法——体育刑法。

意大利法律401（1989）是专门针对体育犯罪的立法，该法第1条（体育竞技欺诈）就明确规定：在意大利奥林匹克委员会、意大利马会等州体育组织认可的社团、协会组织的体育竞技活动中，对任何人为地达到与公平比赛不同的结果，向竞技比赛的参与者提供或承诺金钱或其他利益或诱惑的行为，处以1个月以上、1年以下的徒刑并罚款250～1000欧元。如果上述比赛结果影响了合法的体育赌博活动，可以判处2年以下有期徒刑，罚款最高为25000欧元。上述刑罚同样适用于被动的情形，即要求或接受利益者。上述犯罪并非结果犯，即其犯罪构成并非以比赛结果的改变，或者体育参与者对利益的实际接受为要件。但法律并未对“参与者和竞争者”下定义，除了运动员、裁判者和行政官员，对其他专业人员如教练、管理者、医生、理疗医师等是否在体育腐败犯罪的范围内并没有统一的意见。除了对体育贿赂参与者予以刑事处罚，该法案第3条还规定了国家体育联盟主席对体育贿赂犯罪的报告义务。

马耳他1976年的《防止（运动员）腐败法》① 区分了运动员和行政人员、管理者的受贿行为，同时对直接或间接的行贿行为予以刑事处罚。和意大利体育犯罪法一样，马耳他规定了行政人员、运动员或管理者对其知悉的体育行为负有报告义务。若2人及以上参加上述违法行为，在刑事程序开始前，第一个向相关机构报告违法行为的人可以免予刑事处罚。

综上可见，日益严峻的体育赌博、体育腐败问题需通过刑事手段予以遏制，但由于体育竞技的主体特性，各国刑法典中关于腐败犯罪的规定普遍存在适用难的问题。因此，各国通过专门立法、修正立法、扩大解释等方式完善并加强对体育腐败行为的刑法规制。然而，体育竞技涉及整个产业链条，涉及各种参与主体及参与模式，即使大部分国家已明确规定对竞技参与者、行政官员、管理者等操纵体育竞技结果的行贿、受贿行为入罪，但对于刑法调整范围是否涵盖非职业竞技比赛、非职业运动者的问题仍莫衷一是。

① Prevention of Corruption (Players) Act 1976, i. e. ACT XIX of 1976, as amended by Acts XIII of 1983 and XXIV of 2001 and Legal Notice 423 of 2007.

三、竞技体育舞弊实行相关问题

前述操纵竞技结果的策划、组织及行贿、受贿的腐败行为，都是竞技舞弊的幕后黑手，在后端操控着舞弊事件。而具体操控、改变竞技结果的只能是站在前端的竞技参与者，包括运动参与者、裁判、教练等。[①] 影响竞技结果和竞技公正性的方式更是多种多样，除了因接受不当利益而实施的裁判黑哨行为以及运动员消极的弃赛、让赛等假球行为外，还衍生出积极的使用兴奋剂、实施过度的竞技伤害行为等。这些前端的行为是竞技舞弊链条的最后一环，没有它们的参与，操纵竞技比赛结果之目的就无法实现。此外，兴奋剂、竞技伤害行为等在影响体育竞技公正性的同时严重威胁着相关人员的健康和生命。因此，竞技舞弊的前端行为向来是体育机构及相关法律的关注对象。

（一）使用兴奋剂的刑事制裁

在各种体育舞弊的手段中，公众对服用兴奋剂的问题最为耳熟能详。自1865 年首次出现服用兴奋剂的报道，在体育竞技商业化、产业化的今天，滥用兴奋剂的体育丑闻层出不穷。国际社会及各国都充分认识到滥用兴奋药物对运动员的身体健康及对体育竞技的公平公正具有极大的负面影响，纷纷成立反兴奋剂国际组织和国内机构对体育竞技的兴奋剂问题予以监督管理。但各国对体育竞技的定位及法律理论不一，部分国家认为兴奋剂问题是体育竞技的内部管理问题，刑法甚至是国际法律不应予以干涉，因此，对滥用兴奋剂的入罪问题仍处于激烈的讨论阶段。但也有部分国家在兴奋剂刑事制裁方面走得比较前，已有相关的刑事立法遏制兴奋剂的滥用。

1. 专门立法

（1）法国。

法国体育尤其是环法自行车赛的兴奋剂问题可谓臭名昭著，故早在1965 年，法国就有针对兴奋剂问题的立法例。法国是一个行政法相当发达的国家，强调国家在社会管理中的作用。在反兴奋剂斗争中，法国主要

① 很多时候教练负责竞技比赛的战略策划，决定着参赛队伍的阵型、人员安排等，因此，他们也属于竞技舞弊的具体实施者。

通过其国家机构反兴奋剂委员会进行干预，通过行政手段对运动员使用兴奋剂的问题予以处罚，并要求兴奋剂检测等相关人员均需经过国家认可，同时以刑事制裁作为后盾。现行的《保护运动员健康与反兴奋剂斗争法》明确规定：在参加由体育协会组织或批准的体育竞技时，禁止使用能够认为改变人体能性质的物质或手段，或者能掩饰该行为的物质或手段；而且在不具备条件的情况下，禁止使用需要在限制性条件下才能使用的物质或手段。[①] 而体育部官员以及经反兴奋剂机构批准并宣誓的人员有权对兴奋剂问题实施管控并认定非法使用或提供、给予运动员兴奋剂的情形，[②] 若违反其职责将被判处6个月以下徒刑并最高罚款7500欧元。[③]

第26条规定，如果医生违反Art 232－2的规定，向Art 232－9规定的运动员转让、提供、给予或使用规定的物质或方式，以任何方式便于或鼓励运动员使用的，将被判处5年以下有期徒刑并处罚款最高至75000欧元。如果上述犯罪行为是有组织的集团，最高可判处7年徒刑并罚款150000欧元。[④]

同时，根据刑法Art 121－1，单位犯有上述违法行为的根据刑法Art 131－38予以罚款，或者对属于违法单位的一处、几处或全部用于犯罪的公司或机构查封一定期间，最长不超过1年。[⑤] 而且，对上述违法行为的犯罪未遂处以同样的刑罚。

涉及动物的体育竞技如赛马等，对动物使用兴奋剂的情形参照上述规定予以处罚。[⑥]

上述法律的刑罚对象限于相关的政府官员和经国家认可的监测人员，即监管人员。而在运动员阶段，则通过行政手段予以保障。但据相关报道，法国政府将加紧对兴奋剂问题的处罚，对兴奋剂药物的携带者及交易人员（包括运动员自用）处以徒刑和罚金。

（2）意大利。

意大利议会于2000年批准了直接打击兴奋剂使用相关的单行刑法

---

① Protection of Health of Athletes and the Fight Against Doping，Article L. 232－9.

② Article L. 232－11.

③ Article L. 232－25.

④ Article L. 232－26.

⑤ Article L. 232－28.

⑥ Protection of Health of Athletes and the Fight Against Doping，Title Ⅳ the Fight Against Animal Doping.

《关于兴奋剂的第 376 号法令》，其中规定：[1]

使用兴奋剂是指对成品药及生物性质的有效成分的管理和使用，采取不符合病理状况的医疗行为，上述行为的目的是为提高运动员竞技水平而改变身体的健康和物理状况。同时，法令强调违禁药品可以在规定条件和被证实的病理条件下使用，但药剂不能超过实际治疗所需量。

对于滥用违禁药品或拒绝进行检查的人员，以及对管理者、执行者和怂恿使用药品、生物性或药剂有效成分的人——若该违禁药品可能危害运动员的健康，给予严厉的刑事惩罚：根据犯罪情形处以 3 个月以上、3 年以下的监禁刑，并处 25000 欧元以下的罚金。[2]

（3）西班牙。

继法国、意大利之后，西班牙也于 2006 年通过了关于体育竞技领域兴奋剂问题的专门立法，[3] 结合体育组织的内部纪律管理、行政手段以及刑事制裁对兴奋剂问题予以规制。[4] 西班牙对兴奋剂问题的刑事处罚不仅仅限于职业运动员或职业体育竞技活动，也包括非职业的娱乐性体育活动，但刑罚的对象限于公职人员，而且关注点是兴奋剂的流通链条，排除了对兴奋剂服用者本身的刑罚。

2. 通过其他罪名遏制兴奋剂

不同于法国、意大利等国对反兴奋剂问题进行专门立法，但基于兴奋剂对人体健康和生命的损害，大部分国家对兴奋剂使用的相关刑罚法规散见于刑法规制的一般规定中。

如丹麦在 2002 年修改《丹麦刑法典与丹麦刑事执行法》时增加了对兴奋剂使用的相关刑事规定。[5]

第 20 章“引致公共危险罪”第 191 条：

---

① 参见苏辛格《意大利体育法初探》（硕士学位论文），湘潭大学 2007 年。

② 奥地利反兴奋剂法对兴奋剂的使用者和持有者予以更严苛的刑事处罚：6 个月以上、5 年以下的监禁刑。［Austrian anti-doping Law §22 (a) 1, 2, 3, 4, 5, 6, 7 parts.］Salomeja Zaksaite. Cheating in Sport: Lithuanian Case for Legal Regulation, Law Faculty, inius University, ilnius 2687001, Lithuania, Note 11.

③ Public General Act 7/2006, of 21st November, on the protection of health and the fight against doping in sport.

④ 据有关报道，西班牙议会于 2013 年通过了新的立法提案，加强对体育竞技兴奋剂问题的管制，加强刑法和行政手段的合作。

⑤ 参见谢志鹏《兴奋剂犯罪刑法规制论》（硕士学位论文），湘潭大学 2010 年。

（1）违反兴奋药物立法规定，向多人提供此类药物，或者为了牟取暴利而提供此类药物，或者具有其他加重处罚情节的，应当处以不超过6年的监禁。若提供大量特别危险或者有害之药物，或者提供之药物运输具有特别危险性的，可以从重处以不超过10年之监禁。

（2）违反兴奋药物之立法规定，以向他人提供前款规定之药物为目的，出口、进口、购买、分发、接收、生产、假造或者持有此类药物的，应当以前款规定之刑罚处罚。

而《芬兰刑法典》中第34章的条款规定对投毒或以其他类似方式致使食品或者其他供人消费或使用的物质，变得对健康有危险，使他人可以获得此类物质；或者违反基因技术法（377/1995），准备、使用、进口、为出售而保存或者转让通过基因技术改变的生物或者包含上述生物的产品，以致该行为给生命或者健康造成一般性的危险，判处4个月以上、4年以下监禁刑。同时，第44章关于健康犯罪、药品犯罪等条款同样适用于体育竞技领域的兴奋剂使用问题。①

其他国家如荷兰、英国等均通过适用关于毒品、药物等方面的刑法规定对兴奋剂问题予以规制。如荷兰的刑法典，《1928年鸦片法案》《1958年药品法案》等。

而如前所述，使用兴奋剂是竞技舞弊的手段之一，它一方面危害运动员的健康，另一方面也损害了竞技的公正性，因此，也有国家对使用兴奋剂适用刑法上关于诈骗的规定，如德国。

3. 小结

滥用兴奋剂的问题已经引起了国际及各国的关注，各国加强了打击的力度，但对其予以刑法规制的国家为数不多。相较而言，大陆法系中基于对生命和健康的保护，在兴奋剂刑法化进程中走得比较前。而英美法系基于体育组织对竞技体育领域进行管理的观念，刑法对兴奋剂问题的干涉仍处于探索和争论阶段。但随着体育竞技事业的发展和商业化，打击违禁药物滥用的现实需求以及体育组织自治和行政手段的不足，都会促进兴奋剂问题刑事化的进程——通过专门的刑事立法、刑法修正案或扩大法律解释等方式。但即使在英美法系国家，也已经有兴奋剂相关的刑事判例，如纽约州诉琼斯案等。据报道，英国、立陶宛等国也将考虑将兴奋剂使用问题

① 参见谢志鹏《兴奋剂犯罪刑法规制论》（硕士学位论文），湘潭大学2010年。

刑法化。

（二）竞技伤害的刑事制裁

兴奋剂对体育竞技的侵害是随着科技不断发展而衍生的，但体育暴力、竞技伤害问题却是竞技活动自身潜藏的问题。人们对竞技体育的外来破坏者——兴奋剂同仇敌忾，但就其是否需要刑事规制的问题尚且争论不休，更何况与竞技活动伴生的伤害、暴力行为。传统上对竞技暴力的接受、宽容和欣赏，使得各国对竞技伤害的刑事规制进程停滞不前。

由于刑事司法学界、体育界等对竞技伤害的刑法规制仍存在较大的争议，而且发生在体育竞技领域的伤害行为与场外的一般伤害行为并无本质上的区别，因此，纵观全球，鲜少有关于此问题的专门刑事立法，大多数国家通过列举方式或司法判例的方式将竞技伤害排除、纳入一般伤害犯罪的规制范畴。

从理论上看，刑法关于伤害犯罪的条款所处罚的对象是伤害行为，并未限定伤害行为的实施主体，也即运动员的伤害行为也在条款适用范畴内。因此，适用一般刑法关于伤害犯罪的规定规制竞技伤害行为并没有理论障碍。然而，传统的行业自治观念的排斥，刑法正当化事由的违法性阻却、抗辩事由的应用，[①] 致使竞技伤害行为被刑事处罚的案例寥寥无几。但部分进入刑事司法程序的竞技伤害案件也昭示着各国刑事司法对竞技伤

---

① 学界关于竞技伤害正当化事由的解释众说纷纭：被害人承诺说（参见耶塞克、魏根特《德国刑法教科书》，徐久生译，中国法制出版社 2001 年版，第 710 页；美国法明确将其规定为被害人承诺，参见《美国模范刑法典及其评注》，刘仁文、王祎等译，法律出版社 2005 年版，第 40 ~ 41 页；储槐植《美国刑法》，北京大学出版社 2006 年版，第 167 页）；区别对待说，即根据发生的后果的严重程度分别通过被害人承诺和形式权利的行为来解释竞技体育中的正当行为（参见［意］杜里奥 · 帕多瓦尼《意大利刑法学原理》，陈忠林译评，中国人民大学出版社 2004 年版，第 146 页）；正当风险说〔参见［俄］库兹涅佐娃、佳日科娃《俄罗斯刑法教程（总论）》，黄道秀译，中国法制出版社 2002 年版，第 476 页〕；社会相当性说（参见［日］大谷实《刑法讲义总论》，黎宏译，中国人民大学出版社 2008 年版，第 232 页；黄京平、陈展鹏《竞技行为正当化研究》，载《中国刑事法杂志》2004 年第 6 期；吴情树、陈慰星、王方玉《论体育运动中的正当行为——以大陆法系刑法为文本》，载《天津体育学院学报》2005 年第 4 期；罗嘉司、王明辉《竞技致损行为的正当化根据及刑罚边界》，载《北京体育大学学报》2009 年第 4 期）；法益权衡说（参见张明楷《刑法学》，法律出版社 2009 年版，第 173 页；［日］前田雅英《刑法总论讲义》，东京大学出版会 1998 年版，第 210 页，转引自张明楷《法益初论》，中国政法大学出版社 2000 年版，第 412 页）；国家允许说（目的说）（参见吴情树、陈慰星、王方玉《论体育运动中的正当行为——以大陆法系刑法为文本》，载《天津体育学院学报》2005 年第 4 期）；等等。

害、暴力问题的干预，对竞技伤害正当抗辩事由的限制。

1. 英国

1878 年的 Bradshaw 案[①]中运动员被诉过失致人死亡罪；1882 年的 Coney 案[②]中对非法拳击比赛活动的围观者诉诸袭击罪（assault）；Donovan[③]案进一步削弱了竞技伤害中同意抗辩的效力，强调只要行为人是故意引起的和/或确实造成人身伤害就是刑法上的袭击行为。[④] 在上述判例的基础上，竞技伤害的刑法规制问题已有雏形。直到 20 世纪 70 年代，竞技伤害的刑事案件逐步稳定发展：Billinghurst 案（1978）[⑤] 以及 Lloyd 案（1989）[⑥] 等案件中被告在英式橄榄球联盟比赛中造成他人严重身体伤害的行为被判构成殴打罪。

2. 美国

由于《美国模范刑法典》中明确规定在合理预见危险的范围内，[⑦] 运动员的同意可作为伤害犯罪的抗辩事由，因此，直到 1975 年，美国刑事法院才出现首例竞技伤害案件。曲棍球运动员 Forbes[⑧] 在上场后直接将对手打伤，被诉违反明尼苏达州刑法的暴力殴打条款。后来纽约州的 Freer 案[⑨]认定足球运动员在被拦截抢球后用拳猛击原告眼睛的行为构成三级袭击罪（轻罪）。类似地，适用刑法中一般伤害犯罪的条款对竞技伤害予以

---

① See14 Cox C. C. 83 (Leicester Spring Assizes 1878).

② The Queen v. Coney, 8 Q. B. 534 (1882). 该案中对围观者予以起诉是基于教唆、帮助犯罪的理论：审判过程中，法官对陪审团的指导意见认为，地下拳击（prizefights、prize fighting）是非法的，而所有观看该活动的人，以及当他们进行拳击时出现在现场的人，都因教唆和帮助而构成袭击罪。因为他们并非偶然经过，而是停留在现场，尽管他们没有任何言语或其他举动，但他们也鼓励了地下拳击的进行。(See Queen's bench division, Vol. Ⅷ, 1882 March 18.)

③ [1934] 2 KB 498.

④ 该观点在检察官参考 [Attorney-General's Reference (No. 6 of 1980)] 得以明确（[1981] QB 715.）。

⑤ [1978] Crim. L. R. 553.

⑥ Crim. L. R. 1989, Jul, 513 - 514.

⑦ 《美国模范刑法典》中明确规定，"当行为导致身体伤害或受到威胁而构成犯罪时，被害人对行为或者造成的伤害表示同意可作为合法的辩护理由——只要该行为或伤害是参加合法的体育竞技或其他法律禁止的活动所能合理预见的危险"。[Model Penal Code § 2.11 (2) (b) (1995).]

⑧ State v. Forbes, Dist. Ct. No. 63280 (Jan. 14, 1975). 本案虽然没有被编入判例集，但是在文章中经常被提及。

⑨ People v. Freer, 86 Misc. 2d 280 (1976).

刑事处罚的判例还包括 Floyd 案、[1] Robert Schacker 案[2]等。

3. 加拿大

加拿大盛行的粗野的冰球运动是竞技伤害繁衍的土壤，但其并未就竞技伤害进行专门的立法，而且，《加拿大刑法典》关于伤害犯罪的规定将"未经他人同意"作为犯罪构成要素，[3] 故体育同意成为竞技伤害刑事化的主要抗辩事由。然而，"同意"并非避难所，刑事法院在早期的司法判例 Maki 案和 Green 案[4]中认为，同意抗辩应当是有所限制的，即使在体育竞技领域。而后期的 Leyte 案[5]、Watson 案[6]、Maloney 案[7]、St Croix 案[8]等更是限缩体育同意抗辩事由的应用，对竞技伤害行为根据一般伤害犯罪的刑法规定予以定罪判刑。

第三节　域外刑法经验之借鉴及立法建议

从上述的论述和分析可见，体育竞技发展比较成熟的欧美国家具有较为完善的法律体系在竞技体育的各个环节对其公正性予以法律保障，甚至是刑事司法保护。而我国虽然日益重视竞技体育的公正发展，在相关的法律中也体现了保护竞技体育公正发展的立法理念，但抽象法律的难以落实、具体问题的立法空白，以及法律间相互对接障碍导致我国对体育竞技的刑法保护不力，竞技贿赂、竞技伤害等问题均存在刑法适用上的困难。因此，我们应在借鉴国外立法经验的基础上，结合我国的立法司法现状，理顺我国刑法关于体育竞技相关犯罪的法律体系，建立行之有效的刑事法网。

---

① State v. Floyd, (1991) 466 N. W. 2d 919.

② People v. Schacker, 670 N. Y. S. 2d 308 (1998).

③ 《加拿大刑法典》第 265 条（1）（a）规定：当行为人未经他人同意而故意向其直接或间接地使用暴力，其行为构成袭击罪。虽然未经他人同意是犯罪行为的构成要素，但法律对人的同意能力予以限制，而且其地位与普通法系的情况相当。[See R. v. Jobidon, (1991) 66 CCC (3d) 454.]

④ See [1970] 3 O. R. 780; [1971] 1 O. R. 591; 2 C. C. C. (2d) 442; 16 D. L. R. (3d) 137. Maki 和 Green 在冰球比赛中发生碰撞后演变为相互攻击，两人同时被控殴打罪。

⑤ R. v. Leyte, (1973) 13 CCC (2d) 458.

⑥ R. v. Watson, (1975) 26 CCC (2d) 150.

⑦ R. v. Maloney (1976) 28 CCC (2d) 323.

⑧ R. v. St Croix, (1979) 47 CCC (2d) 122.

一、体育赌博及集团操控行为刑法规制的立法建议

1. 体育赌博

（1）赌博犯罪调整范围之扩大。虽然我国刑法对赌博犯罪已有所规制，但是，其调整的范围仅限于开设赌场和聚众赌博、以赌博为业的参赌行为，为了从犯罪链条的起点遏制体育竞技的犯罪行为，应扩展体育赌博犯罪的范围，将竞技体育相关人员如参赛的运动员、裁判、教练等特殊群体参与体育赌博的行为纳入刑罚的范畴，以降低竞技舞弊进一步发展和蔓延的风险。

（2）设立独立的罪名，明确对协助、帮助体育赌博运营相关人员的刑事责任。体育赌博的运营涉及一系列的设备、资金、场地、渠道等问题，我国刑法并未对为开设赌场提供资金、网络，提供财务账务处理，提供、运输赌博设备等相关人员设立独立的罪名，而是以赌博犯罪的共犯论处。该立法例稍嫌粗糙和简陋，导致司法实践中出现很多难以处理或颇有争议的情况，也不利于对各犯罪人员的责任大小的界定。故建议借鉴美国关于赌博犯罪的立法例，其不仅规定了非法赌博运营的犯罪，而且明确规定了与赌博有关的犯罪活动以及协助他人进行赌博的犯罪行为——非法生产、运输、销售赌博设施，非法通过电话、网络传递赌博信息，非法提供资金处理等，非常全面清晰地规范了各种赌博相关的活动。

2. 集团操控行为

对于竞技舞弊的组织、操纵者，笔者认为理论上依据现有刑法关于集团犯罪的相关规定及刑法理论追究刑事责任可有效遏制竞技舞弊的组织策划行为，只需要在司法实践中加强相关法律之落实。而且，竞技舞弊组织策划行为本质上属欺诈性行为，拟最终通过黑哨、假球、使用兴奋剂等行为操纵竞技比赛的结果，以骗取赌博参与者等人员的钱财，依法可以以诈骗罪定罪量刑。故笔者建议通过刑事司法解释之途径对所谓的“赌博诈骗”“设置圈套引诱他人参赌”等行为予以明晰，对体育赌博中操纵竞技比赛结果的行为统一以诈骗罪论处。

二、竞技贿赂行为之刑事立法建议

我国刑法中贿赂犯罪的相关规定适用于体育竞技贿赂问题所遭遇的尴

尬前面已有论述，虽然在现有刑法框架基础上，可通过刑事司法解释对体育俱乐部、裁判员、运动员的身份予以确定，从而统一对竞技相关人员贿赂行为的适用罪名。但根据我国在该问题上的讨论，更多的是建立在官方的竞技体育活动以及职业体育俱乐部的前提下，也即大部分学者认同裁判人员之行为属于刑法规定的“公务行为”是基于职业竞技比赛的前提。而业余的公开的竞技活动中所涉及的相关主体能否以“公务行为”解释，恐怕又是一番激烈的争论。

从欧美各国的立法来看，大部分国家都通过专门的刑法或刑法条文，或者在体育法中设立刑法规制的方式明确对体育贿赂行为予以刑事处罚。虽然部分国家对于业余竞技活动是否纳入刑法范畴同样存在争议，但通过特定的立法例，在日后通过法律解释的方式确定竞技体育包括职业和非职业竞技更为便利。加之我国本来已有《体育法》之专门立法，而且在法律中明确了体育竞技既包含职业竞技体育，亦包括业余的和社会的竞技体育，故笔者建议在加强竞技体育贿赂刑事立法时采取在体育法中设置相关刑法规定的方式：一方面，基于我国对体育竞技进行多渠道多主体管理的现状，为免因主体身份的争议导致刑法适用的尴尬和司法实践的盲点，在专门的体育法中可根据竞技贿赂的实际情况，以行为主体在竞技比赛中的身份以及贿赂之行为为依据给予更有针对性的刑事打击，不必拘泥于现有刑法依据公务主体、非公务主体所区分的贿赂罪名；另一方面，从竞技活动中的主体身份和行为出发，可为日后相关争议问题提供更为广阔的解释空间，避免对刑法条文中关于“公务”“企业”的解释造成牵一发而动全身之局面。

三、对竞技伤害、使用兴奋药物等问题的刑事立法建议

1. 竞技伤害

纵观各国，甚少有对体育竞技伤害设立特定刑事条文的先例，而认为刑法条文中对一般伤害行为的刑法规定足矣。笔者也认为刑法中关于伤害行为的规定可以将竞技伤害行为纳入其中，判断竞技伤害行为的构成要件符合性，只是在判断该行为是否具有违法性的问题上存在疑问。英美法系国家基于判例法的体系基础，可通过先例的适用建立一套判断规则和标

准，但我国并不具备该条件。故笔者建议借鉴美国统一法典关于伤害犯罪的规定，在伤害犯罪后增加一款，明确竞技伤害行为的正当化事由，但同时根据竞技活动的特性、主体上的特定性、体育运动空间和时间的特定化、活动的关联性等因素将正当化的竞技伤害行为限于合理的范围内。如此一来，既能依据伤害犯罪条款依法对竞技伤害行为予以刑法规制，同时亦能限制刑法干涉的程度，避免刑法过度干涉影响竞技体育的竞争性和对抗性。

2. 兴奋药物犯罪

国际上对于兴奋药物的控制日益严谨，但国家对兴奋剂药物的单独立法仍属少数，大多是结合关于药物、毒品相关的刑事犯罪，增加对兴奋药物违法的刑罚规定。我国属于为数不多的具有兴奋剂特定立法的国家，只是对兴奋剂违法行为的法律责任条款与刑法的对接不畅，导致对兴奋剂违法行为的刑事责任追究无法落实。

笔者认为，在我国现有刑法及反兴奋剂条例的法律基础上，可借鉴法国、西班牙等国的立法例，采取以下三种途径完善并推动对兴奋剂犯罪的刑法规制：

第一，根据反兴奋剂条例所设之兴奋剂违法行为，在相对应的刑法条文中增加关于兴奋剂犯罪的特定的条款。

第二，在我国现行刑法第六章中专门增设一节兴奋剂犯罪，具体罪名可以参照毒品犯罪的相关罪名结合《反兴奋剂条例》增设。

第三，直接修改《反兴奋剂条例》，在原来内容基础上明确相关违法行为的具体刑事责任。

第三章　体育竞技网络赌博的刑事政策

要遏制体育竞技舞弊，首先必须遏制网络赌博。就像第二章揭示的那样，只要有赌博存在，就会有赌博集团试图操控体育竞赛的结果。伴随着互联网时代的来临，网络赌博已经成为体育赌博的主要形式。据拉斯维加斯内华达大学博彩业研究中心主任 David Schwartz 统计，全球网络赌博站点从 1996 年的 15 个增长至 2008 年的 2002 个；① 而网络赌博的形式也从开始的网络彩票、体育赌博、网上娱乐场扩展至扑克及其他各种交互赌博形式。据美国赌博影响研究委员会统计，其营业收入同样以几何方式逐年递增，全球网络赌博的营业收入从 1997 年的 3 亿美元增长到 2005 年的 50 亿美元，2010 年达 240 亿美元。② 面对巨大的市场诱惑力，我国亦于 2010 年颁布《互联网销售彩票管理暂行办法》，试行彩票的网络销售。但实际上，政府之立场仍极为犹豫：被批准的合法网络投注营运商极其少；暂行办法颁布后，国家体育总局和中国彩票发行管理中心多次紧急叫停互联网销售体育彩票。这说明，我国政府对网络赌博仍未形成稳定的政策。

事实上，网络赌博在带来巨大经济效益的同时，也带来了诸多经济、社会和犯罪问题。如网络赌博比赌场赌博更具便捷性，比传统赌博更易成瘾；网络投注采取数字货币的支付形式，更易引发个人财务危机；网络赌博甚至会破坏其他行业的正常发展，如体育赌博的存在，易引发国际犯罪集团对竞技结果的操控，从而妨害体育竞技的公正性。

对网络赌博应采取何种刑事政策？对此，即便是赌博业与法制相对成熟的美国，也仍有激烈争论。澳洲国立大学赌博研究中心教授 McMillen 认为，对网络赌博不外乎三种基本政策：③ ①放任的政策，即政府对网络赌

① Robert T. Wood, Robert J. Williams. Internet Gambling: Prevalence, Patterns, Problems, and Policy Options. Final Report Prepared for the Ontario Problem Gambling Research Centre, Guelph, Ontario, CANADA. January 5, 2009.

② Ryan D. Hammer. Does Internet Gambling Strengthen the U. S. Economy? Don't Bet on It. Federal Communications Law Journal, 2002 (54): 103 - 128.

③ Mark Griffiths. Gambling Technologies: Prospects for Problem Gambling. Journal of Gambling Studies, 1999, 15 (3).

博采取不干涉政策，将其交由市场自我调节；②禁止的政策，即对网络赌博进行全面禁止，将网络赌博的相关行为认定为犯罪；③规制的政策，即有条件的允许，将网络赌博合法化，但是会加强对网络赌博的监管。由于网络赌博存在许多社会问题隐患，放任政策会存在市场失灵及社会问题泛滥之风险，基本上没有人支持这一政策。因此，真正形成论争的，是禁止政策论（以下简称“禁止论”）和规制政策论（以下简称“规制论”）。在美国学界，规制论和禁止论的辩论由来已久，双方的论据涉及法学、经济学、社会学和心理学等领域。

分析美国学者对这一问题的研究脉络，可为我们确立网络赌博的刑事政策提供更为全面的根据。因此，本章拟从检视美国的立法政策出发，对近年美国学界关于网络赌博刑事政策之论争予以梳理，以期为我国政策之确立，提供理论上的借鉴。在第一节，我们将概览美国联邦法律关于网络赌博的规定，以及禁止论和规制论对立法的不同态度；在第二节，将检视两大阵营在经济效应上的争论，这涉及网络赌博在就业、消费、税收上的利弊；在第三节，将介绍两大阵营关于网络赌博的社会问题之辩论，将涉及网络赌博是否会加剧赌博成瘾性、导致个人财务和家庭危机等问题；网络赌博是否会引发个人性和行业性犯罪，也是两大阵营辩论的焦点，这将在第四节予以介绍；第五节将分析两大阵营对遏制网络赌博的可能性的对立态度，主要考察技术及法律上的难题；第六节，将立足美国的立法和学理，对网络赌博的刑事政策提出笔者的看法。

第一节　网络赌博的立法博弈

在美国，传统赌博属于州法律的管辖范围，由于网络赌博具有州际性和国际性，它属于联邦法律管辖的对象。美国联邦立法坚持禁止论，对州际和国际网络赌博全面禁止。但在学界，禁止论并非一统江湖，规制论者不断提出新的解释和修法方案，以谋求网络赌博的合法地位。

一、网络赌博的禁止性立法

1961 年的《电信法》（*The Wire Act*）是与网络赌博关系最密切的联邦

刑事法律，其本意在于对抗非法体育赌博中的集团犯罪。《电信法》禁止州际或国外的赌博经营者通过电信设备接收美国公民的下注或提供相应的服务，规定“任何从事赌博或下注行业的人明知而使用有限通信设备进行州际或国外的体育赌博业务传输或为体育赌博下注提供信息协助，或者为接受赌博资金或信用卡提供有线通信的……将被判处罚金或（和）两年以下的监禁刑”①。联邦司法部坚持该法律适用于一切的网络赌博，它成为早期禁止网络赌博的主要法律依据。

其他可适用于网络赌博的联邦立法包括《旅游法》（*The Travel Act*）、《赌博设备的州际运输法》（*Interstate Transportation of Wagering Paraphernalia Act*，ITWPA）以及《非法赌博交易法》（*The Illegal Gambling Business Act*，IGBA）。《旅游法》禁止利用州际或国际的商业行为进行非法活动，包括进行非法的网络赌博。② ITWPA 将在州际贸易中引入“任何非法赌博的记录、设备、票据、单据、账单、代币、文件或其他被使用的工具”的行为规定为犯罪，在赌博使用材料的分配阶段遏制赌博的发展。因此，提供相关赌博软件下载的经营商及下载的用户会因发送或接收了州际贸易中用于赌博的“设备”而违反了 ITWPA。③ IGBA 禁止赌博业者拥有、经营、管理或者为“非法赌博交易”提供资金。④

1997 年的《网络赌博禁止法案》（*Internet Gambling Prohibition Act*，IGPA）是对《电信法》的修正，将处罚范围从网络赌博经营者扩大至赌博参与者，但是该法案在议会中并没有通过。1999 年，参议员 Kyl 再次将 IGPA 提交议会，该法案并未将赌博者作为处罚对象，但明确了适用范围——体育赌博和赌场赌博，并将州经营的彩票业务以及赛马/狗、梦幻体育等排除在适用范围之外。然而，考虑到将赛马/狗合法化会导致赌博活动的增加，大部分议员对 IGPA 投了反对票。

2006 年 10 月，美国国会通过了《非法网络赌博执行法》（*Unlawful Internet Gambling Enforcement Act*，UIGEA），将任何明知他人的信用卡、电子资金账户、支票或其他资金转移方式与非法网络赌博相关，仍予以接受

① 18 U. S. C. § 1084（a）.

② 18 U. S. C. § 1952.

③ Nicholas Robbins. Baby Needs a New Pair of Cybershoes：the Legality of Casino Gambling on the Internet. B. U. J. Sci. & Tech. L.，1996，2：7，18（1996）.

④ 18 U. S. C. § 1955（a）.

的行为规定为犯罪；[①] 对违反者处以罚金和5年以下的监禁刑，并允许法院颁布禁止参与赌博业及相关业务的永久禁令。[②] 该法以接受来源于美国的赌注的金融业务供应商和网络赌博经营者为打击对象，通过切断网络赌博资金流动的传输带来遏制美国网络赌博的泛滥。自 UIGEA 颁布后，许多离岸的网络赌博经营者为防止司法起诉放弃了美国市场，金融中介机构停止为美国公民提供网络赌博账户服务。[③]

二、规制论的挑战

尽管联邦议会及司法部站在禁止论的立场制定并解释上述法律，但它们仍然遭到规制论的质疑。首先，规制论者认为《电信法》禁止的仅是网络体育赌博，而非一切的网络赌博。根据文意解释，该法条中所提及的"sporting event or contest"应理解为"体育项目或体育比赛"。而且，联邦第五巡回法院在万事达信用卡案件中也认为"对《电信法》的法律语词进行一般理解，它明确要求赌博的对象必须是体育比赛"[④]。如果电信法禁止的是体育赌博，意味着 UIGEA 中所谓的非法网络赌博仅指体育赌博，而其他项目的网络赌博，则应是允许的。

对于2006年通过的 UIGEA，规制论者也提出了强烈的质疑。一是该法律并未明确"非法网络赌博"的含义，导致该法的适用范围不明确；二是 UIGEA 规定了大量的例外情况，为网络赌博活动的排除适用留有余地，与全面禁止的立法目的相背离。而被 UIGEA 赋予了极大的审查法律义务的金融机构更是持反对意见。[⑤] 由于规制论者的强烈反对，UIGEA 虽在2006年通过，但被推迟至2010年6月才得以施行。

基于美国联邦法律禁止网络赌博的立场，规制论者纷纷向议会提出各种修正案：2007年众议院议员 Barney Frank 提出的《网络赌博管理和执行

① 31 U. S. C. § 5363.

② 31 U. S. C. § 5365.

③ Gerd Alexander. The U. S. on Tilt: Why the Unlawful Internet Gambling Enforcement Act is a Bad Bet. Duke Law and Technology Review, 2008 (5): 6.

④ MasterCard Int'l, Inc. , Internet Gaming Litig. , 132 F. Supp. 2d 468, 480 (E. D. La. 2001), aff'd, 313 F. 3d 257 (5th Cir. 2002).

⑤ Gerd Alexander. The U. S. on Tilt: Why the Unlawful Internet Gambling Enforcement Act is a Bad Bet. Duke Law and Technology Review, 2008 (5): 6.

法案》（*Internet Gambling Regulation and Enforcement Act*）主张对网络赌博经营实施牌照制度；与牌照制度相配，James McDermott 提出的《网络赌博管理和税收强制法案》（*Internet Gambling Regulation and Tax Enforcement Act*）主张建立牌照费用制度并明确网络赌博经营者、消费者的税收规定。[①] 2009 年，众议院金融服务委员会提出了《网络赌博管理、消费者保护以及强制执行法案》（*The Internet Gambling Regulation, Consumer Protection, and Enforcement Act*），主张对网络赌博实行牌照制并规定了执照者的条件。[②] 而《技能游戏保护法案》（*Skill Game Protection Act*）与《网络扑克和技能游戏管理、消费者保护及强制执行法案》（*Internet Poker and Game of Skill Regulation, Consumer Protection, and Enforcement Act*）相配，一方面将技能游戏排除在《电信法》、UIGEA 的适用范围之外，另一方面规制技能游戏的网络经营。[③]

第二节　网络赌博的经济权衡

近年网络赌博在美国飞速发展，这无疑对美国的经济产生了一定的影响。规制论者主要考虑其正面的外部效应，认为允许网络赌博在一定程度上能促进经济的发展，但禁止论者对此持保留态度，认为网络赌博与经济发展并无必然的关联。

一、网络赌博与就业、消费

规制论者认为，美国一些地区的发展与赌博业的兴起密不可分。新泽西娱乐城管理委员会指出，亚特兰大市在 1977 年娱乐城赌博合法化之前，经济正逐步衰退，1966 至 1976 年间，亚特兰大约有 6000 间旅店倒闭，这

① H. R. 2046, H. R. 2607, 110th Cong. (2007).

② Congressional Research Service. Unlawful Internet Gambling Enforcement Act (UIGEA) and Its Implementing Regulations, 2009.

③ Jonathan Conon. Comments Aces and Eights: Why the Unlawful Internet Gambling Enforcement Act Resides in "Dead Man's" Land in Attempting to Further Curb Online Gambling and Why Expanded Criminalization is Preferable to Legalization. The Journal of Crimianl Law & Ctiminology, 2009, 99 (4).

不仅直接影响了当地的经济发展，同时造成了严重的就业问题——亚特兰大市的失业率从1972年的10.6%上升至1977年的18.1%。为促进亚特兰大市的经济发展，新泽西1977年颁布了《娱乐城管理法》（*The Casino Control Act*），准许酒店经营娱乐赌博业。如今亚特兰大已是美国主要的会展中心和海滨胜地之一。[①] 赌博业对社区经济的促进作用主要体现在两方面：一是赌博作为娱乐活动的一种，娱乐业的发展可以同时带动各种服务旅游业的发展，并加强地区内外的商业交流；二是赌博业的发展带动娱乐场所的建设和管理，有助于增加就业岗位和就业机会，降低失业率并减少失业保险的支出。在20世纪80年代，美国有16个州为解决失业率上升的问题而发展彩票业。

但禁止论者反驳，赌博消费产生的是消极的经济乘数效应，其对经济的促进作用是相当有限的。所谓乘数效应，是一种宏观的经济效应，指经济活动中某一变量的增减所引起的经济总量变化的连锁反应程度。经济学家认为，特定的娱乐消费一旦进入经济体系就会产生乘数效应，也就是说"正常的消费性支出的经济效益并不仅仅在于金钱的花费"[②]。但赌博消费的经济效应不同于一般的娱乐性消费如看电影、听音乐会等。伊利诺伊大学区域经济学应用研究室在其1998年研究报告中指出伊利诺伊州赌场的乘数效应是1.72，即花费在赌场的每一美元在其他活动中会得到0.72美元的附加价值，但平均的消费支出乘数效应是2.3。而且，网络赌博建立的是虚拟赌城，传统赌博模式在社区经济发展和解决就业方面的促进作用在网络环境下并不适用。

二、网络赌博与税收

规制论者认为，合法的赌博经营每年为美国的州和联邦政府带来可观的税收收入。在某些地区，赌博业甚至成为主要的税收来源，如1998年亚特兰大市赌场纳税额达8660万美元，占其财政税收总额的80%，艾奥

---

① United States General Accounting Office. Impact of Gambling Economic Effects More Measurable than Social Effects, April 2000.

② John Warren Kindt. Diminishing or Negating the Multiplier Effect: the Transfer of Consumer Dollars to Legalized Gambling: Should a Negative Socio-Economic "Crime Multiplier" be Included in Gambling Cost/Benefit Analyses? Mich. St. L. Rev., 2003: 281.

瓦州2000年向赌场和赛马场征税超过1.97亿美元。而自从网络应用于赌博后，网络赌博已成为赌博娱乐的主要形式，在2001至2002年间，网络赌博占美国消费性支出的33.37%，2003年已增长至42.04%。[①] 而且网络赌博的营业收入也逐年呈几何式增长。因此，保证州和国家的税收收入成为规制论的有力论据。而针对赌场征收的用于社区建设的费用也是赌博业的贡献。“赌场再投资发展部门”（the Casino Reinvestment Development Authority）将赌场缴纳的再投资基金用于社区建设。1999年亚特兰大市就拨款9亿美元进行道路建设和完善、城市美化计划等。

但禁止论者指出，只有实体赌场才是增加税收的手段，网络赌博会导致州和联邦政府的赌博业税收减少。[②] 首先，网络赌博站点的经营者多数是离岸公司，虽然从理论上而言，美国可根据税收管辖权及国际税收协定对境内流动的资金征税，但实践中网络交易的轻便性和隐匿性使得资金动向的查明成为美国向网络赌博业经营者征税的一大难题。其次，网络赌博的广泛传播挤占了传统赌博市场，这又间接地造成了美国赌博业税收的减少。最后，由于美国联邦政府对网络赌博一直采取禁止的态度，故主要的网络赌博公司都选择在伦敦证券交易所或可替代投资市场上市。如此，尽管这些公司大部分的赌博交易资金源于美国，但是其营业收入归外国所有，网络赌博对增加美国的GDP（国内生产总值）或增强美国的国际竞争力是毫无作用的。因此有学者认为，美国联邦颁布UIGEA的潜在目的在于将国外的赌博企业排除在美国境外，防止美国资金外流，以保证境内赌博业的发展及税收。[③]

第三节　网络赌博的社会问题

禁止论者认为，网络赌博通过网络遍及全球，它具有连续性及易接触

---

① Robert T. Wood, Robert J. Williams. Problem Gambling on the Internet: Implications for Internet Gambling Policy in North America. New Media Society, 2007.

② Dana Gale. The Economic Incentive Behind the Unlawful Internet Gambling Enforcement Act. Yeshiva University Cardozo Journal of International and Comparative Law, 2007, 15 (5): 533.

③ Dana Gale. The Economic Incentive Behind the Unlawful Internet Gambling Enforcement Act. Yeshiva University Cardozo Journal of International and Comparative Law, 2007, 15 (2): 533.

性，使人们参与赌博不受时间、地域或年龄的限制。该特性一方面极大地拓展了赌博市场，另一方面随着网络赌博流行率的上升而使各种社会问题愈发严重。但规制论者却认为，禁止论的论据缺乏实证基础。

一、网络赌博与病态赌博

禁止论者认为，网络赌博会引发更多的病态赌博。所谓病态赌博（pathological gambling），根据世界健康组织的定义，是指引起财政、社会和（或）心理障碍的过度赌博。[①] 美国国家研究委员会报告曾指出，许多病态赌徒的家庭会遭受各种各样的财政、物质和情绪问题，包括离婚、家庭暴力等。[②] 据统计，有1/4到1/2的问题赌徒的配偶曾遭受虐待，而且60%的居住在赌场方圆50英里[③]之内的受访者认为家庭暴力在开设赌城后有所增加。而且，问题赌博与离婚有密切的联系，研究表明，53.3%被认定为病态赌徒的人是离过婚的，而非赌博者的离婚率是18.2%，非问题赌徒的离婚率是29.8%。美国国家赌博影响研究委员会也报道问题赌徒的孩子们更易于遭受虐待或漠视，其受虐率在10%～17%间，而且很多父母在赌博的时候将孩子单独留在家里或赌场的大厅、停车场。

病态赌博作为社会性的心理疾病，会增加社会治疗的成本。美国国家研究中心于1998年曾对问题或病态赌徒每年的直接社会成本进行预算，包括职业亏损、失业、社会福利、身体及精神健康检查及问题赌徒的治疗等，病态赌徒每人的花费约1200美元。并更进一步对问题赌徒破产、犯罪被逮捕、监禁、离婚的法律费用等进行评估，每人花费高达10550美元。总的来说，美国每年的问题赌博社会成本约5亿美元。病态赌博会引起许多的并发症，存在着极大的社会不稳定性。而且，随着社会的发展及赌博的盛行，病态赌博形势越来越严峻。1975年，国家赌博政策评论委员会预计不到1%的美国人口可能成为问题赌徒；而1997年，俄勒冈州的

① 其他的表达方式是problem，compulsive，disordered，excessive and addictive gambling，但是也有学者研究时将问题赌博（problem gambling）与病态赌博（pathological gambling）视为不同程度的赌博上瘾问题，后者比前者更严重。本文基于刑事政策考量的立场，对问题赌博与病态赌博不做区分，泛指过度赌博。

② National Research Council. Pathological Gambling: a Critical Review. April 1, 1999.

③ 1英里等于1.609344千米。

调查表明，问题或病态的赌徒的发生率是4.9%；1999年，密西西比州和路易斯安那州的研究表明7%的成年人是问题或病态的赌徒。因此，它成为网络赌博决策者关注的焦点。

禁止论者将病态赌博状况的加剧归因于网络赌博的盛行，认为网络赌博的特性使得人们更易于赌博成瘾。其一，网络赌博的易接触性为人们参与赌博活动提供了便利。随着互联网的普及和广泛传播，人们可以在家里或工作场所进行赌博活动。根据机会理论，参加赌博的机会越多，参与赌博的人就会越多。赌博的流行率高在一定程度上成为赌博问题的隐患。其二，网络赌博的不间断性及高频率也是加剧病态赌博问题的重要原因。网络赌博游戏的频率由经营者设计并实施，其间隔性比传统的赌博要短，如扑克游戏在现场平均一小时可进行30局，在网络上则可达60～80局。高频的游戏一方面使得赌徒没有思考的时间从而导致损失的扩大，另一方面可以使赌徒的注意力高度集中从而沉迷其中。而且，24小时不间断的网络服务为赌徒长时间参加赌博活动提供了可能性。其三，网络赌博的隐秘性也会使病态赌博问题更严重。一方面，赌徒可以一个人在匿名的环境中随心所欲地活动，自我控制能力较差的人往往会难以自拔；另一方面，网络赌博的隐秘性使其成为孤僻者或逃避现实的人所热衷的娱乐活动，而即时的刺激和兴奋会让他们忽视赌博造成的损失。[①]

然而，规制论者却往往质疑上述数据的真实性，认为并没有确实的证据证明网络赌博与问题赌博的严重性有必然的联系。美国国家研究委员会（National Rsearch Council）曾指出，对问题或病态赌博患病率的有效调查是困难且受限制的，其研究数据是有瑕疵的。[②] 不同的单位或机构在研究调查问题赌博时采用不同的审查或诊断工具，或者采用不同的测量标准，这就阻碍了对美国问题赌博患病率的准确预测。而且，目前存在的最严重的问题是研究的量和研究范围并不足以进行可靠的预测。2007年哈佛大学医学院的研究表明，只有1%的网络赌博者会过度赌博。[③] 因此，仅根

① Robert T. Wood, Robert J. Williams. Internet Gambling: Prevalence, Patterns, Problems, and Policy Options. Final Report Prepared for the Ontario Problem Gambling Research Centre, Guelph, Ontario, CANADA. January 5, 2009.

② National Rsearch Council. Pathological Gambling: a Critical Review, April 1, 1999.

③ Richard A. LaBrie, Debi A. LaPlante, Sarch E. Nelson, et al. Assessing the Playing Field: a Prospective Longitudinal Study of Internet Sports Gambling Behavior. Journal of Gambling Studies, 2007, 23 (3): 347-362.

据调查数据认定网络赌博会加剧病态赌博问题的严重性具有推测性。另外，网络赌博的支持者认为正是因为网络赌场的虚拟性使参与者避免了传统赌博中的相互影响和交叉感染，这在一定程度上有利于减少问题赌徒的数量。

二、网络赌博与个人债务、破产问题

根据美国1997年提交国会的报告，当时陷入严重财政问题的美国家庭是20世纪90年代初的4倍，而造成用户破产的主要原因是社会因素而非消费性贷款。据官方及民间组织调查研究发现，赌博成为破产增多的重要原因，甚至已成为造成美国家庭破产的第三大因素。这主要是因为：第一，为数不少的赌博参与者已经赌博成瘾，这些问题赌徒沉溺在赌博活动中难以自拔，即使散尽家财甚至是负债也在所不惜。第二，信用卡的广泛使用。从心理学上看，人们对电子货币的存在感的感知远不如现金或实物，因此，在赌博中使用信用卡或电子账户会导致所谓的判断悬浮，从而造成赌徒财政价值体系的暂时紊乱并刺激更进一步的赌博活动。[①] 这就好比在一般商业活动中，人们通过信用卡、借记卡或电子账户付钱比支付现金更容易消费。而且，随着银行业的发展及人们消费方式和观念的改变，信用卡可以允许人们进行透支消费，故赌徒们可能在其支付能力之外继续赌博并因此产生高额债务。因此，使用电子现金赌博的人造成严重损失的风险更大，即造成负债或破产的风险更大。

就网络赌博而言，禁止论者认为它的病态赌博问题比传统赌博更严重，而且网络赌博活动的资金流动基本都是通过电子账户进行的，因此，它对美国破产率的影响是不容小觑的。但规制论者却反驳，网络赌博是否加剧了病态赌博的问题仍有争议，以此为基础推定网络赌博会导致破产的增加是不可取的。

三、青少年赌博问题

禁止论认为，随着网络的发展，赌博的可用性、可及性及参与性都有

① Mark D. Griffiths, Jonathan Parke. The Social Impact of Internet Gambling. Social Science Computer Review, 2002.

所增加，青少年赌博的问题也随之增加。其理由在于：[①] 首先，过度的赌博会引起一系列的问题，而青少年由于自制力差、模仿性强等原因更易于对赌博上瘾，所以，各个国家即使是赌博合法化的国家，一般都会规定赌博的合法年龄。但美国加州 2004 年的一份研究表明，过去 20 年间，参与赌博及具有严重的赌博相关问题的青少年不断上升，其中 2/3 的合法赌博年龄以下的青少年曾参与金钱赌博。[②] 其次，网络赌博可以匿名参与，只要在网站注册即可。虽然许多网络站点要求赌博者保证他们已达到赌博的法定年龄，但管理者并不核查或仅仅依据参与者的注册信息对赌博者进行身份辨认和年龄的确认，这实际上是无意义的。最后，网络赌博在青少年中盛行的另一个原因是他们的网络使用率高。美国研究者指出，69% 的 18 ～ 24 岁的人有使用电脑进行娱乐的习惯，而 65 岁以上的老人电脑使用率是 10% 。基于年轻人对网络和网页的熟悉，他们更容易找到赌博的站点并受其吸引。而且，网络体育赌博对青少年具有特别的吸引力，美国大学生体育协会曾声明对大学生参与网络体育赌博问题的关注，认为“体育赌博在大学校园引起严重的问题……若不对其加以抑制，网络赌博会因为大学生的参与而疯长。毕竟，年轻人接触网络的可能性较大”[③]。

但规制论指出，现有的青少年赌博问题研究的范围都是赌博业的整体，很少有研究专门针对网络赌博。[④] 因此，即使统计数据显示青少年赌博问题愈发严重，也难以证明是网络赌博所致。他们引用英国著名心理学家 Mark Griffiths 2001 年对 15 ～ 19 岁的青少年进行的关于网络的调研，指出只有 4% 的人认为网络赌博非常具有吸引力。[⑤] 而且，在网络环境下进行赌博可以避免社会强化作用，有利于缓解青少年赌博问题。所谓社会强化作用，是指社会环境对个人的影响，即在群体活动中，个体的情绪或行

① Charles T. Clotfelter, Philip J. Cook, Julie A. Edell, et al. State Lotteries at the Turn of the Century: Report to the National Gambling Impact Study Commission, 1999: 5 - 5.

② Jeffrey L. Derevensky, Rina Gupta. Internet Gambling Amongst Adolescents: a Growing Concern. International Journal of Mental Health and Addiction, 2007, 5 (2): 93 - 101.

③ Charles T. Clotfelter, Philip J. Cook, Julie A. Edell, et al. State Lotteries at the Turn of the Century: Report to the National Gambling Impact Study Commission, 1999: 5 - 5.

④ Jeffrey L. Derevensky, Rina Gupta. Internet Gambling Amongst Adolescents: a Growing Concern. International Journal of Mental Health and Addiction, 2007, 5 (2): 93 - 101.

⑤ Jeffrey L. Derevensky, Rina Gupta. Internet Gambling Amongst Adolescents: a Growing Concern. International Journal of Mental Health and Addiction, 2007, 5 (2): 93 - 101.

为会受到其他个体的影响。例如，当赌徒赢钱时，他们的喜悦及赌博行为会因其他赌徒的称赞、祝贺以及尊重而得以加强。[①] 而网络赌博的隐秘性较之传统的赌场赌博，并未形成一定的社会群体，网络赌博者的行为受其他个人的影响相对较小，故网络环境下未成年人进行模仿或受他人教唆、引诱的概率较小。

禁止论对社会强化作用的论点予以回击，他们认为网络赌博站点通过留言板或邮件等方式将赌博的胜负及获利信息予以公布，实际上也营造了群体活动的环境，其社会强化作用与传统赌博无异。[②] 故网络赌博对未成年人赌博同样存在环境催化作用。

第四节　网络赌博的犯罪诱发

赌博与犯罪的关系一直是人们研究的重点。禁止论认为网络赌博对犯罪存在助长作用，而规制论往往质疑二者间的直接因果关系。

1. 赌博与赌徒犯罪

禁止论者认为，犯罪率会因为赌博的盛行而上升。赌博业的发展会带来令人厌恶的客户以及卖淫、药物滥用等非法行为，从而损害当地经济的发展。同时，问题或病态赌徒的存在会增加犯罪。病态赌博在美国精神病学会的诊断与统计手册中被认为是脉冲控制的失调。病态赌徒难以抵抗赌博的欲望，只能通过其他途径缓解赌博引起的财政困难，如实施盗窃、抢劫等财产性犯罪。有关机构曾对400名赌徒进行调查访问，57%的人承认他们曾为赌博盗窃，其盗窃数额最高者高达300万美元。[③] 据美国民意调查中心统计，1/3的问题或病态赌徒曾被逮捕，而一般赌徒被逮捕率是10%，非赌博者是4%。另外，赌场成为犯罪集中地，赌徒尤其是一些旅客很容易成为犯罪的目标，从而诱发更多的犯罪，如绑架、盗窃等。如1996年堪萨斯城的一名饭店老板在赌场赢了3000美元后被跟踪回家，然

① Mark D. Griffiths, Jonathan Parke. The Social Impact of Internet Gambling. Social Science Computer Review, 2002, 20 (3): 312－320.

② National Gambling Impact Study Commission Study, 1999: 5.

③ Henry Lesieur. Tesimony Before the National Gambling Impact Study Commission, Atlantic City, New Jersey, January 22, 1998.

后被抢劫并谋杀。

但规制论者认为，赌博合法化增加了合法的赚钱机会，可直接导致犯罪的减少。现实中许多犯罪都由贫困所致，故 Grogger（1997）、Mustard（2002）等人提出低技术性工人的就业和工资的增加会减少犯罪。[①] 因此，赌博业提供了许多低技术性的工作，应该可以降低犯罪率。另外，经济的发展对降低犯罪率起到间接的作用。经济不发达的废弃地区是犯罪的温床，当经济复苏了，地区治安和管理逐渐完善，犯罪就会相对减少了。

2. 网络赌博与相关的产业犯罪

禁止论者认为，网络赌博不仅会引发赌徒的个人犯罪，还会诱发相关的金融、网络犯罪。因为，网络赌博的资金来往主要通过电子账户进行，这就为相关的金融、网络犯罪提供了便利的作案环境：①离岸的网络赌博公司可以轻易地改变或转移站点，一些不诚实的经营商就可以在瞬间非法占有存款账户的钱；②较之于传统赌场的公开和透明性——赌场上管理人轮换制度、摄像监控、随传随到的保卫等，网络赌博在员工、网络赌博游戏软件的提供及操作、赌博者数据存储及传输等方面都存在监管难及不公开的问题，这就可能会导致暗箱操作，如贿赂软件提供方对程序进行修改从而实施欺诈等；③网络赌博提供远程存取、数据加密的服务，而且参与者可以匿名进行。这些便利条件使网络赌博成为洗钱的工厂。洗黑钱者只要使用离岸账户进行活期存款，使用这些钱进行赌博，再将其取出即可。而一般通过加密和匿名的双重保护，洗钱行为是难以被发现的。[②]

规制论者则反驳，禁止论的理由纯粹是书斋中的推测，缺乏实证根据。虽然在网络环境下进行赌博存在较高的犯罪风险和可能性，现实中在网络赌博过程中也确实存在一定的犯罪，但至今仍没有研究证明网络赌博对犯罪率的增加有必然的联系。[③] 以洗钱罪为例，虽然赌博账户的匿名性增加了身份确认的难度，为洗钱者提供了便利。但是资金的来源是信用卡或电子账户，而金融体系提供这些服务要求实名制，也就是说在一定程度

---

① Earl L. Grinols, David B. Mustard. Casinos, Crime, and Community Costs. Review of Economics and Statistics, 2006, 88 (1): 28 -45.

② Roger Clarke, Gillian Dempsey. The Feasibility of Regulating Gambling on the Internet. Managerial and Decision Economics, 2001, 22: 125 -132.

③ Robert Young, Jonathan Todd. Online Gambling Focusing on Integrity and a Code of Conduct for Gambling. Policy Department of EU Department study, 2008.

上，资金的来源仍可以追根溯源。反观传统的赌场赌博，虽然入场时要求一定程度的身份确认，但若直接使用现金进行赌博活动，查明金钱来源的难度更大。[①] 因此，不能说网络赌博会增加洗钱罪的犯罪率。而且，某些犯罪的诱因可能仅仅是网络技术而非赌博，这是技术发展所带来的容许的社会风险。另外，网络赌博的虚拟性也避免了赌博各方的正面冲突，与传统赌场赌博相比，在一定程度上可保护赌博者的人身安全，减少杀人、伤害、抢劫等相关的犯罪。

第五节 网络赌博的遏制可能

网络赌博对管理者提出了巨大的挑战，规制论认为对网络赌博进行禁止存在技术和法律上的困境，但禁止论则指出规制与禁止面临着同样的技术难题。

一、规制论之理由

在规制论者看来，基于国内赌客对互联网赌博强大的消费需求和现行的互联网管理技术，当局根本无法禁止互联网赌博。具体理由在于：

第一，国民网络赌博的消费需求难以遏制。从统计数据看，1995 年美国有 56% 的人参与赌博，而且参与人数有逐年增长之势。1998 年美国人投注的资金超过 6000 亿美元。[②] 可见，赌博是美国人喜欢的娱乐消费活动之一。而且，人们并不会因为反赌博法的存在而放弃赌博，流向非法体育或竞赛赌博的资金约 1000 亿美元。因此，作为赌博的一部分，网络赌博肯定也会受到美国人的热烈欢迎，无论其合法与否。事实也证明，即使美国一直对网络赌博实施禁止，1997 年和 2001 年，全球网络赌博收入的一半仍来自美国消费者。[③] 而且网络赌博可提供更便宜、更便捷的赌博服务，为长期受严格批准制度限制的赌博业带来了竞争。赌徒们无须再飞往

---

① United States General Accounting Office. Internet Gambling: an Overview of the Issues. December 2002.

② Steven Crist. All Bets Are off. Sports Illustrated, 1998 (1): 85.

③ Sebastian Sinclair. Casino Gambling and the Internet. Christiansen/Cummings Associates, 1998: 8.

拉斯维加斯玩老虎机，也用不着走到街角商店买彩票。因此，基于人们对赌博的喜爱以及对网络赌博参与人数的接受，无论立法者意欲如何，网络赌博参与人数仍会继续增长。

第二，互联网技术使禁止令失效。一方面，网络通信使用分组交换的方式具有很强的传播性，信息可通过网络到达世界各地。而且，网络将信息拆分后分别传输至同一地方再进行整合，此过程增加了窥探的难度，有效保护了信息的隐秘性。现有的对传统赌博或州际赌博的打击方式不足以抑制网络赌博。另一方面，在大容量的通信信息中，互联网服务供应商不可能一一区分非法赌博信息和其他的网络交易。而且，互联网本身的隐秘性允许人们对信息加密，或者轻易地变换地址，从而匿名进行交易，这无疑增加了网络赌博的打击难度。

第三，海外及地下的网络赌博经营者无法杜绝。查普曼大学教授贝尔（Bell）认为，美国国内将网络赌博服务认定为犯罪，其效力并不及于海外的经营者。且不说美国对于境外人们的行为一般不具有司法管辖权，即使基于美国公民向海外投注而认为其违反美国相关法律，同样存在国际诉讼送达、执行等难题。纵观国际社会，越来越多的国家对网络赌博进行合法化地管理，如澳大利亚、新西兰、英国等，他们为网络赌博经营者提供了避难所——根据国际引渡惯例，出于国家主权的保护，若美国公民仅仅违反美国的反赌博条约，赌博合法化的国家会根据“双重犯罪原则”而不将其引渡至美国。因此，美国司法部门无法对其进行起诉、逮捕或判决。[①] 另外，巨大的赌博市场和丰厚的利润刺激了人们的逐利性，网络赌博的禁止性政策并不能完全禁止网络赌博，只会将合法正当的网络经营者驱逐出美国市场。因此，地下的私营网络赌博企业渐渐占领了美国市场，它们不受法律约束，不遵循商业规则，更无须向政府纳税，此后果无论从经济效益还是社会成本的角度看，都与禁止性政策的目标背道而驰。

二、禁止论的反驳

但禁止论认为，不能因为公民某种非法的需求强大就放弃对相关行为

① Tom W. Bell. Internet Gambling Popular, Inexorable, and (Eventually) Legal. Policy Analysis, March 8, 1999.

的规制。公民对毒品、卖淫、儿童色情的需求也很强大，但大部分州仍然禁止相关贸易。而且，公民的需求往往和国家是否容许相关市场紧密联系，若国家允许或纵容网络赌博，人们接触网络赌博的机会多，成瘾者多，需求自然强烈；反之，若国家厉行禁止，人们接触网络赌博的机会少，需求就会下降。另外，政府对境外赌场的规制并非无能为力。因为，境外的网络赌场要接受美国境内赌客的投注，需要美国金融机构或第三方支付平台的协助，而这些金融机构或支付平台的经营地或服务器，必须在美国。联邦政府可通过处罚协助境外赌场接受投注的金融机构和第三方支付平台，实现对网络赌博的禁止。事实上，美国《非法网络赌博执行法》(UIGEA) 也是这样做的。该法规定，对任何明知他人的信用卡、电子资金账户、支票或其他资金转移方式与非法网络赌博相关，仍予以接受者，可处以罚金和5年以下的监禁刑，并允许法院颁布禁止参与赌博业及相关业务的永久禁令。[①]换言之，凡明知是美国赌客的投注资金，任何金融机构或第三方支付平台均不得协助转账。如此，通过切断境外赌场的投注渠道，即可实现对网络赌博的遏制。

第六节　对我国刑事政策的启示

一、对网络赌博的政策立场

我国现今对网络赌博的政策是规制论的立场。但笔者认为，从美国的经验出发，中国当下不应开放网上赌博——包括正在试行的体育网络彩票。理由在于：

第一，网络赌博的便利性和数字性，更容易造成成瘾性赌徒。根据莱丝布里奇大学的 Robert T. Wood 教授和 Robert J. Williams 教授主持的实证调查研究，网络赌徒的病态赌博患病率是非网络赌徒的3～4倍。[②] 传统

---

① 31 U. S. C. § 5365.

② Robert T. Wood, Robert J. Williams. Internet Gambling: Prevalence, Patterns, Problems, and Policy Options, Final Report Prepared for the Ontario Problem Gambling Research Centre, Guelph, Ontario, CANADA. January 5, 2009.

赌博需要赌徒亲自前往赌场，赌博行为受到空间和个人财力的限制，但于网络赌博而言，这些限制少得多。只要有互联网和信用卡，人们便可以随时随地登陆赌场和进行投注。而且，网络赌博的连续性使赌徒可以不间断地连续下注，这将吸引更多人、更长时间地沉迷在网络赌场，最终形成对赌博的心理依赖。

第二，网络赌博更易诱使赌徒陷入财务危机，滋生更多犯罪。据美国学者的统计，1/3 的问题或病态赌徒曾被逮捕，而一般赌徒被逮捕率是 10%，非赌博者是 4%。[①] 由于投注多采取数字货币的形式，没有现金或筹码带来的直观感，赌徒的投注将大大增加。而且，网络赌博投注多使用信用卡等透支工具，可诱使赌徒负债赌博，从而深陷个人财务危机。成瘾性赌徒一旦遇到个人财务困难，便极有可能铤而走险、以身试法。

第三，网络彩票易造成错误的示范效应，加速国内资金向境外网络赌场流失。提倡网络赌博的一种理由认为，网络赌博宜疏不宜堵，如果国内不开放网络赌博的市场，赌徒的资金将流往境外。但是，以中国当前的规制立场观之，国家只打算开放网络彩票的市场，在博彩形式上远不及境外赌场丰富。这样，国内的网络彩票一方面培养起大批网络赌民，但单调的彩票博彩很难满足这些赌民，他们很快便会为境外丰富多彩的网络赌博形式所吸引。网络彩票培养了赌民却无法吸引他们的赌资，从而导致赌资最终流向境外的赌场。

第四，网络赌博的公正性难以监管，无法保证彩民的合法权益。与实体赌场不同，很多网络博彩采取数字化赌博的形式，其结果更容易被人为操控和改变。从“贵州彩票舞弊大案”“西安宝马彩票案”“ 湖北体育彩票舞弊案”到“深圳木马舞弊事件”，均说明当前中国对彩票舞弊监管相当不到位。现行博彩均以现实的物理结果为博彩标的，尚容易发生舞弊案，若以数字化结果为博彩标的，将更易滋生舞弊事件。

第五，网络赌博容易腐化未成年人。现实的博彩业可以要求参与者下注前出示身份证，从而禁止青少年参与。但网络赌博具有匿名性，为青少年参与赌博提供了便利。杜克大学 1999 年的一份研究报告指出，尽管赌博网站声称谢绝未成年人参赌，但其实难以杜绝未成年人的参与。其一，

① Henry Lesieur. Tesimony Before the National Gambling Impact Study Commission. Atlantic City, New Jersey, January 22, 1998.

青少年可以填写虚假的信息，网站管理者对信息的真伪是难以分辨的，不同于传统赌场可以检查赌博者的身份证件；其二，大多青少年拥有自己的信用卡，甚至他们会使用父母的信用卡设立赌博账户。[①]由于青少年的分辨能力和自制能力较差，因此更容易被网络赌博吸引，从而成瘾。

第六，网络赌博并非无被害人的犯罪。近年来，国内不少学者从被害人主义出发，认为赌博罪属于无被害人的犯罪，应当去犯罪化。但从美国学者关于网络赌博的争论来看，鲜见从无被害人的角度论证网络赌博的合法化。理由在于：其一，网络赌博涉及境内外巨额资金的流动，对全国的财政和金融安全都可能造成损害；其二，赌博往往被视为导致成瘾性赌博的直接原因，而成瘾性赌博已被学界视为严重的心理疾病，甚至有学者认为是生理疾病，因此当然有被害人；其三，赌博会引发赌徒的财务危机和家庭矛盾，甚至进一步诱发其他侵害他人财产、人身的犯罪。

二、以金融业务服务商为主要遏制对象

规制论认为，互联网技术会使网络赌博的禁制令失效，而且网络赌场的境外性使国内法律的处罚难以实现。但这是自相矛盾的观点。如果对境外的互联网赌场无法监管和处罚，则不仅无法禁止，也无法规制。事实上，从美国2006年的《非法网络赌博执行法》(UIGEA) 可知，对网络赌博的禁止，不仅应着眼于违法的赌博经营者，同时应注重对与之相关联的金融服务商的惩处。任何赌博经营都离不开赌徒的下注和彩金给付，而网络赌博的下注必须由网络金融服务商协助完成。美国 UIGEA 将“任何明知他人的信用卡、电子资金账户、支票或其他资金转移方式与非法网络赌博相关，仍予以接受的”的人作为处罚对象。这样，任何为非法网络赌博提供金融协助的金融服务商，均成为处罚对象。网络赌场可能在境外，但为境外赌场与境内赌徒提供资金转移业务的金融机构必须在境内，这便为法律遏制境外赌博提供了可能性。一旦境内的金融服务商受到规制，即可切断网络赌博资金流动的传输带，从而禁止网络赌博。

而且，对网络金融服务商的惩处，亦具有刑法学的根据。虽然金融服

---

① Charles T. Clotfelter, Philip J. Cook, Julie A. Edell, et al. State Lotteries at the Turn of the Century: Report to the National Gambling Impact Study Commission, 1999: 5.

务商没有直接参与网络赌博的经营，但它们明知是不法的网络赌博，仍对其提供支持，构成我国《刑法》第二十七条所规定的“辅助作用”，属于开设赌场罪的共犯，因而具有可罚性。

这些被规制的金融业务服务商，应包括三种主体：①合法的金融机构包括银行金融机构和非银行金融机构（如财物公司、证券公司等）。②从事地下金融服务的组织（俗称“地下钱庄”）。实践中，地下钱庄往往为境外赌博组织和境内赌博者提供货币支付、转账和结算服务。③第三方电子支付平台，即在网上商家和银行之间建立起连接，从而实现从消费者到金融机构、商家的在线货币支付、现金流转、资金清算、查询统计等的服务机构，如支付宝、财付通、速汇通、网银在线等。实践中，赌客为了保证交易安全、防止庄家赖账，往往会选择第三方电子支付平台作为下注和收益的结算中介。因此，规制第三方电子支付平台，防止其为境外赌博机构提供支付担保业务，是遏制境外网络赌博的重要途径。

第四章　体育竞技伤害的刑法规制

体育活动是人们娱乐生活不可或缺的一部分，但随着体育领域的产业化和商业化，体育活动的对抗性和竞争性亦随之加强，这使得运动员的人身安全受到极大的威胁——2003 年，北京现代队周 × 被天津康师傅队卢 × 踢到大腿内侧造成韧带断裂；2008 年，中国队员谭 × × 在足球比赛中踢中比利时的球员，导致其下体出血；2009 年，谭 × × 在守门员杨 × 已经拿到球的情况下出脚踹在后者的支撑腿上，导致其受伤；2011 年，阿根廷拳手咬伤对手的耳朵……伤害事件在体育竞技场上屡屡发生，受害者或轻伤或重伤，甚至被迫退出竞技场或就此丧命，但传统观念将此类事件归属于体育行业范畴，由相应的体育组织对行为人进行罚金或者禁赛处罚，排除了司法体系的介入。故而，实施体育伤害的行为人极少受到法律的制裁。以我国为例，《中国足球协会章程》第六十二条明确规定“会员协会、注册俱乐部及其成员，应保证不得将他们与本会、其它会员协会、会员俱乐部及其成员的业内争议提交法院，而只能向本会的仲裁委员会提出申诉”，司法实践中至今仍未有涉及体育伤害的刑事案件。

我国刑法学界一般将体育竞技行为纳入正当性业务范畴，通过设定正当性业务的构成条件而否定体育伤害行为的犯罪性。[①] 然而，刑法只是调整社会秩序的最后手段，并非所有的行为都应予以刑法评价，如通奸、吸毒等行为虽然是非道德的，但随着人们认知水平及社会接受程度的发展，刑法并不对这些行为做出否定评价。也就是说，在设定体育竞技伤害行为的正当条件之前，我们必须明确一个问题——体育竞技伤害是否应纳入刑法规制的范畴呢？我国刑法学界忽略了对该基础问题的讨论，使得行为人对体育伤害行为承担刑事责任缺乏理论基础，直接导致司法实践的缺失。

① 参见王政勋《刑法的正当性》，北京大学出版社 2008 年版，第 293 ～ 294 页；黄京平、陈展鹏《竞技行为正当化研究》，载《中国刑事法杂志》2004 年第 6 期；吴情树、陈慰星、王方玉《论体育运动中的正当行为——以大陆法系刑法为文本》，载《天津体育学院学报》2005 年第 4 期；杨丹《竞技体育行为的正当化》，载《体育学刊》2005 年第 1 期；楚晋《体育竞技伤害行为正当化的依据及限界研究》（硕士学位论文），吉林大学 2007 年。

另外，英美法国家对体育伤害行为的讨论源远流长，其理论与司法实践也日趋成熟。19世纪后半叶，体育伤害（sport injuries）问题越来越严重，据统计，在1974年全美足球联盟的赛季中，共计1638名运动员因“严重伤害”缺席了2次及以上的比赛。[①] 而且数据显示美国每年因体育事项引起17000000人次的伤害需要进行医学治疗，每年有超过1000000人次的高中足球运动员及70000人次的大学足球运动员受伤……[②]体育伤害逐渐增加之趋势使传统的体育组织自治手段受到质疑：为何在体育竞技场上的伤害行为就不需要受刑法的制裁呢？刑法是保障社会秩序及安全的最后的防线，为什么它不保护体育竞技场上的受害者呢？体育组织的惩治手段是否足以遏制体育暴力事件的发生呢……学者们纷纷提出对体育竞技伤害行为进行刑法规制。[③] 由此，针对体育竞技伤害行为，社会各界形成了行业自治论与刑法规制论的对立，至今仍争论不休。其根本对立点在于是否应该将体育竞技行为纳入刑法评价之范畴。

故本文立足于英美法律体系，从英美法的判例及制定法关于体育伤害行为的规定发展历程说起，进而分析行业自治论及刑法规制论之对立，从刑法理论基础及政策考量两方面论证刑法对竞技伤害进行规制的合理性和必要性。然而，刑罚是最严厉的惩罚手段，为确保公民的权利及体育事业的健康发展，刑法制裁需谨慎。因此，在刑法介入的基础上，笔者力图通过对抗辩事由之分析与应用为体育伤害行为罪与非罪的划分确立具体的判断要素和标准。

---

① Hofeld, Athletes. The Rights and Correlative Duties. Trial Law Guide, 1975, 19: 382, 402.

② Peterson, Scott. The Role of the Lawyer on the Playing Field. Barrister, 1980, 7: 10。

③ Comment, Consent in Criminal Law: Violence in Sports. Mich. L. Rev., 1976, 75: 148, 174; Note, Sports Violence as Criminal Assault: Development of the Doctrine by Canadian Courts, Duke L. J., 1986, 31: 1030, 1030, 1054; Comment, It's Not How You Play the Game, It's Whether You Win or Lose: the Need for Criminal Sanctions to Curb Violence in Professional Sports. Hamline L. Rev., 1988, 12: 71, 88-89; Jack Anderson. Citius, astius, fortius? A Study of Criminal Violence in Sport, Marq. Sports L. Rev., 2000, 11: 87; Mathew P. Barry, Richard L Fox, Clark Jones. Judicial Opinion on the Criminality of Sports Violence in the United States. Seton Hall J. Sports & Ent. L., 2005, 15: 1; Tracey Oh. From Hockey Hloves to Handcuffs: the Need for Criminal Sanctions in Professional Ice Hockey. Hastings Comm. & Ent L. J., 2006, 28: 309.

第一节　判例法之嬗变

体育竞技作为社会生活的娱乐消遣活动，社会公众认为一定的暴力行为是可以接受的，而基于被害人同意的合理抗辩，竞技过程中发生的伤害纠纷应通过相关的体育组织予以解决，并不涉及法律问题。但随着体育竞技的商业化发展，频繁发生的体育伤害事件引起了公众的关注。检察官开始尝试将体育竞技过程中造成严重后果的伤害事件提交刑事法院以追究加害者的刑事责任。而法院做出的刑事判决为体育伤害的刑事归责问题奠定了基础。在判例法发展的同时，立法机关也对规制体育伤害行为进行了立法尝试。

一、英国

英国刑事司法就体育竞技问题的介入可追溯至学者们对相关竞技活动合法性问题的研究上，如认为决斗、地下拳击等活动是非法的。[①] 但司法实践中几乎没有相关的实例。直至 19 世纪末 Bradshaw 案、Moore 案以及 Coney 案的出现拉开了判例法对体育竞技伤害刑法介入的序幕。它们初步确立了被害人同意在体育伤害领域运用的基本规则。而近代的判例在此基础上继续发展并完善。

（一）规则违反作为主观恶意的初步证据

1. R. v. Bradshaw（1878）[②]

1878 年的 Bradshaw 案就体育伤害案件的刑事处罚确立了“规则符合性”标准，认为伤害行为不管发生在体育竞技场所或其他地方，只要存在所必需的犯罪意图就可认定为犯罪；但符合竞技比赛规则的行为可以初步

---

① 参见 Foster Crown Law，p. 260：如果双方同意参加棒球或曲棍球或摔跤活动，而在活动过程中一方对另一方的伤害并非刑法上的殴打，因为他们的目的是合法的，而且他们的行为有利于促进体育活动的发展。转引自 J. Paul McCutcheon. Sports Ciolence，Censent and the Criminal Law. Northen Ireland Legal Quarterly，1994，45（3）：267 – 286.

② 14 Cox C. C. 83（Leicester Spring Assizes 1878）.

推定行为人并非恶意或故意伤害他人，或者明知其行为可能导致他人的死亡或伤害而为之。[①]

本案中，被告是一名足球运动员，他在比赛过程中用膝盖猛烈撞击对方队员的肚子，导致其内脏破裂而死亡。上诉法院法官 Brawwell 在案件总结时向陪审团指示："任何比赛的规则或者习惯都不能使当地法律规定的非法行为合法化，而法律禁止实施可能导致他人死亡的行为。例如，人们不能同意使用致命性武器进行打斗，或者同意实施法律所禁止的行为而免除对行为后果承担责任。因此，一方面，我们无须关注足球比赛的规则——如果被告故意对死者造成严重的伤害，或者明知道其行为会给死者造成严重的伤害但仍对伤害结果漠不关心或轻率而为的，那么他就是有罪的。但另一方面，如果行为人根据规则进行比赛而未超越规则，可以合理推定行为人不具备主观意图，从而不构成犯罪。"[②] 陪审团根据裁判员的陈述——比赛中并没有出现不公正的现象——认定被告 Bradshaw 的过失致人死亡罪不成立。

2. R. v. Moore (1898)[③]

成功的体育伤害刑事诉讼发生在 20 年后类似的 Moore 案：被告在足球比赛过程中在被害人背后屈膝跳跃，使他猛烈地摔在守门员的膝盖上造成严重的内伤，最终死亡。被告因此被判处过失杀人罪（manslaughter）。Hawkins 法官在同意 Brawwell 法官的基础上指出：任何人无权使用可能导致他人受到伤害的暴力，如果行为人使用这样的暴力并导致他人死亡的，则构成过失致人死亡罪。[④]

上述两个判例侧重于行为人的主观意志，认为刑法对体育伤害的介入应以故意和/或轻率导致伤害为基础；而在特定比赛中违反比赛规则可以作为主观恶意的初步证据。[⑤] 因此，如果行为人故意或明知其行为可能引起严重的人身伤害而为之，体育同意的抗辩将无效。

---

① Christo Lassiter. Lex Sportiva: Thoughts Towards a Criminal Law to Competitive Contact Sport. St. John's J. Legal Comment, 2007, 22: 35.

② 14 Cox C. C. 84 (Leicester Spring Assizes 1878).

③ 14 T. L. R. 229 (1898).

④ 14 T. L. R. 230 (1898).

⑤ Jack Anderson. Citius, Astius, Fortius? A Study of Criminal Violence in Sport. Marq. Sports L. Rev., 2000, 11: 87.

（二）体育同意理论的应用

上述案例直接涉及竞技过程中体育参与者因暴力致他人死亡，虽然1882年的Coney案[①]只是就“体育活动”现场的围观者作为暴力事件的协助者被提起刑事诉讼，但该案的法官意见对刑法介入体育竞技伤害问题进行了大量的讨论和论证，从公共安全及社会秩序角度对体育竞技的同意问题予以考虑。

1. 同意不得超越公共利益

Coney案发生于1881年6月16日，在英国阿斯科特赛马比赛将要结束之时，Mitchell和Burke在群众面前，在由绳索形成的拳击场上进行打斗。打斗双方分别受到Parker和Symonds的帮助。此外，3名被告Coney、Gillia、Tully以及其他5人被指认出现在围观的人群中。[②] 最后，检察官以袭击罪（assault）起诉上述行为人。[③]

被告Coney及其他旁观者提出抗辩：首先，打斗双方是否对对方犯有袭击罪仍是存疑的。其次，被告并未参与或策划该打斗，故认为他们有教唆和帮助行为并不正确。主要的论据在于，只有当被教唆或帮助的行为构成犯罪时，才能成立教唆犯或帮助犯。而企图伤害罪的构成要求行为人在没有获得被害人同意的情况下实施了攻击行为。因此，辩护律师认为Burke和Mitchell对此次打斗持同意的态度，并没有袭击行为的发生。[④] 最后，陪审团根据法官的指导意见[⑤]对Mitchell等人的打斗行为的直接参与者以及Coney等人做出有罪判决。

虽然上诉法院以初审法官对陪审团的指导意见不正确为由推翻了对Coney的判决，但本案引起争议并对现在侵略性体育活动相关案件的司法审判产生影响的是辩方提出的抗辩理由及法官们对此的意见。法官们一致

---

① The Queen v. Coney, 8 Q. B. 534 (1882).

② The Queen v. Coney, 8 Q. B. 535 (1882).

③ The Queen v. Coney, 8 Q. B. 536 (1882).

④ Jack Anderson. Citius, Astius, Fortius? A Study of Criminal Violence in Sport. Marq. Sports L. Rev., 2000, 11: 87.

⑤ 审判过程中，法官对陪审团的指导意见认为：地下拳击（prizefights/prize fighting）是非法的，而所有观看该活动的人，以及当他们进行拳击时出现在现场的人，都因教唆和帮助而构成袭击罪。因为他们并非偶然经过，而是停留在现场，尽管他们没有任何言语或其他举动，但他们也鼓励了地下拳击的进行。（Queen's Bench Division, Vol. Ⅷ, 1882 March 18.）

认为地下拳击是不合法的，故案件中的直接参与者都构成袭击罪。如 Cave 指出：“因愤怒或类似的情绪引起的殴打，或者是意图造成他人身体伤害的殴打行为就是袭击。但体育活动中不以引起身体伤害为目的的殴打并非一种袭击行为。而且，对破坏社会秩序的非法伤害行为而言，被攻击者是否同意是无关紧要的。因此，地下拳击中的殴打行为无疑是袭击，但摔跤以及一般情况下戴拳套的拳击赛（boxing）[①] 并不涉及袭击行为……”[②]

法官 Hawkins 则着重就涉及体育案件的同意问题做了一番论述。他认为，在刑法的暴力殴打罪中，除非被指控行为的实施并没有获得被攻击人的同意，否则并不构成此罪，因为缺乏同意是袭击行为的必备元素。[③] 但是，人们可以放弃的仅仅是他们的民事权利，而无权放弃公共利益。因此，任何人都不能对那些破坏或极有可能破坏社会秩序的行为做出有效的同意，从而排除刑事起诉。而进行激烈的殴打并以征服对方为目标/目的的打斗行为，都是对社会秩序的破坏，与行为的动机或行为人的情绪无关。故本案中的直接参与者都应被认定为有罪。当然，Hawkins 也承认例外情况的存在：若冲突或打斗行为发生在合法举行的体育活动中，而且不会导致真正的伤害或破坏社会秩序，那么它们将为社会所接受而不被认为是非法的，如昆斯伯里拳击规则约束下的拳击比赛、武术以及其他身体接触性体育活动等；[④] 相反，即使在友好比赛中，参与者实施暴力行为并以征服、伤害对方为目的，从事可能破坏社会秩序的打斗行为的，都必须承担伤害罪的刑事责任。

首席法官 Coleridge 指出：与决斗参与者不能同意对方夺取自己的生命一样，地下拳击赛中的双方不能同意对方实施妨害治安的行为。Stephen 也强调，当伤害行为不但造成人身伤害还危及公共利益时，受害人的同意并不能作为有效的抗辩理由。而地下拳击赛，一方面使参赛者的生命和健康受到殴打行为的威胁，违背了社会公共利益；另一方面造成社会的骚乱和无序，因此参与者的同意并不阻碍伤害罪的构成。[⑤]

---

① 一般情况下的拳击赛（boxing）是指受英国昆斯伯里拳击规则（Queensbury rules）约束的拳击比赛，而前文提及的地下拳击（prize fighting）则指非正式的拳击比赛。

② （1881—1882）L. R. 8Q. B. D. 539.

③ （1881—1882）L. R. 8Q. B. D. 553.

④ （1881—1882）L. R. 8Q. B. D. 554.

⑤ J. Paul McCutcheon. Sports Ciolence, Censent and the Criminal Law, Northen Ireland Legal Quarterly, 1994, 45（3）: 267 - 286.

总之，Coney 案中的法官们都认为任何人都不能同意明显违法的且扰乱社会秩序的行为的实施。正如 Matthew 所说，任何同意都不能使无辜者陷入事实上的危险。[①]也就是说，体育活动中的同意可以作为抗辩理由，但必须以同意内容的合法性为前提。但本判例对于如何判断所参与活动的合法与否仍存在很大的争议，如法官 Papworth 所说，区分应予刑事制裁和不构成伤害罪的拳击活动是难以进行的，因为地下拳击和一般拳击比赛所追求的结果是相同的——伤害对手且避免自己受伤。

2. 公共利益约束规则的发展

在 Coney 案之后，R. v. Donovan[②] 案更进一步确认了竞技伤害中的同意抗辩不得损害公共利益。该规则在检察官参考［Attorney-General's Reference（No. 6 of 1980）］时得到明确：[③] 行为是发生在私人场合还是公共场所并不重要，只要行为人是故意引起和/或确实造成了人身伤害就是刑法上的袭击行为。这种说法并非对适当管理的游戏和体育活动的公众合法性产生怀疑，根据公共利益的需要，例外情况是合法的。而在近期的 R. v. Brown 案（1993）[④] 中，英国上议院认为，虽然被害人的同意可以排除轻微伤害行为人的刑事责任，但被害人的同意不能作为故意或轻率引起实际身体伤害行为的抗辩理由，除非伤害是由于合法的行为引起的，例如外科手术、父母管教以及拳击。[⑤] 在上述情况下认可同意的合理抗辩是出于促进公共政策的考量。例如，拳击比赛可以灌输勇气和技能并有利于身体健康。[⑥]

在考虑所参加的体育活动合法与否的基础上，法官们进一步明确了对竞技伤害行为予以刑事制裁的限制。如法官 Templeman 提出了“合理预见标准”——即使行为人故意使用暴力并造成实际的或严重的身体伤害，只

---

① （1881—1882）L. R. 8Q. B. D. 547.

② ［1934］2 KB 498.

③ ［1981］QB 715 at 719.

④ ［1993］2 All ER 75. 该案的被告在受害人同意的情况下，在私下进行性交过程时对受害人实施暴力行为，被告被指控违反了 1861 年的《侵害人身罪法》（*Offences against the Person Act* 1861）的第 20、47 条，构成伤害罪（wounding）或殴打罪（assault）。虽然此案案情与体育竞技无关，但在处理被告提出的被害人同意抗辩的过程中，法官都对体育上的伤害问题发表了意见，而且该判决引用了 Coney 案作为先例，因此 Brown 案也称为体育竞技伤害刑事归责问题发展过程中的重要判例之一。

⑤ ［1993］2 All ER 75.

⑥ P. Markwick. Harming Consent. Res Publica，2002，8（2）：157－162.

要该伤害行为是受害人所参加的合法活动所能预见的，被告应被宣告无罪。[①] 而法官 Mustill 就体育活动性质本身对同意范围的影响做了论述，提出了权威的观点：某些体育活动的必要元素包括故意的身体接触，如足球等。它们处于搏斗活动与温和的体育活动之间，前者的参与者明知对手将会尽力去伤害自己，后者最多只会出现意外伤害，而身体接触项目（contact sports）的参与者明知对手随时可能伤害自己，故参与该项目本身就表明参与者对这些伤害行为的同意，并自愿承担故意接触行为的伤害风险。但他并不同意故意引起更为严重的伤害的行为。[②]

上述两个判例重申了 Coney 案对体育同意及公共利益问题的讨论，将公共利益问题广泛应用于体育同意的限制上。

（三）同意的内容与体育竞技无关则无效

虽然经过上述判例，竞技伤害的刑法介入问题已形成初步的法律框架，但直到 20 世纪 70 年代，以 Billinghurst 案[③]为开端，竞技伤害的刑事案件才有逐步稳定的发展。而且，不少判例从伤害行为与体育活动本身的关联性出发予以讨论，为体育伤害的刑事归责问题提供了新的视角。

1. R. v. Billinghurst (1978)

Billinghurst 案是首例橄榄球运动员在比赛过程中造成他人严重身体伤害被成功定罪的案件。事件发生在南威尔士的业余橄榄球赛中，被告用拳猛击受害者的脸部，造成其下巴破裂。证据包括被害人的陈述，以及前南威尔士国际英式橄榄球运动员证明拳打行为是橄榄球比赛中的普遍情况而非例外情况。

被告辩称橄榄球运动员在参加比赛时便同意承担一定的伤害风险，而且检察官提起诉讼时应当证明其拳打行为超出了正常的可预期的范围，以致运动员不能通过参与比赛而做出有效的同意。但检察官认为公共政策限定了橄榄球运动员对暴力行为予以同意的范围，即运动员可以同意一些激烈的带球、抢球等接触行为，但不能对不涉及球的故意身体接触行为做出有效同意。

初审法官在指导陪审团时指出橄榄球比赛包含一定的暴力性身体接

① Smith, Hogan. Criminal Law: Cases and Materials. Dublin & Edinburgh, 1996: 471.

② [1993] 2 All ER 75.

③ [1978] Crim. L. R. 553.

触，因此，参赛的运动员应被认定为同意那些能够合理预见发生于比赛过程中的行为。也就是说，暴力的使用并非毫无节制的。但一定的越轨行为是可以视为得到被害人同意的，而决定性的因素在于伤害行为是否发生在体育比赛的范畴内。

因此，尽管被告声称拳击对手在英式橄榄球联盟比赛中是可以接受的，但法院认为该拳击行为与比赛的进行无关，被害人不能对此做出有效的同意。[①] 故被告被控殴打罪，罪名成立。

2. R. v. Lloyd (1989)[②]

被告Lloyd参加英式橄榄球联合会举办的比赛，当对方球员被拦截抢球后摔倒在地时，并非抢球队员的被告立刻跑过去大力踢他。受害人因颧骨断裂而住院4天。被告因该行为被禁止参赛18个月。法院认为英式橄榄球必然包含运动员间的身体接触，而且其比赛规则允许暴力性的接触。但是比赛并非行凶的许可证，足球场上的非法暴力行为应当和一般非法暴力行为一样，受到同样的处罚。[③] 因此，运动员必须时刻控制自己并在规则约束下进行比赛。而本案被告在毫无挑衅（provocation）的情况下无缘无故猛踢受害人的行为与比赛毫无关系，构成犯罪。

经过几十年的发展，英国法院对体育伤害案件的处理数量逐渐增加。[④] 但体育竞技伤害案件复杂多变，法官们只能根据具体案情做出具体的分析，因此，至今仍未形成统一的、完整的理论标准，法律也没有明确的规定。

二、加拿大

关于体育竞技伤害及体育同意问题，加拿大的法律体系有一定的法律

---

① Mark James. The Trouble with Roy Keane. Ent. Law, 2002, 1 (3): 77.

② Crim. L. R., 1989, Jul, 513 – 514.

③ Johnson (1986) 8 Cr. App. R. (S.) 343.

④ 近期关于体育竞技伤害的案件还包括：R. v. Bishop，被告因“离球”事故被诉袭击罪，他在橄榄球赛中拳击对手倒地；R. v. Johnson，被告在橄榄球比赛中咬对方的耳朵，对对方造成严重伤害，被判监禁6个月；R. v. Birkin, (1988) 10 Cr App R (S) 303；R. v. Shervil, (1989) 11 Cr App R (S) 284；等等。

规定，[①] 而加拿大内盛行的粗野的冰球运动也为法院多次处理竞技伤害问题提供了一定的背景。冰球运动员 Ted Green 和 Wayne Maki 在比赛过程中的混战是刑事法院介入竞技伤害问题的起点。

1969 年 9 月 21 日，美国波士顿仙熊队与圣路易斯布鲁斯队在加拿大渥太华市政大厅举行曲棍球表演赛。在比赛过程中，被告 Maki 与受害人 Green 在追逐冰球的过程中发生碰撞。Green 戴着手套打中了 Maki 的脸，造成其嘴部的损伤。裁判举牌给予延迟处罚后比赛继续。然后两人再次在网前相遇，Green 首先挥动球棒[②]，打击 Maki 的脖子或肩部。其后，Green 朝着被告移动其球杆，并双手握杆高举过肩。被告此时就挥杆打中 Green 的球杆，然后擦过球杆打中其头部，造成严重的伤害。Maki 和 Green 同时被指控构成殴打罪。

（一）体育同意应有所限制——R. v. Maki[③]

被告 Maki 被诉袭击罪。他辩称其打击行为只是为了保护自己，而非报复性的打击，他没有意识到自己的行为会导致如此严重之后果。同时提出了被害人同意的抗辩理由。虽然初审法官考虑到被告在是否具有伤害故意、对自己处于人身伤害的危险情境下是否具有合理的忧虑、是否使用过度的暴力行为等方面存疑，最终判处被告无罪。但是，Carter 法官对被告提出的同意抗辩的驳回无疑具有指导性。

他认为，体育联盟无论其组织和自我管理多么成功，也无权赋予运动员免于刑事处罚的权利。他引用 Stephen J. 在 Coney 案中的意见，认同被害人对人身伤害行为的同意作为刑事诉讼的抗辩事由是有所限制的。虽然当运动员走进运动场或冰面时，他们就应承担体育活动中存在的一定风险和危险，而且根据刑法典的规定同意抗辩可适用于大多数的情况。但问题在于，被害人同意的暴力的范围与程度，并无明确的界定。[④] 若根据当时

---

① 《加拿大刑法典》第 265 条（1）（a）规定：当行为人未经他人同意而故意向其直接或间接地使用暴力，其行为构成袭击罪。虽然未经他人同意是犯罪行为的构成要素，但法律对人的同意能力予以限制，而且其地位与普通法系的情况相当。［R. v. Jobidon, (1991) 66 CCC (3d) 454.］

② 也有人认为是 Maki 先用冰球棍戳 Green 的小腹后，后者才做出后面的反应。这是有争议的事实，后来在两起案件中也做了不同的认定。

③ ［1970］3 O. R. 780.

④ ［1970］3 O. R. 780.

的情况，伤害行为必然会对他人造成严重的身体伤害，那么即使当时存在挑衅行为且正处于比赛最激烈的时候，也不应当将其纳入同意抗辩的范围。①

因此，虽然冰球比赛以速度和激烈的身体接触而闻名，本案中被告的打击行为超出了体育同意所涵盖的暴力程度。

（二）以体育活动自身特性界分竞技伤害行为—— R. v. Green②

与 Maki 案相随的 Green 案件同样没有起诉成功。本案法官在事实认定上持不同的观点。法官 Fitzpatrick 认为，Maki 先用曲棍球棒戳被告的小腹后，被告几乎是出于本能的自我保护才做出后面的反应。而之前被判犯规的戴着手套打击对方的行为在冰球运动中是家常便饭，并非刑法上的袭击/殴打行为。而且，冰球运动员在参加比赛时不可能不同意或不知道在冰上可能存在的各种各样的碰撞行为，因为没有一定程度上强烈的身体接触，就没有冰球运动的速度、激烈性、活力及其竞争性。

但司法实践中的难题在于如何区分曲棍球比赛的众多身体接触是属于犯罪行为还是运动员同意的合法的攻击性行为，该问题只能根据具体的体育活动及事件发生的情景做出判断。

（三）近期发展的各种界分规则

经过上述两个判例开创了刑事法院对竞技伤害问题的管辖及讨论后，随后的加拿大判例在此基础上侧重于对体育同意抗辩事由适用范围问题予以分析，并形成了各种不同的界分规则。

1. 各种抽象规则的提出

R. v. Leyte③ 案认为，运动员被认为对一些与体育竞技有密切关系的本能反应表示同意，因为这些行为并没有伤害（犯罪）的故意。而在 R. v. Watson④ 案件中，法官认为体育同意应仅限于竞技比赛中日常的身体接触。后来的 R. v. Maloney⑤ 案则认为体育参与者可对正规的竞技比赛

① 引自 Agar v. Canning (1965), 54 W. W. R. 302 at 304。这是一个民事诉讼。

② [1971] 1 O. R. 591, 2 C. C. C. (2d) 442, 16 D. L. R. (3d) 137.

③ (1973) 13 CCC (2d) 458.

④ (1975) 26 CCC (2d) 150.

⑤ (1976) 28 CCC (2d) 323.

中固有的及具有合理联系的伤害行为予以同意；但是，如果被告故意对他人造成严重的人身伤害，那么无论伤害是否实际发生，被告都是有罪的。在 R. v. St Croix① 案中，被告在比赛停止后打击其对手，法院认为该行为已经“超出了可预见的”同意范畴，也非出于本能或正当防卫，因此认定其有罪。②

2. 确定具体的考虑要素

上述判例都在试图建立一个界分合法与非法竞技暴力的规则，为司法体系解决竞技伤害刑事归责问题提供了很好的借鉴。然而“同意仅限于体育活动自身本性及精神范围内”等规则原则性较强，难以使用。③ 因此，近期的加拿大判例尝试着提供更为明确的指导。在1989年的 R. v. Cey④案中，被告在对手背后打人犯规，将对手面朝地面推倒在冰球场上，致使对方面部严重受伤且脑震荡、颈部扭曲（但根据经验并不阻碍他继续从事冰球活动）。初审法院认为被告并非故意伤害他人，而且其暴力行为并未超出冰球比赛的习惯，从而认定被告无罪。但萨斯克彻温上诉法院推翻了该判决。关键的问题在于认定被告的伤害行为是否排除在运动员“默示同意”（implied consent）的范畴。法院在确定参与者默示同意的范围时，将进行竞技比赛的环境、行为的本性、伤害行为的程度及其危险性、造成严重后果的可能性等要素作为标准。⑤

Cey 案的贡献在于一方面具体列举了在界分体育同意范畴时应考虑的要素，另一方面明确了对体育竞技暴力行为的非容忍态度。⑥ 判决明确表示有些暴力及危险行为具有严重伤害他人的风险，即使它们是可预见会发生在竞技比赛过程中的，也会被认定为超出了默示同意的范围。也就是说，如果行为很可能会导致伤害的后果，那么无论是否同意或在该体育比

① (1979) 47 CCC (2d) 122.

② 从加拿大的司法实践看，对竞技伤害成功起诉的案件大多都是伤害行为发生在比赛结束后或受害人并未参与混战或已经从斗殴中退出等情况。相关的案例包括：R. v. Henderson [1976] 5 WWR 119，Re Duchesneau (1978) 7 CR (3d) 70，R. v. Gray [1981] 6 WWR 654，R. v. Cotd (1981) 22 CR (3d) 97，等等。

③ J. Paul McCutcheon. Sports Ciolence，Censent and the Criminal Law. Northen Ireland Legal Quarterly，1994，45 (3)：267-286.

④ (1989) 48 CCC (3d) 480.

⑤ 该检测标准在 R. v. Jobidon 案 [(1991) 66 CCC (3d) 454] 中被加拿大最高法院确定。

⑥ J. Paul McCutcheon. Sports Ciolence，Censent and the Criminal Law. Northen Ireland Legal Quarterly，1994，45 (3)：267-286.

赛中发生的频率如何，都是非法的。如此，在确定非法暴力门槛时很大程度决定于比赛的情况，不同的比赛可接受的暴力程度可能是不同的。如职业比赛与业余竞技活动间、[1] 成年人与未成年人的体育比赛等可接受的暴力程度是不同的。

在采用Cey判例提出的检测要素的基础上，R. v. Leclerc[2]还考虑了体育竞技的比赛规则是否允许身体接触。

虽然加拿大刑事司法系统介入体育竞技伤害问题起步较晚，但是从处理案件的数量及判决对相关问题的分析及讨论看，其发展并不亚于其他英美国家。虽然在划分体育同意界线时仍存在一定的困难，但加拿大法院总结的各种具体评判要素具有很大的参考价值。

三、美国

与加拿大相比，体育竞技伤害行为的刑事制裁问题在美国几乎驻足不前。虽然曲棍球联盟内发生的竞技暴力事件逐年增加，但一直到1975年，美国才首次将此类事件提交到刑事法院。

（一）刑事法庭初涉竞技伤害——State v. Forbes[3]

在比赛过程中，曲棍球运动员David Forbes在犯规球员禁闭区坐了几分钟后重新上场，然后直接滑向对方球员Boucha并用球棍击打，造成其脸部和眼睛受到严重的伤害。由于事件的恶劣性被广泛报道，Forbes因违反明尼苏达州刑法的暴力殴打条款被起诉。虽然案件最后以陪审团未达成一致裁决，而检察官没有再次提起诉讼的结果告终，但它为司法体系就职业运动员能否免除竞技伤害行为的刑事责任等问题提供了讨论的机会。如

① R. v. St Croix (1979) 47 CCC (2d) 122.

② (1991) 67 CCC (3d) 563.

③ 案件State v. Forbes, Dist. Ct. No. 63280 (Jan. 14, 1975)。虽然没有被编入判例集，但是在文章中经常被提及。Binder. The Consent Defence: Sports, Violence and the Criminal Law. Am. Crim. L. Rev., 1975, 13: 235; Kuhlmann. Violence in Professional Sports. Wis. L. Rev., 1975: 771. Note. Consent in Criminal Law: Violence in Sports. Mich L. Rev., 1976, 75: 148. Hechter. The Criminal Law and Violence in Sports. Crim. L. Q., 1977, 19: 425.

案件初审法官认为没有人可以明示或暗示地同意刑事袭击行为。[1]

（二）故意伤害排除同意抗辩——People v. Freer[2]

纽约州1976年的Freer案阐明了被害人同意与未经他人同意的暴力行为的区别，明确了具有伤害故意的行为超出体育同意的范畴。

案件发生在一场足球比赛中，被告带球时被原告拦截抢球，在抢球过程中，原告用力撞击被告的喉咙，然后双方跌倒在地并引起连环相撞。当其他运动员从被告身上走开时，被告用拳猛击原告的眼睛，导致其眼睛裂伤，需进行整形外科手术。最后被告被认定为三级袭击罪（轻罪）。[3]

在审判过程中，法官Lawrence Newmark指出，竞技伤害问题至今争议仍很大，是法律的"灰色地带"。而被告提出的正当防卫及被害人同意抗辩是竞技伤害刑事案件中最常见的抗辩理由。但如同Maki及Green所言，体育同意并非无所限制的。他认为本案中原告在拦截抢球过程中先向被告挥拳的行为可认为是被告同意的，因为拦截对方抢球是足球比赛的一部分并经常表现为冲撞行为。但被告在连环撞击后用拳猛击被告的眼睛，很明显是故意而为之，并不属于同意的范畴。而前后两个伤害行为的时间间隔消除了被告正当防卫的合理性。

（三）自愿参加规则限制体育同意——State v. Floyd[4]

这是艾奥瓦州首例与体育竞技暴力相关的案件。案件发生在一场篮球比赛中，当时因一方球员犯规，裁判吹停了比赛，然后双方球员发生混战。在一旁观看的被告此时离开后备区袭击对方球员（两人在球场边线

---

① Minneapolis Tribune. July 19, 1975, § IA, at 4, col. 1. 转引自Binder. The Consent Defence: Sports, Violence and the Criminal Law. Am. Crim L. Rev., 1975, 13: 236.

② People v. Freer, 86 Misc. 2d 280 (1976); 381 N. Y. S. 2d 976.

③ N. Y. Penal Law s120. 00.

A person is guilty of assault in the third degree when:

1. With intent to cause physical injury to another person, he causes such injury to such person or to a third person; or

2. He recklessly causes physical injury to another person; or

3. With criminal negligence, he causes physical injury to another person by means of a deadly weapon or a dangerous instrument.

Assault in the third degree is a class A misdemesnor.

④ (1991) 466 N. W. 2d 919.

上，一人在球场内），致使一人失去嗅觉和记忆，并患上癫痫症，一人鼻中隔严重脱落。

州检察院以两个故意殴打罪[①]起诉被告，其行为最终被认定为构成两项较轻的殴打罪[②]。但被告认为其行为属于殴打罪的例外情况，故提起上诉。根据艾奥瓦州法律规定：如果行为人和其他人都自愿参加到体育竞技、社会活动或其他活动中，那么他实施任何上述列举的行为都不构成刑事犯罪，这些行为应该是体育比赛或其他活动中可合理预见的事件，并不会造成严重伤害或破坏和平的不合理风险。因此，该行为并非刑事殴打行为。[③] 虽然被告辩称只要他站在比赛场地上，直到比赛结束信号响起，他的行为都不应被起诉。但法官认为法律明确规定例外情况仅限于比赛过程中的相关行为，而且其立法目的在于防止过度起诉而影响体育的发展。但事件发生时比赛已经被裁判员中止，故此时并不属于“自愿参加的体育活动”的过程。而且被告的行为与进行篮球比赛之间没有关系。[④]

由于案件的特殊性，该判例在对体育同意问题进行分析时并没有从行为自身的性质及程度方面出发，而是将“比赛过程”这一要素纳入“自愿同意”的范畴，从一个新的角度间接论述了体育同意的范围。即发生在比赛中止/停止后的伤害行为并不属于竞技比赛的部分，对此不能使用体育同意作为抗辩事由。[⑤]

---

① Iowa Code § 708.4 (1989).

Any person who does an act which is not justified and which is intended to cause serious injury to another commits the following: 1. A class “C” felony, if the person causes serious injury to another.

② Iowa Code §708.1 (1).

An assault as defined in this section is a general intent crime. A person commits an assault when, without justification, the person does any of the following:

1. Any act which is intended to cause pain or injury to, or which is intended to result in physical contact which will be insulting or offensive to another, coupled with the apparent ability to execute the act.

§708.2 (2)

2. A person who commits an assault, as defined in section 708.1, and who causes bodily injury or mental illness, is guilty of a serious misdemeanor.

③ Iowa Code §708.1.

④ (1991) 466 N. W. 2d 919.

⑤ Note, Sports Violence as Criminal Assault: Development of the Doctrine by Canadian Courts, 1986 Duke L. J. 1030.

（四）民事侵权规则的借用——People v. Robert Schacker[①]

虽然美国刑事法院就竞技伤害问题的判例不多，不能为解决该问题提供很多的帮助，但民事侵权衍生的理论及判例可为区分非法/合法竞技暴力提供很好的借鉴。[②]

在 Robert Schacker 案中，面对被告提出驳回起诉的动议，法官认为体育活动的参与者应自行承担比赛中明显的、必然的固有危险，就像击剑运动中可能被对方刺伤等。[③] 而为鼓励人们自由并积极参与各项体育活动，根据侵权法的风险自担（assumption of risk）原则，运动参与者必须对明知的、明显的以及可合理预见的结果承担风险。[④] 这就包括导致人身伤害的故意行为。若要将发生在曲棍球比赛中的行为认定为犯罪行为，首先必须证明故意引起身体伤害的行为与竞技比赛无关。[⑤] 即使如本案中的情况，被告实施伤害行为时比赛已经结束了，仍应证明其身体接触行为与比赛无关。此外，竞技伤害行为还必须造成严重的后果，以至于超出正规比赛可接受的范围。

从各国关于竞技伤害问题的刑事司法发展历程看，竞技伤害已开始从运动场逐渐走进刑事法院。而相关判例均围绕体育同意及正当防卫等刑事抗辩事由展开。司法工作者都为区分合法的与非法的竞技暴力行为提出可行的规则或评判标准。

第二节　制定法之发展

在判例法之外，英美法系国家也注重制定法的发展。随着体育活动的市场化和产业化，兴奋剂、打假球、体育暴力等问题日趋增多，关于体育

---

① 175 Misc. 2d 834；670 N. Y. S. 2d 308（1998）.

② 关于竞技体育的伤害问题，美国侵权法及刑法领域的关注点大多都在体育同意的适用问题上，而且前者的发展比后者成熟，不少判例及理论为体育同意问题提出了各种解决方法，为竞技伤害刑事归责的解决提供了良好的借鉴。

③ 引自 Murphy v. Steeplechase Amusement Co.（250 NY 479，482－483）。

④ 参见 DeSantis. Assumption of Risk Doctrine is Alive and Well. NYLJ，Dec. 2，1997，at 1，col 1；Morgan v. State of New York，90 NY2d 471［1997］；等等。

⑤ 670 N. Y. S. 2d 308（1998）.

领域的相关法律纷纷出台。但经过几十年的努力，体育竞技伤害行为的专门立法仍然缺失。下面将对美国的相关立法及发展过程进行举例说明。

一、殴打罪（battery）和企图伤害罪（assault）的适用

美国刑法虽然没有直接明确就体育伤害行为做出规定，但检察官对大部分过度的体育竞技伤害行为以殴打罪或企图伤害罪（battery or assault）[①]起诉。根据美国《模范刑法典》（*Model Penal Code*），企图伤害是指：①行为人试图引起或者蓄意地/故意地/轻率地引起他人的身体伤害；②或者过失地使用致命性武器致人身体伤害；③或者通过身体威胁使他人陷入迫切的身体伤害的恐惧中。[②] 如果在体育竞技比赛过程中使用体育比赛的辅助器材实施伤害行为，如曲棍球比赛中使用球棍进行攻击等，行为人因使用致命的或危险的武器而构成加重的企图伤害罪（aggravated assault）。[③]殴打罪则指“任何对他人故意非法使用武力或暴力的行为”。[④]

同时，《模范刑法典》明确规定“当行为导致身体伤害或受到威胁而构成犯罪时，被害人对行为或者造成的伤害表示同意可作为合法的辩护理由——只要该行为或伤害是参加合法的体育竞技活动或比赛或其他法律禁止的活动所能合理预见的危险”[⑤]。该条款经常被运动员作为实施体育竞技伤害行为的“免死金牌”。但是，条文对体育活动中“可合理预见的危险”并没有做出详细的规定，使得法官在司法实践中难以对行为是否属于体育活动的一部分做出判断。[⑥]

---

① 在普通法中，过去明确区分殴打（battery）和企图伤害（assault），前者指行为人故意或轻率地对他人进行人身侵犯的行为，而后者指故意或轻率地威胁造成人身伤害，实际上是殴打的未遂罪。但现在，普通法和制定法均普遍使用“assault”一词涵盖所有的伤害和殴打行为。在统一的伤害罪中按情节轻重分为三类：一般伤害（common assault）、造成实际人身伤害的行为以及造成严重身体伤害的行为。

② Model Penal Code § 211.1（1962）.

③ Model Penal Code § 211.1（1962）.

④ 参见 Cal. Penal Code § 242（1985）。美国《模范刑法典》并没有将殴打罪作为独立的罪名，而是体现在伤害罪、杀人罪、绑架罪或者性犯罪等规定中。但是，个别州仍对殴打罪做了规定。

⑤ Model Penal Code § 2.11（2）（b）（1995）。

⑥ 参见 Benjamin C Thompson. Personal Foul…15years in Jail：Sports’ Problem with Excessive Violence and the Sever Punishment Solution. UMKC L. Rev.，76：769。

二、联邦就体育竞技伤害的专门立法尝试

由于体育竞技伤害行为日益泛滥，但一方面现有法律没有对该问题做出明确规定，致使大多数伤害行为止于体育组织的内部处理而未能进入司法体系；另一方面体育组织对参赛者的伤害行为不能进行有效的管理和遏制，因此，有议会代表就体育竞技伤害问题向议会提出立法草案。

1. 1980 年的《体育伤害法》(*The Sports Violence Act of* 1980)

1980 年，俄亥俄州的议会代表 Ronald M. Mottl [①]向国会提交了《体育伤害法》的立法提案。该立法草案通过修改《美国法典》第 18 卷第 7 章（assault）的内容，明确规定对使用过度暴力行为（excessive violence）的职业运动员加以刑事制裁。提案规定如下:[②]

第 115 条，职业体育比赛中的过度暴力行为：任何职业体育比赛的运动员故意使用过度的体力并导致严重身体伤害的危险……将被判处 5000 美元以下罚金及一年以下有期徒刑……

该法案旨在通过刑罚手段制止并惩罚在体育活动中越来越多的过度伤害行为，故提案试图对体育活动中的正常身体接触和无论在何种情况下都被认为是刑事犯罪的接触予以区分。提案规定体育活动中所禁止的身体接触包括“过度的身体力量”，即指该体力行为：①与体育比赛目的没有合理联系的；②是不合理的暴力的；③不是参与体育比赛的受害人能够合理预见的，或者被害人同意的正常的风险。[③] 也就是说，对于符合上述三个条件的暴力攻击行为可依据该法案予以刑事制裁。

但是，议会没有通过该提案，最主要的原因在于提案的法律用语模糊不清。例如，在定义“过度的身体力量”时，第一个条件使用身体行为与体育比赛目的之关系来界定行为的过度与否，但是对何为体育活动的比赛目的却语焉不详。有人认为胜利是体育比赛的首要目的——不少运动员也

① H. R. 7903, 96th Cong., 2d Sess., 126 CONG. REC. 20, 890 (1980).
② H. R. 7903, 96th Cong., 2d Sess., 126 CONG. REC. 20, 890 (1980).
③ H. R. 7903, 96th Cong., 2d Sess., 126 CONG. REC. 20, 890 (1980).

将胜利作为行动的动力,[①] 而且球队所有者考虑到经济利润与比赛的胜利直接挂钩，也将胜利作为比赛的终极目标；但体育联盟的行政人员认为体育比赛的经济和娱乐价值是动力因素；还有的人关注的是竞技活动对其参与者的道德教育目的等。[②] 因此，该条款并不能作为判断体育竞技伤害行为是否应受刑罚的标准之一。同样地，“不合理的暴力”“可合理预见”“正常风险”等是一般的抽象性语词，具有一定的模糊性，而且条文并没有规定认定行为合理与否的判断标准。因此，对体育竞技伤害行为进行刑事制裁的问题依然存在，提案的规定没有达到解决问题的初衷。

提案存在的另一个问题在于条文的适用范围，它仅就职业体育比赛中的体育伤害行为进行规制，忽略了对业余体育比赛中过度暴力行为的制裁。而且，现在大多数大学体育赛事都要求收入场费，如何判断职业或业余比赛本身就是一大问题。[③] 因此，将刑罚限定于职业球赛不但不利于条文的实施，也不利于对体育暴力现象的遏制。

2. 1983 年的《体育伤害仲裁法》（*The Sports Violence Arbitration Act*）[④]

1983 年南达科他州议会代表 Thomas A. Daschle 提交了类似的提案《体育伤害仲裁法》，但该提案对体育伤害行为实施民事制裁而非刑事制裁。该法案认为体育运动员间关于过度使用暴力的纠纷应提交仲裁委员会处理。

反对者认为该法案存在两大问题：第一，将纠纷交由仲裁委员会处理存在机制自身的阻力，因为仲裁庭是由运动员与管理部门通过集体谈判（collective bargaining agreement）协商建立的，那么要求管理者自我审判的可能性不大；而且出于人的天性，他们认为与其将纠纷提交法院，不如自行采取相应的报复手段，因而产生“厌诉”的心态。第二，体育伤害仲裁

① R. Horrow. Sports Violence—the Interaction Between Pricate Lawmaking and the Criminal Law, 1980: 23。作者引用了全国曲棍球联盟的 Dave Schultz 的一段话：“我在犯规球员禁闭区内比坐冷板凳更有价值……如果可能我将不会停止战斗。好战是我的优势之一，如果它有助于比赛的胜利我将继续战斗。”

② K. Lorenz. On aggression, 1967: 270.

③ Sprotzer. Violence in Professional Sports: a Need for Federal Regulation. Case & Comment, 1981, 86: 3.

④ H. R. 4495, 98th Cong., 1st Sess., 129 CONG. REC. H10, 579 (daily ed. Dec. 14, 1983).

法只规定造成了伤害行为需进行经济赔偿，对于一些具有伤害危险但没有造成实际伤害的行为未予约束。因此，该法案最终也没有被通过。

综上所述，体育竞技伤害问题错综复杂且存在许多争议极大的地方，故联邦在这方面的立法尝试都失败了，此后联邦层面的立法活动也很少了。

三、个别州的相关规定

个别州也致力于制定相关法律规范体育竞技的运行，以解决体育竞技纠纷。但针对体育竞技行为的特别立法大多是民事侵权法律，如蒙大拿州立法为摩托雪橇运动制定了责任体系，规定“运动员应承担摩托雪橇运动的固有风险造成的任何程度的伤害或损害”；[①] 纽约州和佛蒙特州都特别立法规定滑雪活动的经营者和运动参与者的相关义务和责任。[②]

但是，针对竞争性的接触体育活动的刑事立法却很少。只有极少数的州通过立法对体育竞技进行刑法规制，并且仅涉及非法竞技活动的问题，对竞技伤害问题鲜有提及。[③] 如佛罗里达州明确禁止业余的武术运动（功夫、柔道、空手道等），所有此类运动的举行都必须经过获得州授权的体育组织的批准。而且所有职业比赛需遵守州委员会采用的比赛规则。[④] 路易斯安那州对粗暴的竞技活动实施刑事禁令，对参与非法接触性竞技活动的个人予以刑事处罚。[⑤]

第三节 竞技伤害之刑法介入

从近几十年的发展看，虽然部分体育竞技伤害案件被提交到刑事法院处理，也有一定的法律依据，但是相对于数量剧增的竞技伤害事件，被起

① Mont. Code Ann. § 23 - 2 - 654 (2005).

② CLS Gen. Oblig. § 18 - 103 (2007); NY CLS Gen. Oblig. § 18 - 105 (2007); 12 V. S. A. § 1038 (2007).

③ 即使有的州的刑法典提及竞技伤害，也只是在作为伤害罪/殴打罪的例外情况予以列举，类似《模范刑法典》的 § 2.11 (2) (b)，如艾奥瓦州法典的 § 708.1。

④ Fla. Stat § 548.008 (2006).

⑤ La. Rev. Stat. Ann. § 14: 102.11 (2006).

诉至法院以及成功定罪的案件为数不多。其根本原因在于各界对是否将竞技伤害行为纳入刑事范畴等问题仍未形成统一的理论，该争议主要形成了行业自律论（league self-regulation）和刑法规制论的对立。

其实行业自律论及刑法规制论者都认为竞技比赛中的过度伤害行为是不可接受的。两者主要在竞技伤害问题的处理机制及处罚手段等方面存在分歧。

一、行业自律论

该主张秉持着“场上的事情场上解决”的观念，坚持由体育组织对竞技伤害行为进行内部处理。所有职业体育联盟内部都设有调查和处罚运动员过度伤害行为的程序和制裁措施。该机制的设置在某种程度上说，是为了避开刑事或民事的司法体系，试图将对体育竞技伤害行为的纪律处罚权都限制在体育行业内部。[①] 在职业体育比赛中，运动员、体育组织的行政官员和他们的俱乐部之间的合同，通常都对俱乐部所隶属的体育管理机构规则有所规定。[②] 这些运动员标准合同以及俱乐部的集体谈判协议（collective bargaining agreement）几乎都明确规定允许联盟委员会对运动员违反“比赛利益”的行为给予纪律处分。[③]

大部分与职业体育比赛相关的人员，包括运动员、教练、球队所有人、体育组织的行政人员等，都支持行业自律论，希望将体育伤害纠纷保留在体育联盟的管理领域。[④] 即使近几十年竞技伤害现象愈演愈烈，行业自律的成效受到质疑，他们仍然坚持由体育联盟改进对过度伤害行为的管理措施，排除司法系统对体育领域的介入。行业自律论者认为体育比赛要

① Robert C. Berry, Glenn M. Wong. Law and Business of the Sports Industries：Common issues in Amateur and Professional Sports. Praeger Publishers，1986：420.

② 参见［英］米歇尔·贝洛夫、蒂姆·克尔、玛丽·德米特里《体育法》，郭树理译，武汉大学出版社2008年版，第28页。当然，有的时候运动员与体育组织纪律处罚机制的联系是间接的，即虽然运动员与俱乐部的雇佣合同并未明确约定所归属的体育管理机构，但是通过俱乐部与体育管理机构间的合同，以及运动员对俱乐部承担的合同义务，可以默示地认为该体育管理机构可以对运动员行使管辖权。

③ Wyatt M. Hicks. Preventing and Punishing Player-to-player Violence in Professional Sports：the Court System Versus League Self-regulation. J. Legal Aspects Sport，2001：209.

④ Gary W. Flakne，Allan H. Caplan. Sports Violence and the Prosecution. Trial，Jan. 1977，at 33.

遵循一定的比赛规则，这些规则都是由体育联盟制定和解释的，所以，各种体育联盟比司法机关更了解体育比赛的规则和属性，能更好地对竞技伤害行为予以定性。[①] 因此，竞技过程中的伤害行为也应由体育联盟决定它们是否可以接受，然后对比赛过程中普遍存在的实施轻微暴力行为者给予警告、令其退出比赛等处罚，而对为达到目的使用严重暴力行为者予以罚款或禁赛。另外，体育联盟做出的处罚决定相对于法院判决更迅捷，有利于及时制裁滥用暴力的运动员。[②] 正如俗语所说“迟来的正义非正义”，迟来的制裁其威慑力也会大打折扣。更重要的是，他们认为罚款和禁赛是遏制体育竞技伤害行为的有效方法，因为两者都直接与运动员的生计相关。[③]

如果运动员或俱乐部等对内部裁决不服的，可以向联盟的纪律委员会申诉或者将纠纷提交内设的仲裁机构或外部的体育仲裁机构。[④] 体育仲裁机构是体育联盟以及国家奥委会、国际奥委会等各级体育组织所设立的，为了将体育争议事项保留在体育行业内部解决的救济机构。现在大部分体育争议都在体育仲裁机构得到了最终的裁决。

二、刑法规制论

但是，另一部分人则坚持刑法的介入才是遏制体育竞技伤害行为的最好方法。

首先，从刑法理论上看，运动场上的伤害行为与一般的伤害行为一样，都侵犯了他人的生命权和健康权，具有社会危害性，因此，行为人应当同样受到刑法的制约。

其次，体育活动规则的制定和解释由球队所有者做出，而实施内部裁

---

① Herb Appenzeller. Sports and Law: Contenporary Issues. Lexis Pub, 1985: 55.

② Linda S. Calvert Hanson, Craig Dernis. Revisiting Excessive Violence in the Professional Sports Arena: Changes in the Past Twenty Years? Seton Hall J. Sprots L. 1996, 6: 127, 128.

③ Linda S. Calvert Hanson, Craig Dernis. Revisiting Excessive Violence in the Professional Sports Arena: Changes in the Past Twenty Years? Seton Hall J. Sprots L. 1996, 6: 127, 128.

④ Rule G/K, FA Rules 2006—2007；转引自黄世席《欧洲体育法研究》，武汉大学出版社2010年版，第181～182页。英式足球现行规则规定，针对某一足球运动员的参与者因违反足协规范而受到的处罚通常可以向足协的纪律委员会提起申诉，而且足球运动参与者之间以及某参与者与足协之间的争议应当最终使用仲裁的方法解决。

决的联盟行政长官在财政上受制于球队所有者，自我审判的不可能性导致联盟对体育伤害行为的放纵和宽容。[1] 竞技伤害行为的剧增恰好证明了传统的行业自律手段的无效性，因此，有人认为应采用更严厉的刑罚手段，从而将体育伤害行为纳入刑法规制的范畴。[2]

而且，体育内部裁决的制裁措施虽涉及运动员的生计，但体育联盟从成本－收益的关系出发，认为对体育伤害行为的惩罚程度不能超过该行为带来的收益。[3] 所以，一般联盟的集体谈判协议以及运动员的标准合同都规定了罚款和禁赛期限的上限，而上限的规定与运动员丰厚的报酬相比根本不值一提，严重削弱了制裁措施对伤害行为人的威慑作用。如 NHL（National Hockey League 全国曲棍球联合会）规定罚款不得超过 1000 美元，但是球员的平均工资是 600000 美元。[4]

综上所述，无论从理论还是实践出发，刑法规制都是遏制体育伤害行为的必要手段。

第四节 理论基础之争

法律作为一种行为准则并不能涵盖社会的每一个角落，而作为“最后手段”的刑法所涉及的行为更应有所限定。随着社会的发展及人们观念之转变，刑法的范畴也随之改变。因此，上述行业自律论与刑法规制论的根本对立点在于竞技伤害行为是否侵犯了刑法所保护的法益及刑罚的正当性上。

① Richard B. Horrow. Vionce in professional Sports: Is It Part of the Game? J. Legis, 1982 (9): 1。

② M. Carroll. It's Not How You Play the Game, It's Whether You Win or Lose: the Need for Criminal Sanctions to Curb Violence in Professional Sports. Hamline L. Rev., 1988, 12: 71.

③ Dave Anderson. Sports of the Times: Hockey's $1000 Joke is Making the Rounds. N. Y. Times, May 15, 1995, at C2.

④ Dave Anderson. Sports of the Times: Hockey's $1000 Joke is Making the Rounds. N. Y. Times, May 15, 1995, at C2. 一个曲棍球教练承认最高 1000 美元的罚款是一个“便宜的价格”，以此为代价是“值得去袭击对手的”。

一、社会危害性之有无

（一）行业自律论之无害说

虽然各国刑法对于侵犯公民人身权利的伤害、杀人等行为明确予以禁止，但行业自律论者认为，体育伤害行为不同于一般的“场外暴力行为”(off-the-field violence)，它们并未对公共利益造成威胁，所以刑法不应对体育比赛过程中的伤害行为进行规制。[①]

首先，刑法的正当性在于保护公民，包括他们的健康、社会安宁、人身安全以及道德观念等。但是，体育比赛中的伤害事件仅限于特定的人——比赛参与者间，他们能够意识到并自行承担体育比赛中的固有风险，而且在观众席或者通过电视节目收看比赛的观众也不会受到体育暴力行为的威胁，所以它们并不影响或威慑社会的道德或公众利益。[②]

其次，社会价值观与公众对暴力行为的容忍和接受程度相关。[③] 如果公众对体育竞技过程中的伤害或暴力行为予以容忍和接受，那么体育伤害行为对社会造成的危害就无从说起。NHL 中的一个普遍理论认为：完全禁止曲棍球的暴力行为不利于该体育运动的发展，因为观众所追求的就是具有侵略行为甚至是打斗行为的曲棍球比赛，[④] 这足以说明社会大众对体育伤害行为持积极容忍的态度。

（二）刑法规制论之危害存在说

虽然大部分人都同意体育活动具有自身的特性和一套独立的行为规

---

① Robert C. Berry, Glenn M. Wong. Law and Business of the Sports Industries: Common Issues in Amateur and Professional Sports. Praeger Publishers, 1986: 420; Lyle Hallowell, Ronald I Meshbesher. Sports Violence and the Criminal Law. Trial, Jan. 1977: 27.

② Robert C. Berry, Glenn M. Wong. Law and Business of the Sports Industries: Common Issues in Amateur and Professional Sports. Praeger Publishers, 1986: 420; John Timmer. Crossing the (Blue) Line: Is the Criminal Justice System the Best Institution to Deal with Violence in Hockey? Vand. J. Ent. L. & Prac, 2002, 4: 205, 206.

③ Bredemeier. Athletic Aggression: a Moral Concern. J. Goldstein ed. Sports Violence, 1983: 49; Bredemeier, Shields. Values and Violence in Sports Today. Psychology Today, 1985: 22, 24.

④ J. H. Katz. From the Penalty Box to the Penitentiary—the People Versus Jesse Boulerice. Rutgers Law Journal, 2000, 31 (3): 833.

则，体育比赛中的伤害行为也与一般生活中的伤害或暴力行为有所区别，但刑法规制论者认为两者对社会的危害性在本质上是一致的，应同样受到刑法的规制。

1. 对运动员人身权利的直接侵害

在体育比赛过程中的伤害行为，其后果不乏轻伤、重伤甚至是死亡。公民的身体健康及生命权正是刑法所保护的法益之一，故刑法规制论者认为受害人不能因为“穿上运动服”或者“在运动场上”而被排除在刑法保护的范围之外。

虽然反对者以运动员的同意作为抗辩理由，但学界普遍认为被害人同意的范围是有限制的——同意的事项只能是个人事务。然而，每个个体都是社会的一部分，个体的生存发展及状况都与社会的发展息息相关，体育比赛中致人伤害甚至死亡的行为，不仅是对个人人身权利的直接侵害，也是对社会利益的威胁与破坏。因此，运动员的同意也不能否定体育伤害行为的社会危害性。

2. 运动员模范作用的不良影响

体育活动并非发生于密封的空间，公众通过现场观看或者电视、网络等媒体的转播可以随时随地欣赏各种体育竞赛。而公众出于自身对体育活动的热爱以及对职业运动员的欣赏与崇拜，使得他们可能会将某个或某些职业运动员作为偶像及行为的模范。如此，一方面，业余的运动员或者大学、青少年运动参与者会以职业运动员的行为为标准，学习其竞技的技巧及方式；[①] 另一方面，青少年以及追星者会在日常生活中模仿职业运动员的行为。[②]

而运动员的伤害或暴力性行为在一些具有攻击性的体育活动中非常普遍，如足球、曲棍球、棒球、垒球等。研究结果认为，“曲棍球以及一般体育比赛中的具有侵略性的运动员模范，可能对不同年龄阶层的非职业运

① William Nack, Lester Munson. Out of Control: the Rising Tide of Violence and Verbal Abuse by Adults at Youth Sports Events Reached Its Terrible Peak this Month When One Hockey Father Killed Another. Sports Illustrated, 2000: 86; Silva. Factors Related to the Acquisition and Exhibition of Aggressive Sport Behavior. Psychological Foundations of Sports, 1984: 261, 269 (J. Silva Ⅲ & R. Weinberg eds.); Gail Appleson. Spectator Violence: What They See Is What They Do? A. B. A. J., 1982, 68: 404.

② J. Underwood. Death of an American Game: the Crisis in Football. 1979: Note; Controlling Sports Violence: too Late for the Carrots-bring on the Big Stick. Iowa L. Rev., 1989, 74: 687-688.

动员的行为产生长期的影响”[①]。Robert C. Yeager 也在其著作中引用了一个关于体育暴力行为对孩子的影响的研究，指出“电视转播的暴力，尤其是体育比赛中和新闻报道中的暴力行为对孩子们模仿攻击性行为的影响日益严重”[②]。因此，若不对这些暴力行为加以法律惩治及禁止，其普遍性会误导其他非职业的运动参与者及青少年认为这些体育伤害行为是法律及体育规则允许的，从而模仿并运用到一般的体育活动甚至是生活中，这不仅不利于体育活动的健康发展，同时也会严重威胁并破坏社会的秩序。[③]

3. 社会观念转变问题

虽然部分观众追求体育竞技的激烈性和暴力性，但这并不意味着社会公众认为过度的竞技伤害行为是可接受的。在 20 世纪七八十年代，竞技伤害问题空前严重：足球运动员恶意使用头盔攻击对手，棒球投手把球向击球手的头部投掷，曲棍球运动员扔掉手套攻击对方或用球棍进行相互攻击，或者篮球运动员为抢篮板球而使用各种手段封堵对方球员……诸如此类的新闻数不胜数，1983 年的一项调查显示大部分的运动迷认为竞技比赛过于暴力。[④]

即使如行业自律论者所说，社会道德和价值观念与公众对体育伤害和暴力行为的容忍度相关。但若社会公众放宽对体育比赛中暴力行为的可接受程度，人们自小接受教育认为“伤害/暴力行为是体育活动的一部分”并始终贯穿终生，久而久之难免将“球场内的”行为模式扩大至“球场之外”。[⑤] 如此，即使社会公众甚至是受害人对体育比赛中的暴力行为都没有怨言，但这都不能消除它们对社会秩序稳定性的破坏作用。因此，随

① Michael D. Smith. Violence and Sport. 1983：117 －118.

② Robert C. Yeager. Seasons of Shame：the New Violence in Sports. 1976：207.

③ 19 世纪 70 年代一个著名的 NHL Bobby Orr 曾写了一本指导书 *My Game*（1974），认为教导孩子们打架是赢得曲棍球比赛的最有效的方法。Note. Controlling Sports Violence：too Late for the Carrots-bring on the Big Stick. Iowa L. Rev，1989，74：687 －688.

④ Herb Appenzeller. Sports and Law：Cintemporary Issues 53. The Michie Compant，Virginia 1985.

⑤ Engler. Violence in Sport. Sports in Law：Contemporary Issues 180（H. Appenzeller ed. 1985）. Horrow. Legislating Against Violence in Sports. Sports in Law：Contemporary Issues 54（H. Appenzeller ed. 1985）.

着社会公众对暴力行为的接受程度越高，该社会问题也愈发严重。[①]

二、刑罚是否正当

刑罚是刑事制裁的主要手段和方式，本文就是否应对体育竞技伤害行为适用刑法的讨论，实际上即是否应对此类行为给予刑罚的问题。而刑罚作为最严厉的法律制裁手段，过度使用会导致公权力膨胀从而侵犯公民的权利；反之，缺少刑罚的保障又不利于维护社会秩序和保护社会安宁。因此，行业自律论与刑法规制论者从刑罚的正当性出发，围绕着是否应对竞技伤害行为予以刑法规制的问题展开讨论。

（一）刑罚的正当根据（justification of punishment）[②] 学说概论

刑罚是有界限的，对违法犯罪行为施以刑事处罚应服务于两个正当化目的：使犯罪行为人受到应有的惩罚和预防犯罪。[③] 也就是说，同时符合报应和功利标准是正当刑罚必备的两个要件。[④]

1. 报应主义（retributivism）

报应主义的基本表现形式是报复理论（revenge theory）或补偿理论（expiation theory），其基本论点是人们必须对自己的过错行为（wrongdoing）负责，犯罪行为人必须受到相应的惩罚。[⑤] 报复说可追溯至原始时期的同态复仇规则：以牙还牙，以眼还眼。就像 James Fitzjames Stephen[⑥] 所说："对罪犯的惩罚不过是犯罪行为在社区中所引起的仇恨与惶恐的一种适当的表达方式而已。仇恨罪犯具有道德正确性，而刑罚则是表达这一情感的

---

① Silva. Factors Related to the Acquisition and Exhibition of Aggressive Sport Behavior. Psychological Foundations of Sports, 1984: 268－269 (J. Silva Ⅲ & R. Weinberg eds.); P HOCH. Rip off the Big Game, 1972: 3－4.

② 英美法系中对"刑罚的正当根据"的讨论与大陆法系中对"刑罚目的"的讨论实质上是相同的，只是两者表述方法有所不同，如英美法中将刑罚理论归纳为报应主义和功利主义，而大陆法系则采报应刑论和目的刑论之说法。

③ Herbert L. Packer. The Limits of the Criminal Sanction. Stanford University Press, 1968: 36.

④ 参见储槐植《美国刑法》，北京大学出版社2006年版，第235～240页。

⑤ Herbert L. Packer. The Limits of the Criminal Sanction. Stanford University Press, 1968: 37.

⑥ 19世纪英国法官及刑法历史学家。

正当途径。”[①] 因此，刑罚的正当性在于提供了一种有序的情绪发泄途径。而补偿理论源自“受刑以赎罪”的宗教思想，认为罪犯通过受刑罚之苦才得以弥补自己犯下的过错。

后来德国哲学家康德对报应主义进行了系统的阐述，英美法系从德国引进该理论。[②] 它关注的是已然之罪，强调对行为人实施与其犯罪行为及主观恶性相应的惩罚。[③] 所以，报应论认为刑罚之所以正当是因为社会应当给损害社会的人相应的惩罚。

2. 功利主义（utilitarianism）

相比之下，功利主义则放眼于未来的社会整体利益，认为对犯罪行为人实施刑罚是为了预防犯罪，从而维护将来社会的秩序。[④] 该理论在20世纪长期处于美国刑法的主导地位，但不同学者对其内涵认识不一：[⑤]

（1）经典的预防理论是威慑论，认为刑罚达到预防未然之罪的目的主要原因在于其威慑力。它包括两方面的内容：一是对犯罪行为人的事后遏制，即特殊威慑（special deterrence），通过对犯罪行为人施加刑罚以减少或消除他们的再犯可能性；二是刑罚的事前遏制作用，即一般威慑（general deterrence），以刑罚的实施作为示例，“犯罪者必受罚”的意识威慑着有犯罪可能的社会公众不去实施违法犯罪的行为。

（2）行为预防理论主张刑罚通过剥夺能力或改造罪犯来预防犯罪。其中，使用人身限制的刑罚，最直观的正当根据是犯罪遏制（restraint），即剥夺能力说（incapacitation）。其基本观点是通过惩罚手段甚至是身体约束使犯罪行为人丧失再犯的能力（机会），从而达到预防犯罪之目的。而再社会化理论（rehabilitation）则认为刑罚的正当根据在于它能够教育并帮助改造犯罪者，使他们充分认识到自己的错误，从而弱化他们的反社会性，抑制行为人的犯罪倾向。

虽然学者从功利主义理论细分出许多不同的刑法正当根据，但归根结底，刑罚的最终目的在于预防犯罪，故对应处刑罚的行为及应受刑罚之人

---

① History of The Criminal Law of England，1883：80－81（London）.

② Kaplan，Weisberg，Binder. Criminal Law Cases and Materials（Fouth Edition）. Aspen Publishers，2000：35.

③ John Rawls. Two Concepts of Rules. The Philosophical Rewiew，1955，44：3，5.

④ John Rawls. Two Concepts of Rules. The Philosophical Rewiew，1955，44：3，5.

⑤ Herbert L. Packer. The Limits of the Criminal Sanction. Stanford University Press，1968：39－58.

都应讲求预防之效用，即要求实施刑罚的利大于弊。

3. 折中说（integrated theory）

然而，任何的单一刑罚理论都有其自身的缺陷，并不能充分说明刑罚的正当性。报应主义以道德过错为惩罚基础，忽略了社会利益的考量，一来可能导致刑罚范围之扩大，二来则妨碍了社会的发展。反之，功利主义注重对社会利益的保护，将被惩罚的罪犯当作推动社会进步的一个工具，不仅忽视了有过错者的尊严和人权，有时候也为惩罚无辜的人提供了正当理由。[①] 而且，行为对社会的得失及利弊影响难以预测及量化，故该说难以确定合适的刑罚量度，易于造成刑罚的畸轻畸重，有失公允。因此，美国学者一般采取折中说，认为刑罚的适用应当满足两个条件：第一，刑罚必须是为了预防犯罪的发生；第二，刑罚只能适用于具有道德过错的行为人。[②] 也就是说，仅仅具有道德过错并不应当受到刑事制裁，该刑罚的施行还必须是有利于社会的，而且在具体适用刑罚时，应根据报应主义确定刑罚的轻重程度。[③]

（二）对体育伤害行为予以刑罚的正当性问题

如前文所述，正当的刑罚既要考其惩罚（报复）功能——行为应当受到谴责，也要考虑其威慑功能——刑罚的实施具有预防犯罪的作用。否则，刑罚就是非正当的，没有实施的必要。

就体育伤害行为，行业自律论者主张对其进行刑法制裁是不适当的，因为刑罚的两大主要理由——报应和威慑在体育环境下并不起作用。[④] 首先，报应理论的前提是行为人实施了违反社会准则的过错行为，接受刑罚则是他为自己的犯罪行为付出的代价。但是运动员间的伤害行为大多发生在比赛火热进行的过程中，而且他们的行为都是经过职业训练的，故行业

① 这一谴责在许多著作中都有提及。参见 Guyora Binder，Nicholas J Smith. Framed：Utilitarianism and Punishment of the Innocent. Rutgers L. J. 2000，32：115；H. J. McCloskey. A Non-Utilitarian Approach to Punishment. in Contemporary Utilitarianism，Michael D. Bayles ed.，1968：239；等等。转引自［美］约书亚·德雷斯勒《美国刑法精解》，王秀梅等译，北京大学出版社 2009 年版，第 15 页。

② Herbert L. Packer. The Limits of the Criminal sanction. Stanford University Press，1968：62.

③ 参见储槐植《美国刑法》，北京大学出版社 2006 年版，第 241～242 页。

④ Wayne R. Cohen. The Relationship Between Criminal Liabity and Sport：a Jurisprudential Investigation. U. Miami Ent. & Sports L. Rev.，1990，7：311.

自律论者认为运动员仅仅是在"进行竞技比赛"，并不存在任何的反社会行为。[①] 例如，在拳击比赛中，比赛规则就是双方相互攻击直至对方倒下或者裁判干预，即拳击手的攻击行为是体育比赛的一部分，是规则所允许的。而且，运动员本身以及社会公众都了解并接受竞技比赛中的侵略性即伤害性行为，因此，它们并不具有道德可谴责性。故报应论并不能为运动员承担刑事责任提供正当理由。

其次，威慑理论控制体育伤害及暴力行为的作用也是有限的。一方面，大部分体育界相关人员如运动员、教练、裁判等都认为竞技场上的伤害或暴力行为是足球、橄榄球、冰球等竞争性体育活动中的家常便饭，它们并不违反刑法。而且，在公众的观念里，体育运动体现了团结和勇敢，同时也是释放压力的一种有效途径，各国公民都积极参与到各项体育运动中，国家也鼓励并促进竞技体育事业的发展。而对于一些本身带有强烈的攻击性和对抗性的竞技体育，人们认为体育伤害是竞技比赛中必须的和固有的行为。这种观念使刑罚的威慑作用失效，相反，刑事处罚只会引起人们的反对情绪。另一方面，许多竞技伤害事件发生在比赛最激烈的时刻，它们可能只是运动员长期受训练的反射作用或无意识的冲动行为，那么对实施此类行为的运动员予以刑罚的个别威慑作用也是值得质疑的。[②]

因此，行业自律论者认为对竞技伤害行为予以刑事处罚并没有达到报应或威慑的目的，是对刑罚的滥用。

第五节　政策考量之争

除了刑法的基本理论，行业自律论与刑法规制论的对立还体现在经济、文化以及实践可行性等方面。

---

① Wayne R. Cohen. The Relationship Between Criminal Liabity and Sport: a Jurisprudential Investigation. U. Miami Ent. & Sports L. Rev., 1990, 7: 311.

② 关于功利主义的刑罚威慑作用作为犯罪预防的模式，经常受到基于心理学立场的批评：罪犯在实施犯罪之前不会先停下来分析后果，他们是在一种无法解释和不受自我控制的无意识冲动下实施行为的。Herbert L. Packer. The Limits of the Criminal Sanction. Stanford University Press, 1968: 37.

一、体育伤害与体育政策

体育活动是人们日常娱乐生活的一部分，它有利于增强公民的身体素质，更是国家物质文明和精神文明建设的重要组成部分，因此各国都大力推动体育事业的发展，并鼓励国民积极参加各项体育活动。故行业自律论者认为，对体育伤害行为予以刑事制裁过于严厉，人们就会因惧怕刑事诉讼而不实施典型的竞技行为，鼓励竞技行为的政策利益就会被大大地削弱。[①] 而且，在职业体育事业发展方面，体育伤害或暴力行为是不可或缺的。正如职业曲棍球员 Bob Clark 所说："如果运动员大量减少暴力行为，观众就不会来看比赛……曲棍球的卖点就是暴力。"[②] 一方面，体育俱乐部和职业运动员参加体育比赛的动因在于经济利益，而赛场上的暴力威慑是获得胜利的有力手段；另一方面，竞技比赛的激烈对抗性及侵略性正是吸引观众之处。[③] 因此，为了确保竞技体育的娱乐性和可观看性，从而促进体育行业的发展，体育联盟主张不应对体育伤害行为进行刑法规制。

然而刑法规制论者认为体育伤害行为的泛滥，不仅不会促进体育事业的发展，反而是对体育运动精神的破坏及扭曲，使体育竞技演变为纯粹的武力斗争。有研究表明，在 1933 年至 1976 年间，美国有组织的足球赛曾对 1198 人次造成人身伤害。[④] 如此严重的暴力伤害问题使得足球运动几乎被禁止，当时美国总统罗斯福通过行政命令要求取消足球运动，除非该项比赛可以降低暴力因素。[⑤] 可见，体育伤害行为与促进体育事业发展的政策是背道而驰的。

---

① Benitez v. New York City Bd. of Educ., 73 N. Y. 2d 650, 657 (1989); Charles Harary. Aggressive Play or Criminal Assults? An in Depth Look at Sports Violence and Criminal Liability. Colum. J. L. & Arts, 2002, 25: 197.

② W. M. Leonard Ⅱ. A Sociological Perspective of Sport. 169, 177 (3d ed., 1988); 转引自 K. Melnick. Giving Violence a Sporting Chance: a Review of Measures used to Curb Excessive Violence in Professional Sports. J. Legis., 1990, 17: 123.

③ J. C. H. Jones, Kenneth G Stewart. Hit Somebody: Hockey Violence, Economics, the Law, and the Twist and Mcsorley Decisions. Seton Hall J. Sport L., 2002, 12: 165.

④ Peterson, Scott. The Role of the Lawyer on the Playing Field. Barrister, 1980, 7: 10; 转引自 Richard B. Horrow. Violence in Professional Sports: is it Part of the Game? J. Legis, 1982, 9: 1.

⑤ Richard B. Horrow. Sports Violence: the Interaction Between Private Lawmaking and the Criminal Law. 1980: 6-7.

二、不同规制手段的可行性分析

当然，任何管理制度的出台除了要有正当的目的及合理的理论基础，还要考虑该制度是否可行，能否达到预期目的。行业自律论及刑法规制论者就该问题向对方提出了质疑和诘难。

（一）刑法规制的障碍

纵观各国刑事司法体系对体育伤害事件的司法实践，此类案件被提交到刑事法院的数量不多，而成功定罪的案例更是寥寥无几。行业自律论者认为导致这一现状形成的原因除了是否对体育竞技伤害进行刑法规制仍存在理论上的争议外，另一个重要的原因在于刑事司法实践的难度大。

1. 受害人的迟疑

虽然根据现有法律及案件情况，检察官可以自由裁量将严重的体育伤害事件提交刑事诉讼，但是他们并不愿意这样做。其主要原因在于受伤的运动员一般不愿意就体育伤害事件提起刑事诉讼，这使得检察官缺少案件的原告。[①] 受害人不愿出庭做证是因为他们对特定体育活动的规则有所认知并表示同意，并将体育伤害的行为当作体育活动的一部分，或者他们本身对这些行为都毁誉参半。[②]

2. 举证的困难

在一般观念中，一些身体接触项目与体育的侵略性和对抗性是息息相关的，侵略性行为是为社会所普遍接受并可视为体育运动的一部分的，故只有超过某一界限的行为才是问题所在。[③] 因此，如果要对体育伤害行为予以刑法规制，首先就必须划分一条界线，以区分“合法的”和“非法的”体育“伤害”行为。但至今各界对体育伤害行为的态度莫衷一是，

---

① Bella English. Violence in Sports: Specialists See Obstacles to Bringing Athletic Fights to Court. Boston Globe, 1987: 1; 转引自 Karon. Winning isn't Everything, It's the Only Thing. Violence in Professional Sports: the Need for Federal Regulation and Criminal Sanctions. Ind. L. Rev, 1991, 25: 147, 157.

② Robert C. Berry, Glenn M. Wong. Law and Business of the Sports Industris. Praeger Publishers, 1986: 420.

③ Robert C. Berry, Glenn M. Wong. Law and Business of the Sports Industris. Praeger Publishers, 1986: 422.

对体育伤害行为的划界问题也没有一致的标准，这就使得检察官在起诉时难以确定举证的对象。

其次，体育伤害行为往往发生在比赛火热进行中的一瞬间，虽然对运动员犯罪行为客观方面的认定不存在什么问题，但是证明行为人具有主观过错却是一大难题。正如法官 Fitzpatrick 在 Regina v. Green 所陈述的：在比赛的争夺过程中，要求运动员在最激烈的时候突然停下来并理性地意识到自己将要实施的侵略行为可能构成刑法中的袭击罪或伤害罪，这是不大可能的。[①] 因此，将一般的犯罪过错理论适用于体育比赛领域，检察官就极有可能因举证不足而败诉。

综上所述，体育伤害行为的刑事诉讼存在着严重的举证问题，大大削弱了刑事制裁的实用性。

3. 司法资源的有限性

另外，刑事司法资源的有限性必然约束了检察院、法院的工作。且不说体育伤害案件的起诉及证明工作难度大，单单赛场外的暴力行为及其他犯罪已经占用了大部分的刑事司法资源，使之显得捉襟见袖，检察院及法院没有多余的人力物力涉足体育领域内的伤害行为。而且，竞技比赛中的伤害行为已经受到联盟内部的惩罚机制做出的制裁，司法体系没有必要再浪费资源。[②] 否则，资源的有限性也会影响司法实践的效果。

因此，行业自律论者从起诉、举证以及精力等几方面对刑法规制体育伤害行为的实施可行性提出了质疑，进而指出刑事制裁并不能很好地达到遏制体育伤害事件的目的。

（二）联盟自律的悖论

相反，刑法规制论者则从联盟的内部管理及运作方面出发，认为体育联盟对体育伤害行为的态度与遏制体育伤害事件的目标是相悖的，故行业自律根本就是不可行的。

首先，从经济的角度看，体育联盟及体育俱乐部都是经济上的代理机构，它们在各种行为中都会考虑成本与收益的关系，以获取最大的经济利益。即使对违规行为予以积极处罚，体育联盟做出处罚规定也要考虑惩罚

---

① ［1970］2 C. C. C. 2d 442, 446.

② Jennifer Marder. Should the Criminal Courts Adjuicate On-Ice NHL incidents? Sports Law. J., 2004, 11: 17.

是否超过了行为所带来的利益。[1]

在体育俱乐部及运动员看来，使用武力甚至暴力行为是取得比赛胜利并获得丰厚利润的有效方式，故俱乐部及其运动员并没有动力停止使用伤害或暴力行为，甚至反而将其作为比赛的策略。[2] 如在曲棍球联盟中，有证据显示伤害行为与运动员的薪金呈正相关的关系。[3] 而且 NHL 的薪金结构反映了两种不同的薪金决定方式：一部分运动员因滑冰、传送、射门等技能而受聘，但另一部分运动员是因为他们在比赛中使用伤害及暴力手段的能力而受聘并计算报酬。[4] 随着职业体育发展成为娱乐事业，相较于运动员本身的人身权利，体育联盟更关注体育比赛的娱乐性，因为观众及体育爱好者前来观看比赛是体育联盟的财政来源。而竞技比赛的看点之一就是赛场上的激烈对抗及斗争行为。故大部分体育联盟将体育伤害及对抗性斗争作为必要的营销工具。[5]

因此，出于球队及联盟利益之考虑，体育联盟并不想指责实施体育伤害行为的运动员。那么，体育联盟对伤害行为进行内部制裁就是一个悖论——一方面无异于宣告体育伤害行为是可以实施的，一方面又对其予以处罚——难以遏制体育伤害行为的泛滥。

其次，从内部制裁的方式上看，主要是从经济动因入手，通过经济罚款及禁赛两种途径影响运动员的收入和生计。且不说惩罚程度与运动员的平均收入相比存在严重的失衡，两种制裁措施都存在着执行上的问题。第一，俱乐部及教练等都对运动员的伤害行为持鼓励、默许的态度，体育俱

---

① Jonathan H. Katz. From the Penalty Box to the Penitentiary—the People Versus Jesse Boulerice. Rutgers L. J., 2000, 31: 833.

② K. G. Stewart, D. G. Ferguson, J. C. H. Jones. On Violence in Professional Team Sport as the Endogenous Result of Profit Maximization. Atlantic Econ. J., 1992, 20: 55.

③ J. C. H. Jones, W. D. Walsh. Salary Determination in the National Hockey League: the Effects of Skills, Franchise Characteristics and Discrimination. Indus. & Lab. Rel. Rev., 1988: 592; J. C. H. Jones, S. Nadeau, W. D. Walsh. Ethnicity, Productivity and Salary: Player Compensation and Discrimination in the National Hockey League. Applied Econ., 1999, 31: 593.

④ J. C. H. Jones, S. Nadeau, W. D. Walsh. The Wages of Sin: Employment and Salary Effects of Violence in the National Hockey League. Atlantic Econ. J., 1997, 25: 2; J. C. H. Jones, D. G. Ferguson, K. G. Stewart. Blood Sports and Cherry Pie: Some Economics of Violence in the National Hockey League. Amer. J. of Econ. & Soc., 1993, 52: 63.

⑤ Roy MacGregor. A Sportswriter's View: All Fighting Does is Ruin Hockey. The Ottowa Citizen, 1997: A9.

乐部可能为了球队的胜利故意部署伤害行为的发生，并自愿代替运动员承担罚款。如此，体育联盟难以将惩罚落实到个人，其威慑作用受到严重的影响。[①] 第二，虽然禁赛可以从源头上影响运动员的经济收入，但是体育联盟禁赛的范围一般仅限于联盟举行的职业比赛，运动员仍然可以自由参加其他单位组织的比赛；而且禁赛一般仅在职业体育层面适用，在业余体育竞技比赛中无法施行。因此，体育联盟的惩罚决定存在着难以彻底执行且成效低等问题。

第六节 笔者立场：刑法规制说之提倡

经过上文对体育伤害行为两种立场的介绍与分析，笔者认为应采刑法规制论之立场，对体育伤害行为适用刑法予以制裁。

一、保护社会和平稳定之必要

（一）体育伤害行为对社会的危害及威胁

首先，刑法的正当性主要在于保护公众利益及道德伦理观念。[②] 体育伤害的泛滥已然成为一个社会问题，威胁着社会公共利益及稳定秩序。虽然体育伤害一般只发生在体育比赛中，其侵犯的对象仅限于参赛的运动员，但各国体育政策都提倡并鼓励全体民众积极参加各种体育运动，在职业的体育比赛之外，还存在着大量的业余比赛，而每一个公民都可能成为体育比赛的参与者，也即体育伤害行为的对象具有一般性，本质上与场外的伤害暴力行为对人身权益的侵犯与威胁无异。因此，不能以体育参赛者是特殊对象而排除此伤害行为对人身权益的侵犯，从而排除刑法之适用。

其次，体育活动的广泛参与者除了场上的运动员之外，还包括大量的比

---

① J. C. H. Jones, Kenneth G. Stewart. Hit Somebody: Hockey Violence, Economics, the Law, and the Twist and Mcsorley Decisions. Seton Hall J. Sport L., 2002, 12: 165.

② Robert C. Berry, Glenn M. Wong. Law and Business of the Sports Industris. Praeger Publishers, 1986: 420; Note. Controlling Sports Violence: too Late for the Carrots-Bring on the Big Stick. Iowa L. Rev., 1989, 74: 681.

赛观看者，在考虑体育伤害行为的社会影响时就不得不考虑此类行为对广大观众的影响。根据文化溢出理论（the cultural spillover theory）[①] 的主张，体育、媒体或社会文化的其他部分对暴力行为的合法化限度越宽，非法暴力“溢出”到其他社会环境的可能性越大。[②] 该理论一个很好的例证是观众的暴动行为。[③] 如2004年11月19日，在底特律活塞队与印第安纳步行者队的NBA比赛过程中，球员间的身体对抗逐步激化为球迷、球员的混战。因为球员间的伤害及暴力行为给予球迷及观众一个错误的信息，即在体育比赛中，暴力伤害行为是可以接受的，从而促使他们模仿并参与到对抗行为中。[④] 据统计，从1908年到1983年，全世界37个国家共有101次与足球有关的暴力事件的报道（一般指大规模群体性的足球流氓行为），死亡人数近500人。[⑤] 可见，体育伤害行为间接对社会公众及公共秩序产生的威胁极大。

（二）竞技伤害的潜在危害

除了直接对个人或社会利益造成伤害，竞技场上的伤害即暴力行为很可能成为一系列体育犯罪的工具。因为，随着体育竞技的商业化即利益化，体育赌博、行贿、受贿等违法违规行为也日益严重，和打假球、服用违禁药品等暗箱操作手段一样，体育暴力也会成为人们渔利的手段。如此，不仅会严重破坏体育竞技的公平公正性，而且会助长其他与体育竞技相关的犯罪行为。

二、行业自律的失效

诚如前文所说，从社会保护角度出发，我们需要对体育暴力行为予以遏制并清除。但在考虑刑法是否介入的问题上，还需考虑现有的处罚手段是否已经不能满足遏制的需要。而从现状看，行业自律一直以来都是处理

---

① Bloom G. A. Smith M. D. Hockey Violence: a Test of Cultural Spillover Theory. Soc. of Sport J., 1996, 13 (1): 65－77.

② Bloom G. A. Smith M. D. Hockey Violence: a Test of Cultural Spillover Theory. Soc. of Sport J., 1996, 13 (1): 66.

③ J. Barnes. Sports and the Law in Canada. 1988: 80－83 (2d ed.).

④ Bradley C. Nielson. Controlling Sports Violence: too Late for the Carrots-Bring on the Big Stick. Iowa L. Rev., 1989, 74: 687－688.

⑤ 参见郭树理《外国体育法律制度专题研究》，武汉大学出版社2008年版，第175页。

竞技伤害事件的重要管理手段，但是体育活动中的伤害事件不降反升，正说明了体育组织内部控制手段的失效。

（一）体育联盟不愿做出（过重的）惩罚

虽然职业体育联盟都有设定内部的规则并建立处理竞技伤害的体系和程序，但包含在运动员标准合同或集体谈判协议里的条款都过于模糊——授权联盟委员会惩罚运动员所实施的违反“体育竞技利益”的行为。[①] 而一般认为体育联盟本质上是一个特别的经济组织。[②] 他们更关注比赛的经济利益，而非运动员的人身权益或社会的和平安稳。并且，竞技的暴力性可以为他们带来更多的利润及娱乐性，故在衡量竞技伤害行为对体育赛事利弊的基础上，体育联盟做出的内部制裁无论在处罚的范围抑或处罚的程度上，都不足以威慑运动员及体育俱乐部。

（二）体育联盟的管理范围有限

另外，体育联盟一般只存在于职业体育层面，它们的纪律处罚机制不能延伸至业余体育活动中，故行业自律的管辖范围是有限的，并不能全面处理体育比赛中的伤害问题。即使体育联盟针对职业运动员做出禁赛处罚，其效力也是有限的——仅限于该联盟组织的职业比赛，并不妨碍职业运动员参加其他层级的比赛。

三、刑事制裁的有效性

至于行业自律论者对刑法介入的质疑，我们不否认对体育伤害行为处以刑罚存在一定的问题，但不能否认这是遏制体育伤害及暴力行为的最好方法。

（一）刑罚的有效性

首先，报应主义之基础在于行为具有道德过错，在上文，笔者已明确阐述了体育伤害行为对社会具有危害性，足以表明该行为是不好的，应受到道德谴责。

---

① Daniel R. Karon. Winning isn't Everything, it's the only Thing. Violence in Professional Sports: the Need for Federal Regulation and Criminal Sanctions. Ind. L. Rev., 1991—1992, 25: 147.

② Richard B. Horrow. Violence in professional sports. Wis. L. Rev., 1975: 771.

其次，刑罚在体育领域同样具有威慑力。虽然没有实证研究或统计数据证明刑罚在该领域的威慑作用，但它无疑是所有制裁措施中最严厉的，如果连刑罚也不足以威慑行为人，那更不用说体育联盟的内部制裁了。虽然行业自律的支持者辩称竞技伤害多发生于比赛激烈之时，是下意识的行为，而且，他们并不认为该行为是违法的。但即使运动员实施伤害甚至是暴力行为并非其深思熟虑之结果，刑罚的威慑作用对于下意识的行为同样有效，因为刑罚的威慑作用还体现在形成遵从法律的行为模式。[①] 也就是说，为了有效遏制竞技伤害的泛滥，更应对竞技伤害行为予以刑法规制，让运动员及社会大众习惯并不自觉地排除竞技伤害行为。同时，造就刑罚威慑效果的并不仅限于刑罚的设置及实施，整个刑事制裁的运行过程都让人们清楚地认识到刑法对此类行为予以否定评价。

因此，刑罚对实施竞技伤害的运动员也具有威慑力，刑事规制可有效遏制并预防竞技伤害的蔓延。

（二）刑事制裁的可行性

在司法实践层面，虽然确实存在起诉、举证等问题与障碍，但这并不能成为排除刑罚的理由，否则就会本末倒置——刑罚只是遏制竞技伤害行为的途径，而非目的本身。而且，任何制裁措施的施行都存在或大或小的问题，不能因此抹杀了它们的可能性。因此，刑事司法体系所要考虑的应是完善相应的制度，寻求解决难题之良策，而非在“赛场外”徘徊不前。

四、小结

综合上述理由，笔者赞同刑法对体育领域内的伤害事件进行干预，但体育竞技确实具有对抗性、侵略性等固有属性，故在具体个案的刑法适用中，只有达到一定严重性的伤害行为才应被认定为犯罪并接受刑事制裁。也即，只能对体育竞技伤害进行有限制的刑法规制。该介入界限之划分与体育伤害的抗辩事由密切相关，该问题将在下文详细论述。

另外，虽然行业自律论与刑法规制论处于对立的地位，但二者并非相互排斥的。行业内的纪律处罚是对违规行为的管理方式，其目的是体育赛

---

① Herbert L. Packer. The Limits of the Criminal Sanction. Stanford University Press, 1968: 36.

事甚至是体育行业的顺利发展，是行业自治权的表现。该权力源于体育联盟成员（俱乐部及运动员）的授权，与国家行使公权力并不相悖。而且，行业自律关注的是行为的规则违反性，而刑法关注的是行为的社会危害性，二者并行可以从不同的角度对体育伤害行为进行更全面的评价。所以，在刑法介入竞技伤害的同时，体育联盟可以继续行使其行业自主权：一方面，在竞技伤害情节较轻，危险较小，不足以施以刑罚的情况下，通过行业内的纪律处分机制给予相应的惩罚；另一方面，若犯罪行为人已经受到体育联盟的内部制裁，那么在进行刑罚裁量时应加以考虑，避免行为人因同一行为受到过度的惩罚。

第七节　刑法介入的抗辩事由

虽然刑法对体育伤害行为的介入已经具备理论及政策基础，但行业自律论从反面出发，认为竞技比赛过程中的各种伤害行为可以被自卫（self-defence)、同意等合法辩护事由囊括，从而排除刑罚对该领域的干涉。然而，任何抗辩事由的应用都要求满足一定的条件，即它们只能适用于特定的类型化行为。因此，合法抗辩只能作为约束并限制刑法介入程度的工具，而不能完全排除刑法在体育伤害行为中的适用。

一、主流的抗辩事由

从各国的司法判例看，在体育伤害事件中，行为人经常以被害人的同意作为抗辩事由，以解除他们对伤害行为的刑事责任。但各国刑事法院对体育同意的适用范围并没有统一的定论，如 Forbes 案中的初审法官认为“任何人都不能明示或默示地同意他人的袭击行为”[①]；Coney 案的法官则主张运动员可同意他人在竞技过程中的伤害行为，但仅限于合法的体育活动中不触及社会公共利益的情况；而 Bradshaw 案虽认同同意理论适用于竞技比赛规则范围内的伤害行为，但排除适用于运动员的故意伤害行为……可见，将刑法中的同意理论应用于体育伤害行为的案件中仍存在着

① Minneapolis Tribune, July 19, 1975, § IA, at 4, col. 1.

同意范围的界定等问题，下面将对体育伤害的同意抗辩做详细的论述。

二、同意的一般理论

一般认为被害人同意（the conset of the victim）并不能作为犯罪人进行合法辩护的理由。因为刑事犯罪是违法的行为，会直接或间接地对社会一般公众产生不利影响，而公众利益不能因私人的授权受到损害，所以，个人的同意并不能消除犯罪人对其非法行为所应承担的刑事责任。但在一些特定的犯罪中，被害人同意的抗辩是被认可的，尤其是针对特定个人的犯罪，如强奸或袭击罪等。

（一）同意的地位

被害人的同意在刑法中一般具有两种不同的角色：第一，"违反被害人意志"作为犯罪构成的要件之一。如《布莱克法律辞典》就将强奸罪定义为"强迫或者违背妇女意愿实行性交"，各国立法中该罪犯罪构成的要件也明确要求性交行为违背妇女（有的国家或州的法律规定的受害人不限于妇女）的意志。[①] 而盗窃罪等部分罪名虽不以违反被害人意志为构成要件，但是其构成要件之一"侵吞"（appropriation）是指通过侵犯被害人利益而取得，实质上是以违反被害人意志为前提的。[②] 故若被害人"同意"，则不符合盗窃罪的构成要件，不构成盗窃罪。[③] 第二，在其他罪名

---

① The Sexual Offences (Amendment) Act 1976 [Ceplaced by the Sexual Offences Act 1956 S. 1 (1) & the Criminal Justice and Public Oeder Act 1994 S. 142]:

A man commits rape if— (a) he has sexual intercourse with a person (whether vaginal or anal) who at the time of the intercourse does not consent to it; and (b) at the time he knows that the person does not consent to the intercourse or os recless as to whether that person consents to it.

② 在英国刑法中，就盗窃的概念要求盗窃行为未经所有权人同意，但1968年的《反盗窃罪法》(*The Theft Act*) 中关于侵吞的定义并未明确要求必须未经所有权人同意。而司法判例中也有不同的意见，在 Lawrence（[1972] AC 626）案中，上诉法院认为"未经所有权人的同意"是无须证明的，它并不影响侵吞的构成；但在 Morris（[1983] 3ALL ER at 292）案中，法官又持相反的意见，认为侵吞并不包括所有人明示或默示的授权行为。后来 Gomez 案件赞同 Lawrence 的观点，只是经所有权人的同意，可能与盗窃罪其他构成要件相关，如"不诚实"。但公众关于盗窃罪的理解往往是不须未经所有权人同意的。（参见 Michael Jefferson. Criminal Law. Law Press, 2003: 412; John Smith, Brian Hogan. Criminal Law. London Edinburgh, Dublin, 1996: 515 - 517.）

③ 参见储槐植《美国刑法》，北京大学出版社2006年版，第93页。

中并不以“违反被害人之意志”为犯罪构成要件，只要行为人客观上实施了某行为则初步构成了犯罪，但被害人的同意为其提供了合理的抗辩事由。[①] 最常见的就是将同意作为威胁罪和殴打罪的辩护理由。[②]

然而，上述将被害人同意区分于刑法构成要件和合法辩护领域，其理论意义并不大。因为无论同意处于哪一角色，只要它确实存在，被告就无须承担刑事责任。只是在证明责任分配时，前者由控方举证犯罪行为违背被害人之意志，而后者由被告举证其行为经被害人的有效同意，但根据刑事诉讼证明规则——控方必须排除合理怀疑，最终举证责任本质上还是在控方。[③] 因此，关于被害人同意的问题，关键在于同意是否真实存在且有效。

（二）有效的同意——被害人的真实意愿

提出被害人同意的辩护，首先要求被害人对行为人犯罪行为的同意必须出于自愿（willingness）。然而，人的主观意志是难以被准确探知的，因此只能通过客观的事物及表征对其进行推定。[④] 如被害人通过口头、书面等形式明确表达的同意，或者通过行为等默示形式及根据风俗惯例推定的同意，都可推知被害人自愿做出了同意。但该推定是可以被推翻的：

第一，被害人因受压迫或被欺骗而做出的同意无效。自愿就是在没有外界压力下自由表达的意志，因此，被迫“屈从”而做出的“同意”无效。[⑤] 被欺骗虽不是外界压力，但它会误导被害人对犯罪行为进行错误的理解，进而被害人做出的“同意”也是错误的，不能正确表达其真实意愿，因此无效。[⑥] 但并非所有的欺骗行为都可以否定同意的有效性。[⑦] 从犯罪构成的角度看，欺骗可以分为“事实欺骗”和“动机欺骗”，前者造

---

① Jonathan Herring. Criminal Law. Law Press, 2003: 141.

② 当然也有学者及相关立法将“未经他人同意”作为威胁和殴打概念的内在要求，从而成为犯罪构成要件之一。如《加拿大刑法典》S265. (1) A person commits an assault when (a) without the consent of another person, he applies force intentionally to that other person, directly or indirectly, 但普遍认为同意是辩护理由。

③ John Smith, Brian Hogan. Criminal Law. London Edinburgh, Dublin, 1996: 418.

④ Consent in Criminal Law: Violence in Sports. Michigan Law Review, 1976, 75 (1): 150.

⑤ 参见储槐植《美国刑法》，北京大学出版社2006年版，第93页。

⑥ Consent in Criminal Law: Violence in Sports. Michigan Law Review, 1976, 75 (1): 152; J. H. Beale, Jr. Consent in the Criminal Law. Harvard Law Review, 1895, 8 (6): 317.

⑦ Michael Jefferson. Criminal Law. Law Press, 2003: 539; John Smith, Brian Hogan. Criminal Law. London Edinburgh, Dublin, 1996: 420.

成被害人对犯罪行为或行为人的身份等事实的误解，后者仅造成被害人对犯罪行为目的及其他相关情况的误解。① 由于被害人同意的对象是犯罪行为的实行，故只有事实欺骗才会影响被害人对行为的真实想法，从而导致同意的失效。

第二，未达法定年龄者及精神病患者不能表示法律“同意”。自由意志的前提是有能力对事物进行正确地认识分析并做出选择。因此，未达到法定年龄的人及精神病患者心智不成熟，并不具有完全的认知和判断能力，其做出的同意是没有效力的，不能成为合法的辩护理由。② 如在 Burrell v. Harmer③ 案中，12 岁和 13 岁的受害人同意文身导致其手臂感染，法官认为该同意不能作为辩护理由，因为他们不能对行为性质进行正确的认识。

（三）有效的同意——同意的范围及限制

然而，被害人确实出于自愿同意被告之行为只是刑事合法辩护的必要非充分要件。犯罪行为不仅涉及被害人的个人利益，同时也涉及州和国家的利益，虽然个人可以自由行使权利并放弃自己的权益，但相比较而言，刑法更侧重于社会利益的保护，个人无权放弃州或国家的利益，否则同意是无效的。④ 也就是说，社会利益对被害人同意的效力有所限制，在被害人确实同意行为人的犯罪行为之外，我们还得考虑法律是否允许被害人对该事项做出有效的同意。

普通法院在确定被害人同意的效力时都要求同意必须符合刑法保护的法益。⑤ 故一般以是否导致严重的身体伤害，或者是否破坏社会的和平秩序作为区分同意是否有效的标准。⑥

---

① 参见储槐植《美国刑法》，北京大学出版社 2006 年版，第 93～94 页。

② 参见赵秉志《英美刑法学》，中国人民大学出版社 2004 年版，第 144 页。

③ ［1967］ Crim LR 169 and commentary thereon. 后来，《反未成年人文身法》（*Tattooing of Minors Act* 1969）规定，除非出于医疗原因由医生进行文身，否则为 18 岁以下的人文身是违法的。

④ Regina v. Coney，［1882］8 Q. B. D. 534，553；I. Mclean，P. Morrish，Harris's Crimianl Law 454 n. 14（22d ed. 1973）.

⑤ P. Noll. Ubergesetzliche Rechtfertigungsgrunde im besonder die Einwilligung des verletzen 88（1955）（translated from German）.

⑥ R. Anderson. Wharton's Criminal Law and Procedure § 342（1957）；W. Burdick. The Law of Crime § 188 – 89（1946）.

首先，刑法规定不同犯罪所保护法益的侧重不同，故被害人同意的适用范围受罪名的约束。若刑法所保护的利益主要是为了保护公民的个人权利，则被害人的同意可以消除被告行为的反社会性，应当作为完全的辩护事由，如强奸罪和盗窃罪；反之，将某一行为犯罪化的主要目的在于保护社会，那么受害人的同意就是无关紧要的，不能作为合法的辩护，如叛国罪、逃税罪等。[①]

其次，个人与社会息息相关，更多的犯罪在侵犯个人权益的同时伴随着对社会利益的侵犯。因此，在被害人同意的可适用范围中，同意的效力还受具体事项及程度的约束，即被害人的同意不能以侵犯社会利益为代价。例如，在袭击罪（包括 assault & battery）中，若被告的威胁或殴打行为并不会引起身体伤害或对其造成威胁，则被害人的同意成为完全的辩护理由；但若犯罪人的行为会造成严重的人身伤害甚至死亡，则保护公民生命权和健康权的社会利益就受到侵犯，被害人的同意无效。如此，同意抗辩只能针对普通的袭击（simple assault）行为，对导致重伤或死亡的加重袭击罪（aggravated assault）无效，[②] 同意他人对自己的伤害行为也是无效的。[③] 同样地，如法官在 Fransu 案中所言："刑法对特定的暴力行为予以刑事制裁至少出于两个原因，一是为了保护公民的人身权利，二是为了防

---

① Consent in Criminal Law：Violence in Sports. Michigan Law Review，1976，75（1）：163.

② Model Penal Code §211.1（Proposed Official Draft，1962）. The Model Penal Code divides criminal assault into two categories：

（1）Simple Assault. A person is guilty of assault if he：

（a）attempts to cause or purposely，knowingly or recklessly causes bod ily injuiy to another；or

（b）negligently causes bodily injury to another with a deadly weapon；or

（c）attempts by physical menace to put another in fear of imminent serious bodily harm.

Simple assault is a misdemeanor unless committed in a fight or scuffle entered into by mutual consent，in which case it is a petty misdemeanor.

（2）Aggravated Assault. A person is guilty of aggravated assault if he：

（a）attempts to cause serious bodily injury to another，or causes such injury purposely，knowingly or recklessly under circumstances manifesting extreme indifference to the value of human life；or

（b）attempts to cause or purposefully or knowingly causes bodily injury to another with a deadly weapon.

Aggravated assault under paragraph（a）is a felony of the second degree；aggravated assault under paragraph（b）is a felony of the third degree.

③ John Smith，Brian Hogan. Criminal Law. London Edinburgh，Dublin，1996：421.

止破坏社会和平（breach of the peace）。”[①] 故被害人对导致妨害社会治安或对其造成威胁的犯罪行为做出的同意也是无效的。

可见，被害人的有效同意受到两方面的约束：一是被害人须真实自愿地表示同意；二是同意的范围需以个人利益为限，不得涉及社会利益。

三、同意理论应用于体育伤害

同意理论经常被应用于竞技比赛的伤害案件中，作为被告豁免刑事起诉的理由。但其主要的问题在于确定体育同意（sport consent）的效力：第一，竞技比赛过程中伤害行为的产生具有一定的偶然性和突发性，如何认定受伤害的运动员在当时是否对伤害行为表示同意呢？第二，竞技运动本身具有激烈的竞争性和行为侵略性，重伤甚至死亡结果时有发生，在限定同意的效力范围时是依照同意理论的一般评价规则，还是根据体育比赛的特殊性制定新的评价体系呢？本节主要介绍英美法学界就上述问题进行的讨论分析。

（一）运动员的默示同意

竞技比赛具有连续性，而伤害行为具有偶然性，因此，我们不可能期待运动员在受攻击之前能通过口头或书面等形式明确地对特定的体育伤害行为表示同意。但通说认为，运动员是通过默示的方式对体育运动中的伤害行为做出同意的。

1. 通过参加比赛表示默示的同意

默示同意理论主张若行为人明知并自愿参与到有风险的社会活动中，则表明他对所参与活动中固有的风险表示同意。[②] 大多数职业性的体育活动组织都公布了明确的比赛规则，它们都在不同程度上允许一定的侵略性行为，如足球运动或曲棍球运动中的拦截抢球等。社会公众都推定这些比

① State v. Fransua, 85 N. M. 173, 174, 510 (1973).

② 刑法中默示同意理论与侵权法中的风险自担理论（the doctrine of assumption of risk）十分接近，只是它们对主观要件的要求有所不同，默示同意对风险行为的主观要件要求较高，而风险自担一般只适用于过失侵权的案件中。（C. Lassiter. Lex Sportiva: Thoughts Towards a Criminal Law of Competitive Contact Sport. St. John's J. Legal Comment, 2007, 22: 35.）

赛的运动参与者对比赛的规则以及一定的比赛惯例都是非常熟悉的,[①] 也即他们对竞技比赛过程中可能会发生的伤害行为也是有所认知的。即使在一些组织较松散的体育比赛中，没有明文规定的竞赛规则，运动员对比赛过程中允许或禁止的行为也是心照不宣的。

因此，受害人对体育竞技中的侵略性身体接触行为的同意可以通过他参加比赛这一举动推断出来。[②] 也就是说，运动员对竞技比赛的自愿参加同时也表明了体育同意的存在。

2. 特定行为默示效果之否定

除了参加比赛，运动员在比赛过程中的特定行为是否意味着他同意对方以伤害行为予以回应呢?[③] 该问题在 Regina v. Watson 案中做了详细的论述，法院就受害人的两种行为进行讨论：①当双方运动员在其中一方的球门前方发生推撞时，受害人对攻击者的轻微殴打行为；②受害人在对方球门的附近领域，在其受攻击之前立刻抛下球棍及手套。[④] 法官认为，如果每一个被攻击性行为碰撞的运动员都声称对方同意其运用更严重的武力予以回击，那么，比赛场就会成为一个更加危险的地方。[⑤] 因为在身体接触性体育活动中，许多无意识的或轻微的碰撞等身体接触是无可避免的。而受害人扔掉球棍的行为也非同意的示意行为，只是“运动员认为自己将要被攻击的反射动作”而已。[⑥] 因此，法官否定将比赛中特定的举动视为受害人的默示同意。

虽然该问题在许多案件中有所体现，特别是在因轻微的碰撞或身体接触引发严重的袭击或伤害行为的情况中，但本书认为，将其作为默示同意的独立方式并没有意义。因为双方运动员均参与到竞技比赛中，他们均对

---

① Consent in Criminal Law: Violence in Sports. Michigan Law Review, 1976, 75 (1): 156.

② W. Prosser. Handbook of the Law of Torts §118, at 103 – 108 (4th ed. 1971).

③ D. V. White. Sport Violence as Criminal Assault: Development of the Doctrine by Canadian Courts. Duke L. J., 1986 (6): 1030 – 1054.

④ 26 C. C. C. 2d 157 (Ont. Prov. Ct. 1975). Watson, the defendant, was the player who received the blow. He was prosecuted for a subsequent attack on Lundrigan, the player who had struck him in the shoulder with his stick. Watson claimed that he had acted in self-defense, and the validity of this defense depended on the blow by Lundrigan being an unlawful assault.

⑤ 26 C. C. C. 2d 157 – 158.

⑥ 26 C. C. C. 2d 158. 但对于该解释也有持反对意见的，认为“正常的曲棍球运动中的斗殴规则要求运动员在开始打斗前扔掉球杆”。(Flakne, Caplan. Sports Violence and the Prosecution, Trial, 1977: 33, 34.)

比赛中可能发生的伤害行为做出了概括的同意，无须再根据特定的行为做双重的认定。至于受到碰撞的运动员能否以暴力或伤害行为予以回应，则是运动员同意的有效范围或是正当防卫的问题，与运动员的行为是否表示同意无关。

（二）限定体育同意范围的界分标准

运动员通过参赛对竞技伤害行为予以同意的争议不大。问题在于如何界定有效同意的范围，即区分竞技伤害行为是否犯罪行为。为此，各国学者纷纷提出了不同的界分标准。

1. 体育活动固有属性说（part of the game）

有学者根据伤害行为与竞技活动固有属性的关系确定运动员可做出有效同意的范围。法院在司法判例中指出容许运动员在竞技比赛中做出有效同意的行为包括：①体育运动中附带的行为（incidental to the sport）；[①] ②正常比赛中所固有的且合理发生的行为；[②] ③与体育运动紧密相关的行为。[③] 它们实质上构建了体育同意的抽象标准——属于体育运动一部分的固有行为及其周边的行为，如与体育比赛具有密切联系的行为等，即使伤害行为造成或可能造成严重的身体伤害，均可纳入运动员默示同意的范畴。[④]

作为抽象的原则，该标准是毋庸置疑的，但学界对于体育运动中包含的固有行为莫衷一是。如在Henderson案中，一法官认为，打斗无疑是曲棍球运动的一部分，因为打斗行为在曲棍球比赛中时有发生，但人们对它并无意见。[⑤] 但有学者对“体育比赛中的附带事件”的界定有所质疑，认为如果曲棍球比赛的目的是比对方球队得分更多，那么打斗行为只在可威慑对方的范围内有助于目标的实现，因此，将任意的打斗行为也作为体育

---

① Regina v. Henderson, [1976] 5 W. W. R. 119, 123 (B. C. Co. Ct. 1976).

② Regina v. Maloney, 28 C. C. C. 2d 323, 326 (Ont. G. S. P. 1976); R. v. Gray, [1981] 6 W. W. R. 654, 661 (Sask. Prov. Ct. 1981).

③ Leyte, 13 C. C. C. 2d at 459.

④ D. V. White. Sport Violence as Criminal Assault: Development of the Doctrine by Canadian Courts. Duke L. J., 1986 (6): 1030 - 1054; Charles Harary, Aggressive Play or Criminal Assault? An in Depth Look at Violence and Criminal Liability. Colum. J. L. & Arts, 2002, 25: 197.

⑤ Regina v. Henderson, [1976] 5 W. W. R. 119, 123 (B. C. Co. Ct. 1976).

活动中固有的行为是荒谬的。[①] 从而，该抽象标准的实践指导意义不大，哪些伤害行为属于默示同意的范围的具体判断仍有待进一步探究。

故有学者对体育活动附带行为的核心概念进行了限缩：其一，运动员只能对公平竞争范围内属于体育运动附带的伤害行为予以有效的默示同意。[②] 但是此观点增加“公平竞争”作为评价标准的实际效用不大，因为公平竞争本身也是一个难以捉摸的概念。其二，有判例将默示同意的范畴限于“本能的及与比赛密切相关的”行为。[③] 该变革通过刑事责任的过错原则制约被害人同意的范畴——伤害行为客观上与竞技比赛相关甚至是其固有的行为，主观上要求行为人出于本能，即缺乏罪过。

2. 比赛规则违反说（violation-of-the-game-rules）

该理论主张，运动员参加竞技比赛就表明他们同意竞赛规则允许的身体接触行为。[④] 如果比赛规则的目的并不仅仅是保障比赛的顺利进行，同时也是为了保护参赛者，则表明运动员并不同意被比赛规则禁止的行为。[⑤] 因为遵循比赛规则是体育竞赛的内在要求，而规则之外的行为根本不能视为比赛，[⑥] 因此，运动员参加比赛并不能包含此类行为。

但有的学者指责该标准一方面过于限缩被害人同意范围、扩张了刑罚的使用范围，另一方面却又放纵了一些故意的伤害行为。首先，严格按照比赛规则确定默示同意的范围并不合理，因为有些规则的设定并不是出于保护运动员的目的，只是为了使体育比赛更加精彩、更加具有竞争性，如在足球比赛中禁止越位的规则等。即使运动员违反的是安全规则，只要行为人的伤害行为在同类比赛中经常出现，而且情节轻微而不致引起身体伤害之风险，也可以纳入被害人的默示同意范畴。[⑦] 否则，刑法的过度干预就会严重影响

① D. V. White. Sport Violence as Criminal Assault: Development of the Doctrine by Canadian Courts, Duke L. J., 1986 (6): 1030 – 1054.

② Regina v. Henderson, [1976] 5 W. W. R. 119, 123 (B. C. Co. Ct. 1976).

③ Regina v. Leyte, 13 C. C. C. 2d 458, 459 (Ont. Prov. Ct. 1973).

④ Richard B. Horrow. Sports Violence: the Interaction Between Private Lawmaking and the Criminal Law. Praeger, 1980: 171 – 176.

⑤ Beale. Consent in the Criminal Law. Harv. L. Rev, 1895, 8: 317, 323。“在足球运动中，每一个运动员都事先同意他/她会遇到的伤害，只要行为人的伤害行为在比赛规则的范围之内。” W. Prosser. Handbook of the Law of Torts §118, 1971: 103 – 108.

⑥ C. Lassiter. Lex Sportive: Thoughts Towards a Criminal Law of Competitive Contact Sport. St. John's J. Legal Comment, 2007, 22: 35.

⑦ Regina v. Green, [1971] 1 O. R. 591, 594 (Ont. Prov. Ct. 1970).

体育比赛的进行。[①] 其次，即使是在比赛规则的范围内，我们也不能完全排除明知或故意引起他人受伤甚至故意报复的行为，它们本质上与体育比赛毫无关系，不应打着“体育同意”的旗号使行为人免于刑事诉讼。[②]

3. 合理预见说

合理预见是美国学界限制体育默示同意的通说，它主张运动员对使用适度暴力的同意显然是有效的；而且，只要行为人在比赛过程中使用武力是可被预期的，即使伤害行为违反比赛规则，也应当认为受伤害的运动员对此表示同意。[③] “可预见”标准同时被美国《模范刑法典》（*Model Penal Code*）及《联邦刑法典草案》（*Proposed Federal Criminal Code*）采纳，故一般也称为 MPC/PFCC 标准。[④] 具体而言，只要行为并未威胁或造成严重的伤害，或者伤害行为及危害结果是可预见的，则被害人的同意有效。

但反对者则批评 MPC 标准设定的同意范围过于宽泛；[⑤] 而且，法典并未确定“合理预见”的主体是受害人、行为人抑或是一般的理性人，这无

---

① State v. Shelley, 929 P. 2d 489, 492 (Wash. Ct. App. 1997).

② C. Lassiter. Lex Sportive: Thoughts Towards a Criminal Law of Competitive Contact Sport, St. John's J. Legal Comment, 2007, 22: 35.

③ Williams. Consent and Public Policy. Crim. L. Rev. (Eng.), 1962: 74, 81. Williams 的观点在 Fitzgerald v. Cavin 案［110 Mass. 153, 154 (1872)］中得到支持，法官意见表示：如果当事人与其他人双方同意参加合法的比赛，而被告使用的武力并未超出原告合理预期的范围，则被告对此不承担责任。Cf. Perkins, Non-Homicide Offenses Against the Person. B. U. L. Rev., 1946, 26: 119, 123.

④ Final Report of the Natl. Commn. on reform of *Federal Criminal Laws* (1971)

§1619. Consent as a Defense.

(1) When a Defense. When conduct is an offense because it causes or threatens bodily injury, consent to such conduct or to the infliction of such injury by all persons injured or threatened by the conduct is a defense if:

(b) the conduct and the injury are reasonably foreseeable hazards of joint participation in a lawful athletic contest or competitive sport...

The Model Penal Code §2.11 (2) (b) (1962) has a strikingly similar provision:

(2) Consent to Bodily Harm. When conduct is charged to constitute an of-fense because it causes or threatens bodily harm, consent to such conduct or to the infliction of such harm is a defense if:

(b) the conduct and the harm are reasonably foreseeable hazards of joint participation in a lawful athletic contest or competitive sport...

⑤ Note. Consent in Criminal Law: Violence in Sports. Mich. L. Rev., 1976, 75: 148, 159.

疑增加了体育伤害同意问题的不确定性。[①] 另外，在体育比赛中，教练或者体育俱乐部经常以暴力威慑作为作战策略之一，故运动员可能对对手的故意伤害行为是可以预见到的。但这类行为不应当获得同意的抗辩。就好比一个人深夜在路上行走应当预见到他有可能会被袭击，但他在有预知的情况下仍然出行并不意味着他对袭击行为予以同意。而且，要准确确定比赛中哪些行为是运动员可以预见的存在一定的困难。根据 Shelley 案法官的意见，确定伤害行为是否可预见与呈交给陪审团的涉及比赛性质等方面的证据，以及比赛的规则、运动员自身的期望值等问题相关。[②] 所以，仅适用模范刑法典的标准难以进行具体的判断。

4. 故意伤害说

英国关于界定体育同意范围的通说则以伤害行为的主观意志为基础，强调比赛规则违反说的证明作用。该说主张无论引起伤害的行为发生在比赛场上或其他地方，如果具有犯罪意图，则该行为就可能构成犯罪；而遵循比赛规则只是可反驳的推定，即行为人不具有伤害的恶意或造成重伤/死亡的故意。[③] 也就是说，被害人对他人的故意伤害行为的同意是无效的。其基本原理在于任何体育规则或惯例都不能使当地法律规定为非法的行为合法化，而法律禁止任何人非法伤害或导致他人死亡。[④] 所以，学者们认为在判断是否应对体育伤害行为进行刑事起诉时，比赛规则并不具有决定性，仅是作为认定被告主观形态的重要证据而已。[⑤]

类似地，加拿大刑事法院在限制运动员同意的范围时经常适用 1965 年民事案件 Agar v. Canning[⑥] 所确定的标准——如果实施伤害行为的情境确实表明行为人伤害他人的决心，即使存在他人的挑衅并发生在比赛的高峰时期，也不应当被纳入默示同意的范畴。因为竞技比赛的目的在于竞技

① Daniel R. Karon. Winning isn't Everything, It's the Only Thing. Violence in Professional Sports: the Need for Federal Regulation and Criminal Sanctions. Ind. L. Rev., 1991, 25: 147, 153.

② Shelley, 929 P. 2d at 493.

③ Regina v. Bradshaw, 14 Cox C. C. 83 (Leicester Spring Assizes 1878).

④ Regina, 14 Cox C. C. 83 (Leicester Spring Assizes 1878).

⑤ C. Lassiter. Lex Sportive: Thoughts Towards a Criminal Law of Competitive Contact Sport. St. John's J. Legal Comment, 2007, 22: 35.

⑥ [1965] 54 W. W. R. 302 (Man. Q. B.); [1966] 55 W. W. R. 384 (Man. Ct. App.).

技巧而非伤害对手。[1]

然而，该标准在如何认定“恶意/故意”时遇到困难——其认定标准与刑法的一般罪过原则是否相同？例如，在一些特殊的竞技活动中，如拳击比赛，拳击手明知其攻击行为会导致对手受到伤害，但伤害对方并使之倒下正是该运动的本质所在，故他们的“故意伤害”行为并不具有伤害对手的恶意。另外，运动员明知道犯规行为可能会引起他人受伤，但为了球队的胜利仍然故意犯规，若按照一般罪过原则将此类行为一律认定为犯罪，则刑法的管辖范围就会过于宽泛。

5. 社会相当性说（Sozialadaquanz）

社会相当性说源于德国，该说认为，如果社会公众希望体育竞技比赛以特定的方式进行，就必须容忍一定的伤害行为。[2] 因此，该学说首先从行为人的主观层面限制同意的范围，但区别于故意伤害说关注行为人对伤害行为的犯罪意图，社会相当性说更关注行为人的主观状态与比赛目的间的关系。如果运动员的行为意图与竞技比赛的目标一致，那么对其对手的伤害行为都是正当的；反之，如果运动员的意图不正当，即行为人的主观目的与体育竞赛不一致，则表明该行为并非竞技比赛所不可避免的，被害人的同意无效。[3] 其次，对于运动员故意实施可能会导致伤害结果的行为是否应承担刑事责任的问题，社会相当性说进一步从客观层面限缩同意抗辩的效力范围。即如果行为人的伤害行为一旦被禁止，体育竞技的运行就会受到影响，从而偏离社会公众的预期，则社会公众应对此类行为予以容忍；否则，伤害行为超出了社会容忍的范围，被害人的默示同意也随之无效。实际上，社会相当性的客观约束与体育运动的固有属性具有异曲同工之妙，都将同意的效力范围限定在体育活动中不可避免的伤害行为之内。

---

① Eff Yates, William Gillespie. Articlethe Problems of Sports Violence and the Ctiminal Prosecution Solution. Cornell J. L. & Pub. Pol'y, 2002, 12：145.

② 美式足球的改革是社会公众要求影响体育竞技方式的一个很好的例证。在19世纪后期，美式足球比赛比现在更野蛮粗鲁。运动员没有戴头盔或其他防护装备，而且，人海战术（mass plays）［如楔形强攻行为（flying wedge）］等是比赛中的家常便饭。由于重伤及死亡事件的频繁发生，公众要求取消所有人海战术。A. Danzig. The History of American Football. Prentice-Hall, 1956：27.

③ Consent in Criminal Law：Violence in Sports. Michigan Law Review, 1976, 75（1）：177.

四、其他的抗辩事由

虽然被害人同意成为体育伤害事件的主流抗辩事由，但个别判例中的被告也提出了其他抗辩事由。

（一）自我防卫（self-defense）

自我防卫是正当防卫的一种，指遭受非法侵害的人对侵害者使用适度的暴力是正当合法的，只要他合理认为：①自己处在非法的身体侵害的紧迫危险中；②为避免这种危险使用暴力是必要的。同样，运动员也可以使用合理暴力保护他人。[①]

但是，以自我防卫辩护需同时满足几个限制条件：其一，防卫暴力的程度必须是合理的，即运动员必须证明他仅使用了合理的暴力击退对方的攻击。[②] 如被告使用的武力应当与对方的程度相当。但是在体育伤害或暴力行为逐步升级的过程中，难以确定防卫是否适度。其二，主观上被告必须合理地相信造成严重身体伤害的危险是迫切的、立即的；[③] 而客观上确实存在明显的危险。[④] 这就与体育同意理论有所交叉，即若原告的行为确实具有属于侵略性的伤害行为，但该行为属于受害人默示同意范围内的行为，则它不属于非法侵害行为，被告不能对其进行防卫。[⑤] 反而此时的原告并不是所谓的“最初的侵害人”，可以对被告的侵害行为使用适度的暴力进行防卫。[⑥] 其三，普通法的传统观点认为，自我防卫只能在不可能躲避的情况下进行自卫，即采取“能躲避就不自卫”的态度。[⑦] 然而，在体育竞技的情境下，虽然被告的简单退避或轻轻地滑过冰面就可以避免原告的侵害，但为了取得比赛的胜利，他们可能会坚持不退让。

---

① William Hechter. The Criminal Law and Violence in Sports. Crim. L. Q., 1976－77, 79：452.

② Robert Berry, G. Wong. Law and Business of the Sports Industries, 1986：454.

③ W. Lafave, A. Scott. Criminal Law. West Publishing Company, 1986：454.

④ William Hechter. The Criminal Law and Violence in Sports. Crim. L. Q., 1976－77, 19：451.

⑤ Freer. 86 Misc. 2d 280（1976）；381 N. Y. S. 2d 976.

⑥ Charles Harary. Aggressive Play or Criminal Assault? An in Depth Look at Violence and Criminal Liability. Colum. J. L. & Arts, 2002, 25：197.

⑦ Richard B. Horrow. Violence in Professional Sports：is it Part of the Game? J. Legis., 1982, 9：1, 12.

综上所述，虽然自我防卫的辩护理由可在体育伤害案件中适用，但其适用的范围是有限的，使用频率也较低。

（二）无意识的反射行为（involuntary reflex action）

无意识的反射行为是在 Forbes 案[①]中提出的，该辩护事由成功地免除了被告的刑事责任。它指出，体育伤害行为只是无意识的反射行为的产物，行为人并不存在犯意。[②] 法官认为，体育运动的参与者从小被教导并接受了期间的暴力行为。因此，在竞争激烈的比赛过程中，高压的环境会造成运动员情绪失控，从而本能地做出一直以来认为是正确的反应。[③]

无意识反射行为的抗辩基础在于行为人的身体动作是“非行为”（non-act）。刑法中的犯罪必须具备两方面的要件——犯罪行为（actus reus/criminal act）和犯罪意图（mens rea）。通说认为，犯罪行为必须是有意识的行为，即受行为主体的心理要素的支配。[④] 一方面，行为人只为自己自由选择之行为承担责任；另一方面，只有受意志支配的行为才能体现行为主体的主观恶性。[⑤] 因此，有意识的行为对犯罪构成的认定既有理论上的意义——受支配的行为才是狭义的犯罪行为；也有证明上的意义——犯罪行为作为犯罪意图的证据。因此，将体育竞技中的伤害行为认定为运动员的反射行为，即否定了犯罪构成要件客观和主观要件的符合性，从而否定了其构成犯罪。

（三）受害人的挑衅（provocation）

挑衅抗辩要求证明被告实施的犯罪行为是对受害人挑衅行为的回击。虽然体育竞赛中经常出现双方打斗的行为，而被告以受害人的挑衅抗辩，但大多数司法辖区都不把挑衅当作殴打罪的抗辩事由，也极少将其应用于

① No. 63280（Minn. Dist. Ct.，4th Jud. Dist.，Judgment of Mistrial Entred，Aug. 12. 1975）.

② Richard B. Horrow. Violence in Professional Sports：is it Part of the Game? J. Legis.，1982，9：1，11.

③ State v. Forbes，No. 63，280（Minn. Dist. Ct.，4th Jud. Dist.，judgment of mistrial entred，Aug. 12. 1975）.

④ Oliver Wendell Holmes. The Common Law 54（Boston：Little，Brown and Co.）（1881）.

⑤ C. Lassiter. Lex Sportive：Thoughts Towards a Criminal Law of Competitive contact sport. St. John's J. Legal Comment，2007，22：35.

体育伤害案件。[①] 例如，加拿大曼尼托巴省的王座法院在 Agar v. Canning 案[②]中明确指出：若证据显示伤害行为人决心要造成他人重伤，即使存在受害人挑衅的情况，也不能免除刑事责任。而且，即使在承认挑衅抗辩的司法辖区，它也只是不完全的抗辩事由，只涉及量刑的减轻问题，不能完全消除刑事责任。[③]

五、笔者立场：混合标准说之提倡

英美刑法学界在理论及司法实践中就竞技伤害问题提出了各种抗辩事由和相关理论，笔者认为，争议的焦点在于对体育同意问题的范围界定上，对此应采取混合标准说。

首先，如上文所述，只要符合一定的条件，刑法上的一般抗辩事由如自我防卫，以及可否定犯罪构成要件的事由如反射行为等，都可以免除竞技伤害行为人的刑事责任。体育案件中自我防卫的适用条件与一般情况无异，争议点只是在于行为人对哪些行为可以或不可以进行防卫，实质上即体育同意范围界定的问题；而无意识反射条件的抗辩实质上是对犯罪人客观行为及主观意图的否定，争议不大。所以，学者就竞技体育抗辩事由的争议主要还是存在于被害人同意的问题上。

其次，虽然学者们已经从不同的角度提出了多种界分标准，但是，它们都存在一定的缺陷：其一，标准过于抽象，实践性不强。例如，体育活动固有属性说、合理预见性说以及社会相当性说本质上都是相当的，而且有循环定义之嫌——体育竞技中可合理预见的行为应当是比赛过程中经常发生的体育活动固有的行为，而哪些行为属于活动固有的行为又跟社会公众的容忍度有关。实际上，仅根据这些标准，法院很难认定具体的竞技伤害行为是否在被害人同意的范围内。而且，它们也没有规定一些具体的判断因素，因此，在司法实践中只能做原则性的指导。其二，有些界分标准仅考虑了个别因素，过于片面。如英国的体育比赛规则违反说以及故意行为说，都只涉及体育伤害行为的个别方面，难以将各种竞技伤害行为进行

---

① Richard B. Horrow. Violence in Professional Sports: is it Part of the Game? J. Legis., 1982, 9: 1, 12.

② 54 W. W. R. 302 (Q. B. Man. 1965); 55 W. W. R. 384 (C. A 1966).

③ Fraster v. Berkley, 7 Car & P. 621, 173 E. R. 272 (1836).

全面分类。还有观点侧重于伤害结果的严重程度，认为运动员并不同意导致重大伤害的场上行为。[1] 但问题在于，运动员在接触或攻击受害人之前并不知道是否会引起严重伤害，该标准无法排除意外事件的发生。如一个足球运动员在背后铲球，由于带球者球鞋钉在草地上不能动弹，结果导致小腿长骨断裂。

因此，本书认为，应当集众家之长，就被害人同意的范围建立一个混合的评判标准。从抽象角度看，被害人能够有效同意的体育伤害行为应当仅限于可以合理预见的体育活动中固有的或与体育活动密切相关的侵略行为。所谓“合理预见”并不是行为人或受害人的个人主观臆测，而是以理性人的一般认识为标准。因为体育活动是社会活动的一种，社会公众对体育行为的容忍程度与竞技比赛的规则制定及开展方式具有密切的联系。因此，在判断体育活动固有的或紧密相关的伤害行为时不得不考虑社会公众的一般认识。另外也应建立具象标准，即将抽象规则予以具体化，分析判断体育活动中可合理预见的体育固有的侵略性行为的具体要素，例如，伤害行为对体育规则的违反、发生的时间、具体的竞技项目、竞技比赛的级别等。

综上所述，本书认为在界分体育同意抗辩事由有效与否的时候应采用混合的标准，即既要求被害人所同意的事项是可合理预见的，又必须在体育活动的固有行为内或与之具有密切关系；既要考虑伤害行为的违规性、伤害行为人的主观要素，又要考虑体育竞技项目及比赛级别等具体要素的影响。

第八节　抗辩事由的判断要素

在认定体育竞技伤害是否是可合理预见的，是否属于体育活动的固有侵略行为时，必须通过各种具体的判断要素予以体现。本章主要分析哪些因素对界定体育同意的范围产生影响，以及产生什么影响。

---

① John C. Weistart, Cym H. Lowell. The Law of Sports. American Bar Association Journal, 1979, 65 (7): 1087 - 1088, 1090; R. C. Berry, G. Wong. Law and Business of the Sports Industries. Bobbs-Merrill Co. , Inc. , 1993: 454.

一、伤害行为发生的时间、地点

（一）比赛期间

竞技伤害性行为应仅限于竞技比赛过程中。但任何比赛都不是一个连续不间断的期间，还存在中场休息、技术暂停以及犯规暂停等时间。那么，在裁判员的哨子吹停后的暂停时间里发生的伤害事件能否适用被害人的同意抗辩呢？

法院在 Regina v. Leyte[①] 案中认为，在比赛进行中引起的激动情绪可以使其伤害行为正当化，当裁判的哨子吹停时，行为人的激动情绪不可能瞬间就消退。因此，法院认为裁判吹哨子前后并不存在明显的区别，不应该以此作为界分要素。运动员对比赛停止后立刻发生的伤害行为应当予以同意。但在 Re Duchesneau 案[②]中，法院认为裁判吹停后的行为本质上是不受之前的比赛行为影响的，因此应对其采用更严格的行为标准。即使发生在哨响后的行为大多是因赛场上的行为引起的，但它们不再是竞技比赛的一部分。实际上，裁判员一旦吹哨就是明确告知运动员比赛暂停，接下来发生的事件就与比赛无关，因此，暂停期间内的行为并不能被纳入默示同意范畴。此外，也有判例采用折中说，即明确区分比赛过程中和比赛之外的行为，但对两者适用相同的评价标准，只是发生在比赛时间之外的伤害行为更易于证明行为人是否存在主观故意。[③] 也就是说，界分比赛暂停前后的行为只是起证明作用，并不能直接否定被害人同意抗辩的适用。

本书认为，不能否认比赛过程中的生理和心理的动力会溢出并在裁判吹哨后的暂停期间延续，也不否认暂停期间的纠纷大部分是因赛场上的争执而引起的，但是，它们发生在比赛的暂停期间，与比赛的进行关系不大。而折中说虽赞同以比赛是否进行作为划分界限，但只用以证明行为人的主观方面。实际上，在界定被害人同意时以竞技体育中固有的、密切相关的行为作为抽象的标准，此时的“密切相关”不是单纯地指伤害行为与体育比赛有所关联，而是强调运动员的行为与比赛的进行及球队的胜利密

① 13 C. C. C. 2d 458 (Ont. Prov. Ct. 1973).

② 7 C. R. 3d 70 (Que. Youth Trib. 1978).

③ Henderson, [1976] 5 W. W. R. at 123; Gray, [1981] 6 W. W. R. at 659.

切相关。因此，从客观层面出发，被害人同意的范围应仅限于比赛进行过程中。也就是说，暂停期间的伤害行为超出了被害人默示同意的范围，应作为独立于竞技比赛的伤害事件进行刑法评价。当然，激动的情绪及行为的动因等都可作为定罪量刑时考虑的情节。

（二）比赛的场地

由于同意仅限于比赛进行过程中的行为，因此，该行为只能发生在特定的赛场上。对于后备运动员或者被罚离场的运动员在后备区等赛场外的地方发生的伤害或暴力行为，不能以被害人的同意进行辩护。

二、体育比赛的自身要素

（一）竞技比赛的合法性要求

被害人同意抗辩的理论基础在于对社会公共利益的衡量。运动员的伤害行为在一定程度上不承担刑事责任是因为他们参加的体育竞技活动具有合法的社会目的和公共利益。但是，在法律禁止的竞技活动中，并不存在需要保护的公共利益，所以，任何伤害行为都是非法的；而被害人的同意不能使非法的行为合法化，[①] 因此，被害人的同意无效，不能以此作为抗辩的事由。也就是说，竞技比赛的合法性是被害人做出有效同意的前提条件。

一般的非法运动（illegal sport）是过于暴力或危险的体育活动。它们的社会成本极大，一方面来自参与者的生命及健康危险，另一方面来自社会救援或医疗治理。因此，为了保护社会利益和秩序，法律禁止人们组织或参与非法的竞技活动。例如，在19世纪，普通法将职业拳击赛（prize fighting）区别于一般的拳击（boxing）行为，认定其为非法活动。[②] 因为拳击赛是良性的竞争，参与者只是进行拳击技巧的较量，因而是合法的。但职业拳击赛的拳击手是有目的地进行打斗（单纯地为了赢取奖金），意图且可能引起他人死亡或受伤，对社会整体是有害的。[③] 其他的非法竞技

① R. v. Donovan, op. cit., p 507.

② Bromn［1993］2All ER 75 at 79, 86, 106, 119.

③ Jack Anderson. The Legality of Boxing—a Punch Drunk Love? Birkbeck Law Press, 2007: 47.

活动还包括非法飙车（street racing）、格斗等。

在非法竞技比赛中，行为人的参与就是违法的。因此，即使被害人对伤害行为表示同意也无法阻止刑法的管制。

（二）竞技的类型对被害人同意范围的影响

体育竞技项目本身也会对被害人同意的范围产生影响。众所周知，体育活动种类繁多，形式多样，而每项体育比赛都有其自身的特点和表现方式。针对不同的体育比赛，人们对其中伤害行为的接受程度有所差异，这对认定行为是否属于体育比赛中固有的或有密切关系的伤害行为有着重要的影响。

1. 体育比赛的层级

体育活动是一项全民运动，但参与对象及活动目的的不同使各个层级的体育活动表现出不同的特征，因此，运动参与者在不同层级的比赛中承担的义务也有所不同。英美法国家一般将体育活动分为职业、校园、业余及娱乐性体育四个层级。[①] 而我国也有学者提出了职业体育、社会体育（包括经济性社会体育即业余比赛和娱乐性社会体育）、学校体育的分类。[②]

职业体育的参与者参与体育竞赛是为了夺取比赛的胜利，并以此为自己主要的收入来源。[③] 一般来说，职业体育由俱乐部及相应的体育联盟管理，如美国的四大职业联盟。[④] 职业运动员有自己所属的俱乐部，并参加晚上的训练及参赛计划，从而对自己所参与的竞技比赛有较深入的认知，如竞技规则、注意事项、潜在危险等。因此，在职业竞技比赛中，运动员

---

① Linda S. Calvert Hanson, Craig Dernis. Revisiting Excessive Violence in the Professional Sports Arena: Changes in the Past Twenty Years? Seton Hall J. Sport L., 1996, 6: 127.

② 参见庄郑芳《竞技体育侵权行为研究》（硕士学位论文），厦门大学2008年。

③ 由于学校体育侧重点不一样，有的竞技性学校体育更多体现在校际比赛、全国联赛等，更多体现了职业竞技体育的色彩，如美国的校际体育竞赛、中国大学生篮球联赛（CUBA）等，因此，比照职业比赛之规则及要求予以讨论更合适。

而对于奥林匹克运动会的属性，学者莫衷一是。在20世纪之初，奥林匹克运动会只允许业余运动员参加比赛。但随后，西方国家的奥林匹克运动员通常与赞助商合作，而部分国家开始招录运动员，由政府出资进行专职培训（如古巴、朝鲜、中国等）。自1972年奥委会主席Avery Brundage退休后，奥运会的业余性规则已逐渐放松，在多数领域它已成为一纸空文。（资料来源见 http://en.wikipedia.org/wiki/Amateur_sports#Olympics，最后访问时间：2012年3月11日。）

④ 美国四大职业联盟是指足球、棒球、篮球及冰球联盟。

应承担一定的风险，而具有较小的注意义务，相对而言，运动员对竞技伤害的可同意范围较大。

但在其他非职业竞技活动中，参与者并没有利益的动机，只是为了兴趣、娱乐、健身或体育教育的目的，加之他们对体育项目及其规则的认知并不全面，因此，在竞技比赛过程中参与者对他人负有更重的注意义务，即可做出有效同意的范围相对较小。

2. 竞技体育的接触性

根据参与者在体育活动中的对抗性，可将它们分为竞技性体育，如足球、篮球、拳击等；以及表演性体育，如体操、花样滑冰、游泳等。一般认为，表演性体育比赛中的伤害或暴力行为是不可接受的。

大部分竞技比赛都包含了一定程度的接触性行为，或者是发生在运动员间，或者是发生在运动员与相关的运动辅助器材间。英美国家根据运动员在正常的比赛过程中发生的身体接触的程度，将竞技性体育比赛分为三类:[①] ①非接触性体育（non-contact sport），即在竞技比赛过程中，运动员之间一般是没有身体接触的，如高尔夫球、羽毛球、游泳等。但并不排除运动员因球的高速行驶而受到一定的伤害，只是可接受的伤害程度较轻。②限制的接触性体育（liminted-contact sport/contact sport），这类体育比赛的规则特别将运动员间故意或非故意的身体接触规定为犯规并予以相应的处罚。其中包括棒球、垒球、英式足球、曲棍球、篮球等。在该类竞技过程中，运动员之间野蛮的接触行为或利用运动器具接触他人的行为经常发生，但运动员使用的武力或暴力程度受到一定的限制。[②] ③全接触竞技（full contact sport/collision sport），主要指橄榄球、美式足球、冰球以及拳击、摔跤等格斗运动。在该类竞技体育中，运动员可能会故意撞击他人或与运动器材甚至是地面发生碰撞，而且使用的武力或暴力程度较高。最典型的例子就是拳击比赛，其活动本身就是为了打击并伤害对手，直至使对手倒地不起才分出胜负。也就是说，拳击手明知其行为会造成对他人的伤害，仍然故意为之，这就是拳击运动的本质所在。

综上所述，体育竞技中运动员的对抗性及身体接触程度都与活动中的固有行为相关，与其说前者影响着后者，毋宁说前者是后者的体现和表

① 资料来源见 http://en.wikipedia.org/wiki/Contact_sport，最后访问时间：2012 年 3 月 10 日。

② Committee on Sports Medicine and Fitness, American Academy of Pediatrics.

征。人们可根据运动员所参与的竞技活动类型而对比赛中的固有行为有初步的认识。即可根据竞技体育的类型对被害人有效同意的范围做初步的判断。

三、伤害行为与规则违反

虽然体育活动的合法性及其类型对认定被害人同意的范围有一定的作用，但为了更准确地界分被害人有效同意的范围，仍需进一步考察运动员的伤害行为是否违反了比赛规则。因为只有具体的确定的比赛规则才能将"体育活动固有的或与之有密切关系的行为"以及"半/全接触"等抽象概念具象化。

（一）违反比赛规则并不必然导致被害人的同意无效

竞技体育都有自身的一套比赛规则用以规范比赛应当如何进行，也就是说，运动员在比赛过程中应当遵循这些规则。但学者们就伤害行为的规则违反性对刑事责任的影响这一问题有不同的看法：

有学者认为，如果运动员的行为都在比赛规则的范围内，运动员就应当对其间的一般袭击行为（simple assault）予以同意，否则整个体育活动都是违法的了；但若袭击行为或身体伤害是行为人违反比赛规则而导致的，那么被告人的同意无效。① 加拿大法院在 R. v. Cote② 案例中也采用此观点，认为对竞技比赛中的意外事件及非违规行为免予刑事起诉是合适的。同样，法院在 Gary 案中主张，违反竞赛规则就表明行为人具有主观故意，伤害行为并非意外。③ 另一种观点则认为，竞技比赛过程中的侵略行为或暴力行为，即使违反了体育比赛的内部规则并造成伤害，也应当免予承担刑事责任，因为这些伤害结果是竞技体育环境下不可避免的结果。④ 当然，也有学者坚持，运动员的有效同意应限于他人的本能行为或与竞技

① Duchesneau, [1979] 7 C. R. 3d at 83.

② 22 C. R. 3d 97, 101 -02 (Que. Prov. Ct. 1981).

③ Gray, [1981] 6 W. W. R. at 658.

④ C. A. Clarke. Law and Order on the Court's: the Application of Criminal Liability for Intentional Fouls During Sporting Events. Ariz. St. L. J., 2000, 32: 1149.

密切相关的行为，而这与伤害行为是否违规无关。[1]

本书认为，比赛规则是运动员了解和认识该竞技项目和比赛要求的最好途径，因此，它对判断特定体育竞技活动中固有的、关系密切的伤害行为具有一定的影响。遵守比赛规则的行为无疑是体育比赛的一部分，若在正常的竞技动作下发生了身体接触，因而造成对方运动员的身体伤害的，则属于意外情况而不必给予处罚。但比赛中的违规行为也往往属于体育竞技不可割裂的组成部分，因为违规行为增加了比赛的精彩程度和刺激性，反之，没有违规行为的竞技比赛是索然无味的，并非真正意义上的竞技比赛。[2] 因此，并非所有违规行为都是体育比赛中不必要的行为，一定程度的犯规行为是可以接受并可合理预见的，也属于体育比赛的一部分。

（二）被害人不应当同意严重的违规行为

1. 技术性的犯规无关刑法

竞技比赛的规则涉及各个方面，而与体育伤害相关的是规定比赛过程中运动员的行为方式的行为规则。根据这些规则的制定目的，可将其分为两类：一种是纯粹是为了使竞技比赛顺利进行且更加精彩和刺激而制定的，另一种是为了保护运动员而制定的。违反前者的规定并不足以危害或威胁运动员的人身权益，无须刑法的干涉，因此，在判断违规是否影响同意的效力时并不做考虑。[3] 例如，美国职业篮球联赛（NBA）规则中明确规定了两种不同的犯规——技术犯规（technical fouls），即不与对方运动员发生身体接触的犯规行为，主要包括非法防守（illegal defenses）如前场的联防、拖延比赛（delay of game）如阻挡开球等；以及侵人犯规（personal fouls）[4]，是指队员与对方队员的接触犯规。即使在接触性的竞技活动中，也有纯粹技术性的犯规。如足球比赛中制定禁止越位的规则只是为了设法给进攻球队适当的限制，使比赛更为激烈、精彩。[5]

---

① Leyte, 13 C. C. C. 2d at 459.

② 参见［德］汉斯·海因里希·耶塞克、托马斯·魏根特《德国刑法教科书》，徐久生译，中国法制出版社2001年版，第710页。

③ Stephen Leake, D. C. Ormerod. Contact Sports: Application of Defence of Consent. Crim. L. R. 2005: 381-384.

④ 有时候也将侵人犯规称为违体犯规，即违反体育道德的犯规。

⑤ 资料来源见 http://www.sino-manager.com/2010612_15732_p1.html，最后访问时间：2012年3月10日。

2. 轻微的接触性犯规是可接受的

即使是接触犯规，也只有达到一定程度的严重性，才被认为超出了体育比赛的范围。在判断严重犯规的时候应从两方面进行考虑：首先，行为人明知自己的伤害行为会违反比赛规则仍故意为之，即恶意犯规。其次，犯规行为的危害结果严重，即造成他人的严重身体伤害甚至死亡。也就是说，如果行为人故意实施犯规行为，但并未导致实际的伤害或仅导致轻微的人身伤害，那么刑法就不应该介入，可以留待体育组织内部处理。正如法官 Woolf 所说，"在没有引起身体伤害的情况下，被害人对所发生的行为的同意可作为刑事诉讼的辩护理由"①。

四、行为人的主观状态

除了前文论及的客观要素，在判断体育伤害行为是被害人默示同意的抑或是应予以刑事制裁时，也应当考虑行为人的主观心态。

（一）一般的犯罪心态模式②

犯罪的主观心态就是行为人在实施犯罪行为时应受谴责的心理状态。③它一般包括人们对客观事物的认知水平和主观态度两个要素。

普通法采用一般故意（general intent）和特定故意（specific intent）的概念构建犯罪的主观体系。两者均是故意地实施违反刑法的行为，但特定故意还要求行为人对特定的危害后果具有明确的意图。④ 普通法构建的主观体系仅关注故意的犯罪，不能涵盖所有道德谴责的主观心态，因此，采用以美国《模范刑法典》为代表的四级犯罪心态模式取而代之。除非行为人根据刑法的规定蓄意/故意（purpose/intention）、明知（knowledge）、

① Stephen Leake，D. C. Ormerod. Contact Sports：Application of Defence of Consent. Crim. L. R.，2005：381－384.

② 犯罪心态模式，相当于大陆法系上的"罪过形式"。

③ 参见储槐植《美国刑法》，北京大学出版社 2006 年版，第 53 页。

④ Derrick Augustus Carter. Bifurcations of Consciousness：the Elimination of the Self-Induced Intoxication Excuse. Mo. L. Rev.，1999，64：383，405.（对故意要求的定义是"检察官不仅要证明被告实施了一定的行为，而且实施该行为时以造成特定的结果为目的"）；Heidi M. Hurd，Michael S. Moore. Punishing Hatred and Prejudice. Stan. L. Rev.，2004，56：1081，1121，1122.

轻率（recklessness）或疏忽（negligence）实施犯罪行为，否则行为人无罪。[1]

蓄意，即行为人对行为的性质或危害的结果有清楚的认知，意图实施该行为并希望结果的发生。明知是指行为人认识到行为的性质及其后果仍自觉实施该行为，这一犯罪心态主要存在于行为犯和结果犯的未遂形态。[2]如果行为人根据其行为的性质、目的以及当时的客观情况，对行为的危害后果有所认知并对此采取漠视的态度，仍然实施了犯罪行为，则可认定行为人的主观模式是轻率。当然，行为人的漠视态度应严重偏离守法公民的一般行为准则。而疏忽是指行为人应当对其行为的危害后果有所认识而没有认识，它仅涉及认识因素而不包含意志因素。虽然在疏忽的情况下，行为人并未漠视或追求危害结果的发生，但由于行为人违反了法律规定的注意义务从而导致危害的产生，故也应当承担相应的刑事责任。

（二）选择可适用的刑法主观标准

从英美司法实践看，大多竞技伤害行为被控伤害罪——传统上将其分为企图伤害罪、殴击罪和重伤罪。虽然故意伤害是殴击罪最普遍的心理态度，但有些情况疏忽是伤害罪的心理要件。如重伤罪中一般包括三种情况，一是出于谋杀、重伤、强奸、抢劫的故意所实施的殴击；二是使用致命的或危险的武器所实施的殴击；三是从结果上看，产生了严重伤害的殴击。[3] 在第三种情况下，通常是没有伤害故意的。那么，竞技比赛中的伤害行为是否也采用一般的主观标准呢？

1. 非职业竞技活动——对疏忽行为的例外处罚

如前所述，体育竞技有不同的层级，与此相应，运动员参与比赛的目的及其对他人的注意义务也有所区别，因此，在确定体育同意的界分时，对运动员实施伤害行为的主观态度采取不同的标准。

非职业的竞技活动是人们日常生活的一部分，其特殊性不明显，根据

---

① MPC Section 2. 02 General Requirements of Culpability.

(1) Minimum Requirements of Culpability. Except as provided in Section 2. 05, a person is not guilty of an offense unless he acted purposely, knowingly, recklessly or negligently, as the law may require, with respect to each material element of the offense.

② 参见储槐植《美国刑法》，北京大学出版社 2006 年版，第 55 页。

③ 参见储槐植《美国刑法》，北京大学出版社 2006 年版，第 167 页。

法律平等原则，其参与者与一般民众应受到刑法的同等保护。即对于造成严重伤害后果的行为，参与者的同意无效。因此，在追究场上伤害行为的刑事责任时，应采纳一般的主观标准，对违反注意义务，因疏忽而造成他人严重伤害的行为同样给予刑事处罚。

2. 职业竞技比赛——不处罚疏忽行为

然而，在职业体育竞技的背景下，学界普遍认为运动员无须为其疏忽的行为承担刑事责任。因为在竞争激烈的竞技比赛中，运动员的好胜心及平时训练的本能反应使得他们根本没时间对自己的行为进行充分的认识。[①] 如果对运动员的这些过失行为也进行刑法干涉，运动员就会因害怕承担刑事责任而过分约束自己的行为，从而不利于促进竞技性体育的发展壮大。

另外，在侵权法领域，学者们早就对运动员在职业竞技比赛中实施体育伤害行为的主观态度展开了激烈的论战。有的法院根据疏忽标准认定参与者的责任，但同时又对一般注意义务的认定采用了更严格的标准，并同时适用风险自担原则（assumption of risk），作为竞技体育中可预见的固有风险的免责事由。[②] 然而，大多数法院认为，运动员无须对仅仅是疏忽造成的结果承担侵权责任。[③] 他们将侵权责任的门槛提高，要求证明行为人的轻率行为导致危害结果。如在 Nabozny v. Barnhill 案中，[④] 法官分析时认为：法律不应当对自由的、精力充沛的体育活动参与者施加不合理的负担。但文明的约束应当伴随着场上的每一位运动员。考虑到所有参与者都熟知比赛的规则，其中包括安全的规则，运动员需要对避免违反这些规则承担法律义务。[⑤] 也就是说，如果参与者的行为是蓄意或故意的，或者轻率地漠视他人的安全，行为人需要对由其造成的伤害结果承担民事侵权责任。因此，在司法实践中，运动员无须为竞技过程中的过失伤害行为承担

---

① C. Lassiter. Lex Sportive: Thoughts Towards a Criminal Law of Competitive Contact sport. St. John's J. Legal Comment, 2007, 22: 35.

② Richmond v. Employers' Fire Ins. Co., 298 So. 2d 118 (La. Ct. App. 1974).

③ Niemczyk v. Burleson, 538 S. W. 2d 739 (Mo. Ct. App. 1976); Hackbart v. Cincinnati Bengals, Inc., 601 F. 2d 524 (10th Cir. 1979).

④ 31 Ill. App. 3d 212, 334 N. E. 2d 258 (Ill. App. Ct. 1975). Note. Torts-Participant in Athletic Competition States Cause of Action for Injuries Against Other Participants: Nabozny v. Barnhill. Mo. L. Rev., 1977, 42: 347; Note. Tort Liability for Players in Contact Sports: Nabozny v. Barnhill. U. Mo. K. C. L. Rev., 1976, 45: 119.

⑤ Nabozny, 31 Ill. App. 3d at 215, 334 N. E. 2d at 261.

民事侵权责任。以此类推，疏忽的职业运动员更不应承担更为严厉的刑事责任。

而且，刑事责任的主观标准在一定程度上受制于被害人同意的客观要件，因为行为人的主观状态需通过行为及其他客观要件予以推定。一般来说，超出同意范围的行为，即运动员不可合理预见的、竞技体育中不必要的武力或暴力行为，如恶意违规、拳击赛中在对手倒下后仍继续施加暴力致其重伤或死亡等，行为人对行为所导致的后果都是有所认知的，但仍然在追求或希望结果的发生，或者在漠视危害结果的心态下继续实施危害行为。所以，不能认为运动员对他人故意或轻率地实施与体育竞技没有合理联系的伤害行为予以同意。①

当然，如果有相反的证据证明行为人的行为即损害结果虽然在可预见的范围内，但它只是行为人意欲伤害他人的手段，而非为了竞技比赛的目的，则行为人仍需承担刑事责任。

（三）我国在该问题上的借鉴

上述对体育同意的界分在主观要件问题上的讨论是依据英美法的体例进行的，由于我国刑法与英美刑法关于犯罪心态的体例有所不同，所以在借鉴国外经验前，应就此进行比较分析。

1. 故意

故意在犯意中是最为严重的责任概念。在普通法中，如果一个人符合下列条件，就是“故意地”造成了社会危害：①造成社会危害是他的内心愿望（即他有意识的目标）；②在实施行为时明确地知道行为所造成的危害必定会发生。②③ 我国刑法理论将故意分为直接故意和间接故意两种类型，前者指明知自己的行为可能或必然发生危害社会的结果而希望该结果发生的主观心理态度，后者指明知自己的行为可能发生危害社会的结果而放任这种结果发生的主观心理态度。从比较角度出发，英美刑法中的故意

---

① John C. Weistart, Cym H. Lowell. The Law of Sports. American Bar Association Journal, 1979, 65 (7): 1087 - 1088, 1090.

② Mill v. State, 585 P. 2d. 546, 549 (Alaska1978).

③ 而英国刑法典草案（1989 年）中故意的概念是：一个人实施行为故意地造成结果，如果①该结果是其行为的目的，或者②该结果是其实施行为为了引起的结果，或者意识到在事物正常发展中将会发生的结果。（参见王雨田《英国刑法犯意研究——比较视野下的分析与思考》，中国人民公安大学出版社 2006 年版，第 119 页。）

都属于我国故意概念的范畴，只是不同的故意理论在我国刑法直接故意或间接故意的指向上有所分歧。[1]

2. 轻率

在体育同意界分问题的借鉴上，更大的困难在于轻率概念在我国罪过形式中的指向。因为在职业竞技活动中，轻率标准是界分体育同意有效与否及是否追究刑事责任的门槛。

有学者认为，英美刑法中的轻率涵盖了我国的间接故意和轻信过失（过于自信的过失）[2]。但从英国刑法的发展看来，英国刑法中存在两种轻率——主观轻率和客观轻率。占主导地位的标准是主观轻率，认为行为人如果有意冒不合理不公正的风险，则其行为构成轻率。[3] 但如果行为人由于事实上发生了认识错误，权衡其具体情况，认为自己的行为不会造成危害结果，而实施了行为导致结果发生，即使这种认识错误对于一般人而言是不合理的，行为人的行为也不构成轻率。因为，行为人虽然一开始预见到了危害结果的发生，但他认为危险已经排除了，所以此时不能评价他认识到了危险。[4] 由此可见，我国刑法中的间接故意和过于自信的过失，在英国刑法中也是作为轻率和过失区别对待的。但是，由于理论结构的差异，在个案运用中，对两者分界线的把握会存在一定的差异，因而也不能简单将其等同起来。

3. 我国关于体育同意主观标准的选择

基于上述对我国及英美法主观心态模式的对比分析，本书认为在职业体育竞技领域，运动员是职业选手，他们有能力避免及有义务承担一定的

---

① 英国刑法中对故意理论的范畴莫衷一是，也无法与我国刑法理论中的故意类型一一对应。如“纯粹故意论”将故意的定义限于核心含义，只有结果是行为人的目的或目标的情况下，行为人才对结果持故意心态，它等同于我国刑法中明知自己的行为会发生危害社会的结果而希望结果发生的直接故意；还有“间接故意论”，认为如果预见到一个结果在事实上肯定会发生，则行为人对该结果就也是故意的；“一揽子故意论”，认为对所直接追求意外的结果，如果行为人预见到其行为必然会造成该结果，则相当于我国的直接故意，若不属于行为人预见到必然会发生的危害结果则归于我国的间接故意；还有“道德排除空间论”；等等。（参见王雨田《英国刑法犯意研究——比较视野下的分析与思考》，中国人民公安大学出版社 2006 年版，第 128 ～ 135 页。）

② 参见储槐植《美国刑法》，北京大学出版社 2006 年版，第 55 页。

③ 美国刑事判例中关于轻率的判决也要求证明行为人忽视一种他已经意识到的实质和不合理的风险。[详见 Farmer v. Brennan，511 U. S. 825，837 – 838 (1994).]

④ 参见王雨田《英国刑法犯意研究——比较视野下的分析与思考》，中国人民公安大学出版社 2006 年版，第 155 ～ 168 页。

风险，因此，可对他人的过失行为予以同意。但施加伤害者对故意伤害行为仍应当承担刑事责任。而在非职业领域，参与者并不具备职业水平，故对于偏离一个理性人在行为时应当尽到的注意义务标准的伤害行为，即使不具有故意的心态，仍应追究相应的刑事责任。

综上所述，在划分合理抗辩事由及刑法规制的行为界限时应从客观及主观两方面进行考虑。竞技比赛过程中的伤害行为只有在满足以下条件的情况下才能适用被害人的同意抗辩：①伤害行为发生在合法的体育竞技比赛过程中；②伤害行为并未造成严重的违规；③行为人并非故意实施伤害行为，或者在非职业竞技活动中，虽违反注意义务但并未造成严重后果。

五、小结

虽然传统观念认为，“（竞技）场上的问题场上解决”，应将体育领域的伤害事件交由体育组织进行内部处理。但是，竞技伤害行为有愈演愈烈的趋势，它严重威胁着运动员的人身权利及社会的和平秩序。因此，无论从理论上还是效力上看，刑法的适度干预是遏制竞技伤害行为的最佳方案。而且，英美法系国家的刑事司法实践中也有对竞技伤害行为成功定罪量刑的判例，即说明刑法规制具有实践可能性。

然而，被害人同意、自我防卫等合理抗辩事由是刑法适用的一大障碍。其问题不在于排除刑法的干预，而在于对刑法干预程度的限制。体育竞技活动本身具有侵略性和激烈的竞争性，而且对于公民的健康及勇敢、团结等精神的培养具有政策上的利益，因此，刑法对体育竞技的干预应当对促进体育事业及遏制体育伤害的泛滥的社会公共利益予以衡量——刑法的规制只限于运动员故意实施他人不能合理预见的、竞技活动中不必要的伤害行为，或者在非职业竞技活动中过失导致严重后果的行为。

我国刑法学界虽然对竞技体育正当化等问题有所涉猎，但就刑事规制是否必要、该如何进行刑法规制等问题的研究仍然缺失，是以司法界在该问题上没有可依据的理论甚至是立法。随着体育事业的蓬勃发展，竞技伤害、体育赌博、行贿受贿等体育周边违法犯罪行为的日益泛滥，我国刑法学界应加强对竞技体育领域的刑事理论研究，为竞技伤害的刑法规制提供较为完善的理论体系。

第五章　竞技舞弊共犯形态及其定性

第一节　竞技舞弊的共犯形态

竞技体育的各种比赛结果具有预先不可确定的性质，这是竞技体育区别于其他文化活动的独具魅力之处。[①] 同时，比赛结果的不确定性增加了竞赛的公正性和竞争性，可以给每一个参与者以平等的机会进行较量，实现优胜劣汰，运动员及时合理地进行新老交替，能使竞技体育领域永远保持青春活力，向“更快，更高，更强”的目标不断发展。但是，由于竞技体育强烈追求一定的明确的功利目的，导致了竞技舞弊行为的发生，有的人为了获取某些利益而不惜操控比赛，破坏竞技体育结果的预先不可确定性，损害竞技体育比赛的公正性和竞争性。

竞技舞弊行为不仅违反了体育规则和社会传统道德，也侵害了刑法所保护的法益，应当受到刑法的制裁。由于竞技舞弊行为往往不是由一个人单独完成的，而是由多人共同合力、相互配合完成的，这种特点在足球比赛中尤为典型突出，因此，本文主要以足球比赛中的竞技舞弊行为为例，依据竞技操控主体的不同，从赌球集团操控、俱乐部操控、足协官员操控、裁判操控、教练和运动员操控这五个方面讨论竞技舞弊的共犯形态问题。

一、赌球集团操控

赌球，是指人们拿足球、篮球等比赛结果、球员及相关的事实进行赌博的行为。[②] 赌球集团一般由赌博业主、庄家、各级代理人和赌球者构成。赌博业主通过各级代理人到社会上广泛吸纳投注、引诱投注，再用获得的

---

① 参见石泉《竞技体育刑法制约论》（博士学位论文），吉林大学2004年。

② 参见百度百科“赌球”，http://baike.baidu.com/view/539661.htm，最后访问时间：2013年7月20日。

赌资到博彩公司投注，或者与博彩公司分成，也有的赌博业主自己也开设博彩公司进行赌博活动。大型赌博集团背后往往有较大的政治力量或商业力量的支持和庇护，甚至还有黑社会为其提供保护。在各类赌球集团中，亚洲的赌球集团最为出名。图 5 - 1 是加拿大记者德克兰·希尔绘制的亚洲赌博集团结构①。

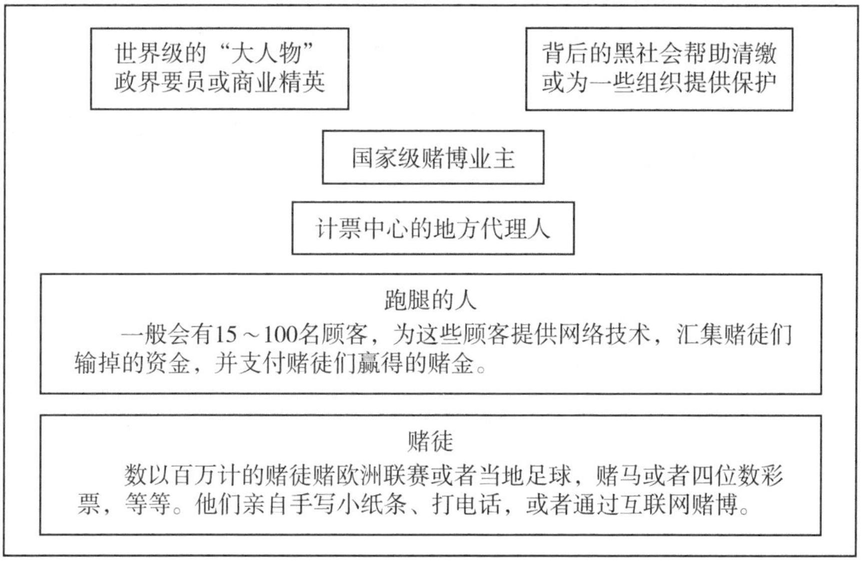

世界级的"大人物"
政界要员或商业精英

背后的黑社会帮助清缴
或为一些组织提供保护

国家级赌博业主

计票中心的地方代理人

跑腿的人
一般会有15～100名顾客，为这些顾客提供网络技术，汇集赌徒们输掉的资金，并支付赌徒们赢得的赌金。

赌徒
数以百万计的赌徒赌欧洲联赛或者当地足球，赌马或者四位数彩票，等等。他们亲自手写小纸条、打电话，或者通过互联网赌博。

图 5 - 1　亚洲赌博集团结构

亚洲赌球集团的盛行起始于 20 世纪 90 年代。1980 年，马来西亚和新加坡足协建立了一种新的职业联赛，想通过稳定持久运作良好的联赛锻造出作风精良的球队，从而进军世界足坛。但随着人们对联赛的兴趣大增，对比赛结果进行投注的人也同样增多，比赛操控者们也随之而来。许多赌博业主为了赚取高额的非法赌金，相互勾结，通过各种方式操控足球比赛的结果。1994 年，政府不得不对这一现象出面干预，据说当时 80% 的比赛都有假球存在。亚洲大陆的足球联队因此遭到了严重的破坏。② 而如今，

① 参见［加］德克兰·希尔《操控：世界足球的阴谋和犯罪》，刘坤、单玲玲、李晓译，时代文艺出版社 2010 年版，第 44 页。

② 参见［加］德克兰·希尔《操控：世界足球的阴谋和犯罪》，刘坤、单玲玲、李晓译，时代文艺出版社 2010 年版，第 7～8 页。

亚洲赌球集团的触角已经渗透到世界各地的足球比赛，而且赌博金额巨大。来自哈佛政府事务学院的研究表明，仅2001年，一个亚洲地区投放于英超联赛的非法赌金就大约在25亿美元。新加坡对于非法的体育赌博市场的估计和这一数字大致相同。如果把其他同样有赌博机构的亚洲国家考虑在内——印度尼西亚、越南、泰国、马来西亚等，这个数字是100亿美元左右。[①] 2009年11月，德国波鸿警方宣布捣毁了一个亚洲赌球犯罪集团，一共逮捕了17人，涉及9个国家，约200场比赛，超过200名球员、教练、裁判、体育官员。[②]

赌球集团操控足球比赛主要通过收买或胁迫足协官员、俱乐部官员、裁判、教练和运动员的方式来实现其目的。（见图5－2）

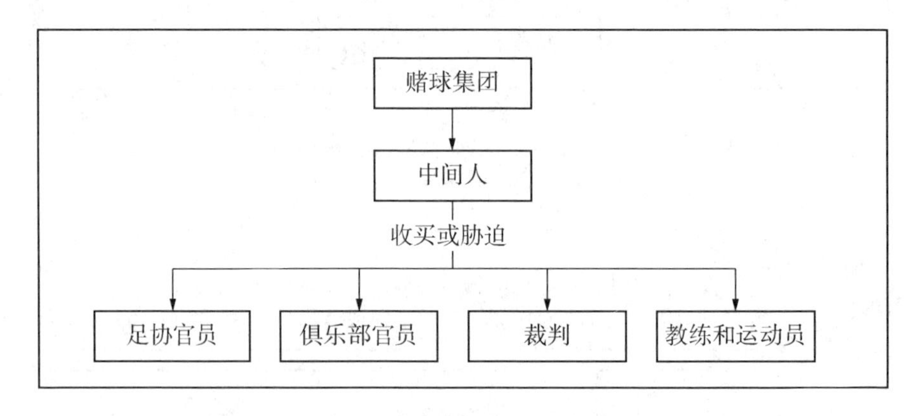

图5－2　赌球集团操控比赛示意

大多数赌博操控集团不会直接和裁判、球员等接触，他们会找一个大家都比较熟悉的“中间人”，一般会是退役了的球员，与官方和现役球员都比较熟，不会引起怀疑，这些人凭借着良好的个人名誉随便进入赛场，甚至还能进入球员入住的宾馆。同时，球员们也很信任这样的“中间人”。此外，马来半岛许多记者也与非法操控比赛的犯罪分子有过交易，为非法操控比赛做中间人，帮赌徒向球员传话。[③] 再者，就是通过具有黑社会背

① 参见［加］德克兰·希尔《操控：世界足球的阴谋和犯罪》，刘坤、单玲玲、李晓译，时代文艺出版社2010年版，第43页。

② 参见何艳《亚洲赌球集团无孔不入》，载《重庆晨报》2013年2月6日，第22版。

③ 参见［加］德克兰·希尔《操控：世界足球的阴谋和犯罪》，刘坤、单玲玲、李晓译，时代文艺出版社2010年版，第8、10页。

景的人对不愿合作的球员等进行威胁，迫使其合作。

1. 收买或胁迫足协官员

赌球集团收买足协官员，一方面，可以使自己的违法犯罪行为不用受到足球协会的制约，将足协作为自己的保护伞；另一方面，足协官员可以利用手中的职权，通过指派特定的裁判，或者给俱乐部施加压力等方式，从而实现对比赛结果的操控。有的足协官员本身也参与赌球，与赌博业主勾结串通、沆瀣一气，共同操控比赛结果，以达到赢钱的目的。

对于不予配合的足协官员，赌球集团常会使用暴力威胁的方式使其无法阻碍他们的赌博操控计划。欧洲足联的官员声称自己时常受到黑手党等的威胁，俄罗斯足球官员及其亲属则曾遭到“不明不白的”谋杀。①

2. 收买或胁迫俱乐部官员

赌球集团通过收买或胁迫足球俱乐部及其官员也能实现对比赛结果的操控。俱乐部官员通过对球队的间接调配或者直接控制球队来操控比赛结果。中国商人叶泽云曾通过行贿俱乐部，甚至收购俱乐部的行为，威逼利诱俱乐部进行打假球的勾当。在 2005 年年初的比利时足球甲级联赛（以下简称“比甲”）中，叶泽云曾以赞助商形式接触俱乐部，与比甲垫底球队利尔斯合作，向俱乐部注资 37 万欧元，并与其老板签订秘密协议，随后利尔斯至少出现过 3 场怪异比赛，无论是排兵布阵、比赛结果还是博彩网站收到的赌注，都有超乎寻常的迹象。此后，叶泽云又于 2005 年夏天收购芬兰足球超级联赛（以下简称“芬超”）阿里安斯 90% 的股份，并在第一时间调换教练与球员，首战对阵哈卡，便制造出震惊欧洲足坛的“8 比 0 惨案”。②

3. 收买或胁迫裁判

裁判对于一场比赛的结果影响十分重要，因此，赌球集团也会选择通过收买或胁迫裁判的方式来操控比赛结果。受了贿的裁判，在场上常常通过罚球、红牌等不公正的判罚来达到操控比赛的目的。2009 年，在克罗

---

① 参见［加］德克兰·希尔《操控：世界足球的阴谋和犯罪》，刘坤、单玲玲、李晓译，时代文艺出版社 2010 年版，第 96～97 页。

② “8 比 0 惨案”：2005 年 7 月 7 日，芬超第 13 轮哈卡主场对阵阿里安斯，哈卡当时仅排名第三，阿里安斯则为冠军热门，但比赛却呈一边倒局势，最后哈卡 8 比 0 狂胜，欧洲博彩公司赔到“吐血”。参见孟祥峰《博彩业已成足球最大毒瘤　黑幕不断让人触目惊心》，见 http://sports. sohu. com/20091112/n268149010. shtml，最后访问时间：2009 年 11 月 12 日。

地亚杯决赛萨格勒布迪纳摩与斯普利特哈伊杜克之间的首回合比赛上，亚洲赌博公司的庄家在比赛之前买通了主裁判马里奇及几名萨格勒布的官员，主裁判马里奇在上半场就判给了萨格勒布一粒点球，并早早把斯普利特的2名球员红牌逐出球场。最后，萨格勒布迪纳摩以3：0的悬殊比分击败了对手，亚洲赌博公司的庄家借此牟利1400万欧元。[①]

4. 收买或胁迫教练和运动员

对于赌球集团而言，足球比赛最终结果的精准度十分重要，必须符合赌球集团的预期要求。所以，收买或胁迫教练和运动员，是最能保障赌球集团实现预期比赛结果的，这种方式也是赌球集团最为青睐的，此类案例数不胜数。

1994年，英国《太阳报》爆出利物浦队门将格罗贝拉等4人接受马来西亚非法赌博集团的贿赂，在多场比赛中故意发挥失常。[②] 亚洲赌博界大名鼎鼎的人物陈立（音译）曾表示自己通过收买突尼斯队的几个球员，让他们故意丢球，从而操控了1996年雅典奥运会上突尼斯对葡萄牙的比赛。[③] 20世纪90年代，马来西亚全明星联赛的前锋斯科特·欧勒伦箫曾描述其听到的关于比赛操控的传言："在一个球队中，被收买的人往往会占到一半，另外那些毫不知情的球员则在场上奋力拼杀"，"这些团伙（球队中被收买的球员）内部都会有一个头目，赌球的人会和他联系：'你在这个球队踢球，你也懂规矩，我们就想让你输了这场球。这里是5万美元，你怎么分配我不管。'那个家伙会认识球队里的5到6个球员，他会找到这几个人说：'你们每个人赛后会得到5000美元，我给你们现金，条件是你们帮我输了这场比赛。'这个人就像一个项目经理，把钱拿来，把事办妥，然后分钱"。这个"项目经理"一般是个很有影响力的球员，例如，参与操控过一些国际赛事的南非板球队队长汉西·克龙涅，1919年世界杯棒球比赛上影响极坏的芝加哥白袜队中舞弊的明星球员们等。[④]

---

① 参见中国新闻网《庄家介入买通裁判　克罗地亚杯决赛疑为"假球"》，见 http://www.chinanews.com/ty/2010/07-27/2429018.shtml，最后访问时间：2010年7月27日。

② 参见王子江《英国足坛如何"打假"》，见 http://news.xinhuanet.com/nsports/2002-01/19/content_244906.htm，最后访问时间：2002年1月19日。

③ 参见［加］德克兰·希尔《操控：世界足球的阴谋和犯罪》，刘坤、单玲玲、李晓译，时代文艺出版社2010年版，第175页。

④ 参见［加］德克兰·希尔《操控：世界足球的阴谋和犯罪》，刘坤、单玲玲、李晓译，时代文艺出版社2010年版，第10～11页。

在一场被操控的比赛中，赌球集团一般会找 5～7 个球员，其中必须要有的是：守门员、后卫和前锋。舞弊的球员们并不希望他们所有的队友都参与进来，因为这样未必对他们有利，一方面每个人分到的钱少了，另一方面观众也容易看出端倪。前锋可以通过进球或者“不小心”让球被对方球员断走来控制比赛的输赢；中场球员则靠控制球来拖延比赛时间；后卫可以确保对方的前锋毫无阻拦地把球带到球门前；守门员则会在对方前锋带球到球门前时马上跑出球门地带，让对方的前锋在他身边绕过，直接把球送入空门，然后这位门将会手臂乱挥，不停咒骂，以此来表示自己尽了力却没能把球拦下，旁观者很难判断出这位门将是否是故意犯了这样的错误。尽管比赛要求诚信，但球员和俱乐部收入太低，往往使他们很容易被收买。有球员表示，在比利时联赛中能有幸受贿是很让人沾沾自喜的事。[①]

除去收买足球教练和运动员来操控比赛的方式，胁迫教练和运动员参与操控比赛也是赌球集团惯用的伎俩。如果球员不愿满足赌球集团的要求，赌球集团往往会以暴力甚至是谋杀相威胁。

在马来西亚和新加坡，总会听到黑帮袭击之类的事件发生：一条剧毒的眼镜蛇被放进球员的车里，一位守门员蹊跷地死于车祸等。一位被迫参与操控比赛的被告曾向警察这样讲述：“在我训练的时候，有两个人走过来向我祝贺，问我愿不愿意一起合作操控一场对新加坡的比赛，我拒绝了他们，然后离开。这两个人跟着我，逼着我站住，他们拿出一把兰博式刀威胁说如果不答应就要杀了我和我妻子。”一位在亚洲执教过的教练说：“赌博操控者给他的球员打个电话：‘我们要这场比赛 2 比 0 的差距，你或者输或者赢。照办，否则后果自负！’如果球员让他们滚，他们就会说‘我知道你的妹妹在哪里上学’或者‘我知道你的奶奶在哪里逛街’。”[②]

有的足球教练和运动员第一次参与操控比赛时可能是被胁迫的，但在操控比赛的过程中尝到了甜头，于是转为自愿参与。也有的教练和运动员在自愿参与后想退出，却为时已晚，一位新加坡的警官在一次访谈中说：“一旦球员拿了钱，一切都完了，他们永远不能把钱还回去，因为赌博者

---

① 参见［加］德克兰·希尔《操控：世界足球的阴谋和犯罪》，刘坤、单玲玲、李晓译，时代文艺出版社 2010 年版，第 76 页。

② ［加］德克兰·希尔：《操控：世界足球的阴谋和犯罪》，刘坤、单玲玲、李晓译，时代文艺出版社 2010 年版，第 7 页。

会说：‘如果你不这么做，我就告诉大家你收了钱了。’”[①] 因此，许多足球教练和运动员即便想退出，为了保住自己的足球职业生涯，也只能被胁迫继续参与操控比赛。

除了足球比赛，壁球、赛马、斗鸡、拳击、篮球、一级方程式赛车、曲棍球、板球、奥林匹克预赛等的比赛结果都会被作为博彩的对象，这些比赛都可能遭到赌博集团的操控。

二、俱乐部操控

俱乐部操控比赛，是赌球集团操控比赛之外的最常见的足球比赛操控形式。俱乐部为了自身的利益，如保级、升级、夺冠等，需要对比赛结果进行操控，也有的俱乐部因为参与赌球，为了获利而让自己的球队踢假球。俱乐部操控足球比赛主要是以俱乐部官员为主导，通过控制本俱乐部的球队，或者通过贿赂其他俱乐部、贿赂足协官员、贿赂裁判、贿赂其他球队的教练和运动员的方式来进行，后几种一般会通过中间人来进行操作。（见图 5-3）

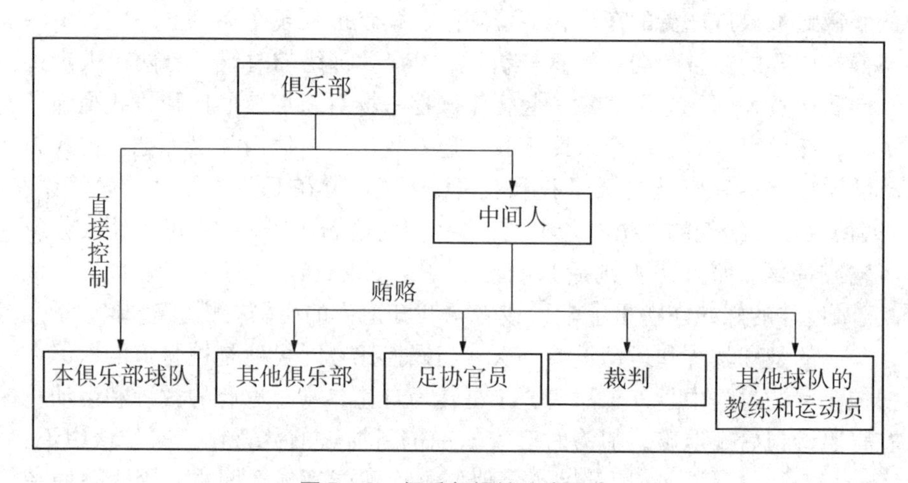

图 5-3 俱乐部操控比赛示意

① [加] 德克兰·希尔：《操控：世界足球的阴谋和犯罪》，刘坤、单玲玲、李晓译，时代文艺出版社 2010 年版，第 115 页。

1. 直接控制本俱乐部球队

俱乐部以直接控制本俱乐部球队的方式来操控比赛，一般是为了输掉某场球赛，从而使俱乐部及其球队从中获利。

例如，1984 年第一届中国足协杯第二阶段，安徽、福建两队相遇。谁在这场比赛中获胜，谁就将在第三阶段遭遇强大的八一队。眼看比赛将以 0 比 0 完场，安徽队突然将球送进自家大门。更绝的是，在剩下的几分钟内，福建队同样向自家大门发起猛攻。这时候，安徽队倒戈相向，替福建队当起了后卫，顶住了福建队对自家大门的狂轰滥炸。终场哨响，安徽队为他们的失败欢呼庆幸，福建队则为他们的胜利如丧考妣。①

另一种情况是俱乐部官员参与赌球，为了获利，贿赂或强迫本俱乐部球队按照其要求踢假球。

例如，广为人知的新加坡联赛赌球案。辽宁广原队在 2007 年首次加入新加坡联赛。比赛中，前锋赵志鹏和其他 6 名球员接受了俱乐部总经理王鑫的贿赂，在新加坡联赛中故意输球，而王鑫则通过下注赌球而获利。②

我国青岛的海利丰俱乐部也存在踢假球的行为。据称，管理球队的人员直接接受老板杜某的指令，在接到信息之后立刻安排专人在赌博网站下注。随后他通知球队内部的人员，该人员再在比赛前或进行中，通过口头告知的方式，安排中后场的球员踢假球。青岛海利丰队踢假球的幕后老板说一不二，指令下来了，球队必须不折不扣地执行。如果踢不好，会遭到幕后老板的惩罚。如果不按照老板的意图来踢，就会有人遭殃。③ 2009 年 9 月 2 日，中国甲级联赛（以下简称“中甲”）第 18 轮，在四川和青岛海利丰比赛的最后阶段，最后 5 分钟，3∶0 领先的青岛海利丰队竟然朝着自己的球门疯狂射门。经有关部门查明，青岛海利丰足球俱乐部董事长杜某为达到通过赌球获利的目的，以操纵队员的方式操纵比赛，致使队员不惜把球踢向自家球门以“完成进球任务”。④

更有甚者，不仅通过控制本俱乐部球队踢假球来赌球投注获利，而且还以输球为筹码向对方俱乐部索贿。

---

① 参见李承鹏、刘晓新、吴策力《中国足球内幕》，江苏人民出版社 2010 年版，第 242 页。

② 参见郝洪军《球事儿》，中国三峡出版社 2010 年版，第 16 页。

③ 参见郝洪军《球事儿》，中国三峡出版社 2010 年版，第 73～74 页。

④ 参见张宗堂《吊射门真相查明：老板赌球操控比赛　命令球员作假》，见 http://sports.163.com/10/0224/16/60A4AV4K00051C89.html，最后访问时间：2010 年 2 月 24 日。

王珀和王鑫任山西陆虎俱乐部正副总经理期间，就操控了2006赛季中甲的部分比赛。其中，2006年8月19日，中甲第17轮广州医药5∶1大胜山西陆虎的假球案。山西陆虎队通过中间人尤可为、钟国建找到了广州医药队的副总经理兼领队杨旭，广州队为确保这场球能赢，给了山西陆虎队20万元。王鑫随后要求自己的队员输球，踢出大比分，以便王鑫和王珀在外围进行赌球。比赛当天，他们找到了一个国际赌博网站下注，每人赢了十几万元。①

2. 贿赂其他俱乐部

俱乐部通过贿赂其他俱乐部来操控比赛，通常有两种情况：一是贿赂对方俱乐部官员及其球队，从而达到赢得某场比赛的目的；二是在联赛中贿赂除比赛方以外的其他俱乐部官员及其球队，通过操控其他比赛从而使自己球队得以保级、升级或夺冠。

意大利20世纪70年代的足球前锋卡洛·佩特里尼在自传中曾写道：在一场被操控的博洛尼亚对尤文图斯的A级联赛中，双方的约定是打成0比0。一切都进展得很顺利，然而在第55分钟时，尤文图斯队的一位球员抬脚将球射向博洛尼亚队的球门，当时正在下雪，所以，博洛尼亚队的守门员手一滑，没能控制住球，眼睁睁地看着它从自己的身边滑进了球网。博洛尼亚队几乎气疯了，这两支队伍在球场上差点打了起来。不过尤文图斯队的一位中场球员喊道："别担心，我们也给你进一个球。"10分钟后，博洛尼亚队获得了一个角球的机会，在球开射出来之后，一位尤文图斯队员腾空而起，用头将球顶进了自己的大门。最终比赛以1比1结束，双方都对此非常满意。然而球迷们却愤怒地用雪球砸向球员，他们恨死了这场比赛。②

1971年，德国奥芬巴赫踢球者俱乐部向科隆以及布劳恩施威格等俱乐部行贿，希望拯救自己濒临降级的球队。这次事件涉及的金额达到200万马克，涉及的人物包括6名俱乐部官员、2名教练以及7个俱乐部的52

① 参见新浪体育《〈焦点访谈〉披露赌球黑幕 王鑫如何操纵比赛》，见http://sports.sina.com.cn/j/2009-11-25/20294714472.shtml，最后访问时间：2009年11月25日。

② 参见［加］德克兰·希尔《操控：世界足球的阴谋和犯罪》，刘坤、单玲玲、李晓译，时代文艺出版社2010年版，第16页。

名球员。[1] 除此之外，1971 年德国甲级联赛的最后 8 个比赛日里，72 场比赛中有 26 场，也就是超过 1/3 的场次被证明受到了操控。[2]

类似地，2004 年 9 月，巴尔蒂卡队在俄罗斯足球赛季中的表现不佳，球队董事德米特里·切佩利决定操控 2 场假球比赛来拯救球队，之后其成功操控了一场比赛使巴尔蒂卡队免于降级。[3]

在我国，足球俱乐部通过贿赂其他足球俱乐部来操控比赛的现象也屡见不鲜。

1999 年 12 月 5 日的"渝沈之战"就是中国足球职业联赛历史上一起有名的假球案件。当时，沈阳海狮队面临降级，与重庆隆鑫队的一战至关重要，于是沈阳海狮花 300 万元买通了重庆隆鑫俱乐部，最后以 2∶1 获得了比赛的胜利，成功保级。据传，在"渝沈之战"的前一天，重庆隆鑫俱乐部的官员曾向另一场比赛中的深圳平安队暗示，只要其给 300 万元，重庆隆鑫就死磕沈阳海狮，确保深圳平安顺利保级。但深圳平安最后并没有与重庆隆鑫达成协议，幸而其在与广州松日的比赛中取得了胜利，才没有被降级，而在这场比赛中输球的广州松日队则代替沈阳海狮队降入了甲 B。[4]

2001 年的"假 B 五鼠案"被称为我国最明目张胆、最夸张的假球案。2001 年甲 B 联赛最后两轮，事关冲击甲 A，浙江绿城、成都五牛、长春亚泰、江苏舜天、四川绵阳 5 支球队为争夺冲 A 名额，相互串通，制造了一系列连续假球事件，其中成都五牛对四川绵阳，踢出了 11∶2 的比分，创造了中国次级联赛比分和绝对进球数的纪录，引起全国媒体和球迷同声叫假。[5]

3. 贿赂足协官员

俱乐部贿赂足协官员，主要是通过足协官员为比赛选派特定的裁判

---

① 参见郑汉银《德国"黑哨"要进监狱》，见 http://news.xinhuanet.com/nsports/2002-01/23/content_251097.htm，最后访问题意：2002 年 1 月 23 日。

② 参见［德］诺贝特·魏斯《足球俱乐部黑皮书》，方厚升译，文汇出版社 2004 年版，第 49 页。

③ 参见［加］德克兰·希尔《操控：世界足球的阴谋和犯罪》，刘坤、单玲玲、李晓译，时代文艺出版社 2010 年版，第 90～91 页。

④ 参见郝洪军《球事儿》，中国三峡出版社 2010 年版，第 120～126 页。

⑤ 参见张可《2001 年"甲 B 五鼠案"：中国足球最大丑闻》，见 http://js.people.com.cn/html/2012/02/18/80712.html，最后访问时间：2012 年 2 月 18 日。

（如由俱乐部收买的裁判）来操控比赛，或者是通过足协官员作为中间人来联系或指使裁判、其他俱乐部及球员而操控比赛。

例如，著名的意大利甲级联赛（以下简称“意甲”）“电话门”假球事件，则是由《米兰体育报》披露了尤文图斯俱乐部总经理莫吉和意甲裁判指定员帕伊雷托之间的通话记录而爆出。这份记录表明，莫吉和足协内部的某些官员关系过于亲密，并参与了多场比赛的裁判安排，因此，尤文图斯经常在比赛中受到裁判的“照顾”。[①] 我国前足协裁判委员会秘书长张建强，也曾在任职期间，收受陕西国力足球俱乐部等 8 个足球俱乐部的贿赂，利用自己管理裁判等的职务便利，为有关单位在裁判的选派和执裁比赛中得到关照等事项谋取利益。在 2003 年甲 A 联赛中上海申花对上海国际的比赛中，张建强收受上海申花 70 万元的贿赂，与足球裁判陆俊通谋，在执裁比赛中对上海申花俱乐部给予关照。[②]

我国足协联赛部原工作人员范广鸣等人则曾作为中间人，通过商业贿赂 150 万元操控了 2006 年中甲广药对阵绿城的冲超关键战役。由于这场球对两队都很重要，时任广州医药足球俱乐部副总经理的杨旭，在无望通过俱乐部做工作的情况下，打电话求助范广鸣。范广鸣便与原青岛中能 U19 队主教练冷波联系，冷波又与前山东鲁能队长邢锐联系，再由邢锐找到原浙江绿城队主力队员沈刘曦等人做球。事成之后，沈刘曦等人分得 80 万元，邢锐分得 20 万元，范广鸣和冷波各得 25 万元。[③]

4. 贿赂裁判

贿赂裁判也是俱乐部操控比赛的常用方式之一。俱乐部贿赂裁判不仅仅限于使用现金贿赂，还会通过送高档昂贵的礼物甚至性贿赂的方式进行贿赂。

意大利尤文图斯曾通过匈牙利籍代理人德若·索尔蒂贿赂裁判，操控比赛。索尔蒂在欧洲杯半决赛前邀请葡萄牙裁判到宾馆房间见面，当裁判出现的时候，一位漂亮的白肤金发碧眼的女子便挽着索尔蒂一道迎上去，

① 参见郝洪军《球事儿》，中国三峡出版社 2010 年版，第 27 页。

② 参见卢岩《上海申花 70 万贿赂黑哨　陆俊张建强各分 35 万赃款》，见 http://www.chinanews.com/ty/2011/03-30/2941324.shtml，最后访问时间：2011 年 3 月 30 日。

③ 参见郝洪军《中国足球窝案》，湖南文艺出版社 2011 年版，第 277 页。

索尔蒂承诺，如果尤文图斯能进入决赛，裁判会得到一辆汽车。[①]

克罗地亚籍人柳博·巴仁则多年来一直辅助法国波尔多队和马赛队操控欧洲杯比赛，为此，他给裁判和俱乐部所有人送去美女、礼物（如毛皮大衣、劳力士表、香水、昂贵的服饰和时尚的笔等）；巴仁通常雇佣一批价格高的巴基斯坦妓女，以每晚 2000 英镑的价格在欧洲的大比赛前服务裁判员。巴仁说马赛队操控比赛不单单是一次性的行为，它更是一个持续不断贿赂的范例。他们每年拿出特别资金五六百万法郎用以操控关键环节（通常是欧洲的比赛）。[②]

2001 年，我国浙江吉利足球俱乐部官员李书福和浙江绿城足球俱乐部官员宋卫平联袂揭黑，主动承认和裁判有过黑哨交易。宋卫平称，在中国，俱乐部给裁判送钱是常态，一般主场至少送裁判 6 万元。[③] 我国原裁判周伟新就曾收受沈阳金德队的贿赂 20 万元，操控了 2004 年中国超级联赛（以下简称“中超”）第 14 轮沈阳金德与北京现代的比赛，导致北京现代不满当值主裁判周伟新的点球判罚而集体罢赛。[④]

5. 贿赂其他球队的教练和运动员

俱乐部通过单独贿赂本球队以外的其他球队的教练和运动员来操控比赛的情况较少，因为俱乐部通过贿赂对方俱乐部来操控比赛会更加直截了当，而且易于操作。

科隆队门将曼弗雷德·曼格利茨技术精湛，是国家队的主力队员。但统计数字表明他也在收受贿赂：他平均每场比赛只有 1.4 个失球，然而有 2 场比赛却失了 11 个球。其中，科隆在主场对阵濒临降级的奥伯豪森队时以 2∶4 输掉了这场比赛，经证实，这 4 个失球是因为有人用 20000 马克收买了曼格利茨。[⑤]

---

① 参见［加］德克兰·希尔《操控：世界足球的阴谋和犯罪》，刘坤、单玲玲、李晓译，时代文艺出版社 2010 年版，第 121 页。

② 参见［加］德克兰·希尔《操控：世界足球的阴谋和犯罪》，刘坤、单玲玲、李晓译，时代文艺出版社 2010 年版，第 120～124 页。

③ 参见杨明《黑哨：足坛扫黑调查手记》，新华出版社 2002 年版，第 12 页。

④ 参见卢岩《周伟新收受沈阳金德 20 万贿赂　成京沈战罢赛导火索》，见 http://www.chinanews.com/ty/2011/03-30/2941139.shtml，最后访问时间：2011 年 3 月 30 日。

⑤ 参见［德］诺贝特·魏斯《足球俱乐部黑皮书》，方厚升译，文汇出版社 2004 年版，第 52 页。

三、足协官员操控

足协官员因为掌管着与足球比赛相关的职权，有时可能会为了自身利益而滥用职权操控比赛，例如，赢得某场国际赛事从而为自己增加政绩，或者利用委派裁判的职权向俱乐部索取贿赂等。根据国际足联史和统计数据的记载，在1934年的世界杯上，墨索里尼政府的官员就曾因垂涎冠军而操控了意大利和希腊的资格赛。[①] 足协官员操控比赛主要是通过委派特定的裁判或给裁判下指令来实现。（见图5－4）

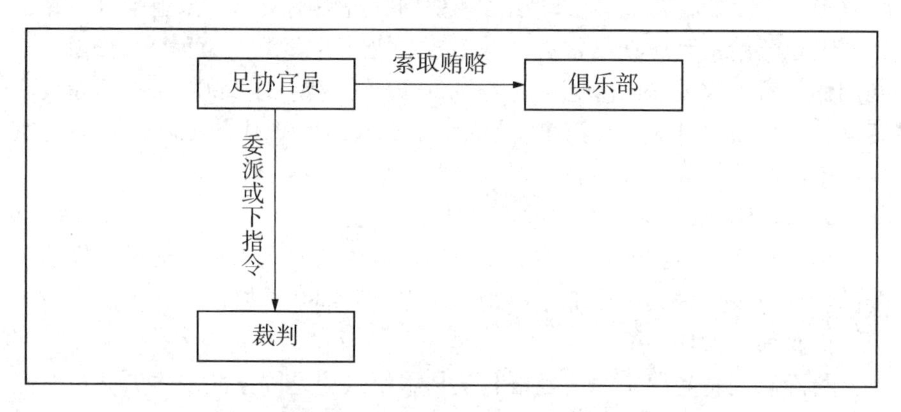

图5－4　足协官员操控比赛示意

2010年，原中国足协副主席南勇、杨一民，裁判委员会原主任张建强因操纵足球比赛涉嫌收受贿赂犯罪被刑事拘留。一位足坛资深人士介绍："足协官员要想操控比赛结果，最简单的方法就是在一些场次安排他们的嫡系裁判。一些俱乐部给足协交钱，足协会在关键场次把和该俱乐部关系好的裁判安排进去，那样就是帮了俱乐部的忙。如果有问题，那是裁判的能力问题，和足协没有关系。这是最稳妥的办法。"[②]

接受足协的"特殊"指令而进行执裁的裁判一般被称为"官哨"。最

① 参见［加］德克兰·希尔《操控：世界足球的阴谋和犯罪》，刘坤、单玲玲、李晓译，时代文艺出版社2010年版，第78页。

② 参见范宏基《南勇杨一民张建强被依法逮捕》，载《半岛体育》2010年3月2日，第B11版。

大的官哨当属“爱国哨”。1996 年 4 月 9 日，北京国安队 2 比 1 战胜巴西格雷米奥队。主裁判黄钢的数次重大错判，严重影响了比赛进程与结果，包括吹了格雷米奥队的一个点球，罚下格雷米奥一名球员，以及对近在咫尺的国安队员球门线上的手球视而不见。2009 年度，万大雪在中国对沙特阿拉伯的比赛中、范琦在中国对伊朗的比赛中都有“出色”的发挥。[①]

但是，由足协官员主导操控足球比赛的情况还是少数，大部分时候，足协官员参与操控比赛，主要是充当“中间人”的角色，帮助赌球集团或俱乐部牟利，并从中收取贿赂，这两种情况在上文中已做介绍。

四、裁判操控

由裁判为主导操控比赛，一般是裁判为了谋取私利，向俱乐部索取贿赂，并且利用自己执裁的职权操控比赛。裁判往往是通过罚球来达到操控比赛的目的，在有裁判操控的比赛中，罚球的概率会比正常的比赛高出一倍多。[②]（见图 5－5）

图 5－5　裁判操控比赛示意

在我国，贿赂裁判已经成为足球比赛的潜规则。在 2001 年的黑哨事件中，浙江绿城俱乐部官员宋卫平称，想玩足球，必须要贿赂裁判，足球的腐败让他身心疲惫。[③] 在我国，干净的裁判是极少数的，给钱就收的是大多数，主动索要的是极少数。浙江吉利俱乐部官员李书福称，贿赂裁判是迫不得已，都是裁判要求的。[④] 深圳金鹏俱乐部官员利焕南也表示，金鹏俱乐部也曾给裁判送过钱，从 1 万元到 3 万元不等，虽然知道这是不对

---

① 参见李承鹏、刘晓新、吴策力《中国足球内幕》，江苏人民出版社 2010 年版，第 227 页。

② 参见［加］德克兰·希尔《操控：世界足球的阴谋和犯罪》，刘坤、单玲玲、李晓译，时代文艺出版社 2010 年版，第 30～31 页。

③ 参见［加］德克兰·希尔《操控：世界足球的阴谋和犯罪》，刘坤、单玲玲、李晓译，时代文艺出版社 2010 年版，第 4～5 页。

④ 参见杨明《黑哨：足坛扫黑调查手记》，新华出版社 2002 年版，第 85～86 页。

的，但是足球的大环境所迫，花钱就是想买个公平，不这样做可能会遭到对手的暗算，同时，贿赂裁判也可以使裁判在比赛中尽量公正地判罚。[①]

《南国早报》曾报道2000年承办广东宏远队主场比赛期间，由于初涉足坛不明其中奥妙，加之前几场比赛宏远队气势如虹全无败绩，广足以为可以省下这一笔费用，所以，一开始并没有“做裁判”。从南宁的第四个主场对北京波导的比赛开始，在“好心人”的提醒之下，广足被迫随波逐流，通过中间人向裁判允诺，获胜给5万元（主裁3万元，2名助理裁判各1万元），打平给1万元，比赛输了则一分不给。据称，这些神秘的中间人都是在裁判队伍里混的人，对裁判知根知底，同时活动于各俱乐部之间，是连接俱乐部和裁判之间的重要纽带。[②]

五、教练和运动员操控

某些教练和运动员为了获取比赛的优异名次或谋取其他私人利益，会选择操控比赛，有时是教练和运动员合谋操控比赛，也有的是运动员内部合谋或运动员自行操控比赛。教练和运动员操控比赛的行为形式主要有假球、让球、使用兴奋剂、虚报年龄等舞弊行为。

1. 假球行为

教练和运动员在参与赌球的情况下，会通过踢假球来操控比赛，从而从赌博中获利。辽足俱乐部官员张曙光曾给记者分析假球的四种打法：一是俱乐部因为一些工作上的需要授意队员去放水；二是教练员带领一帮队员赌球，然后大家一起分钱；三是几个队员在比赛中下注，押自己的球队输；四是全队可能都下注，但大家是想通过一场胜利来多挣一点钱，而少数的几个人却故意输球来让自己得到好处。[③] 后三种假球行为都属于教练和运动员操控比赛的行为。

2001年10月7日，米卢率领我国国家队在沈阳迎战阿曼，国家队只要获胜就能出线。这场球被澳门庄家开盘了，开了小盘，即国家队可以赢，但只能赢一个球。据传，澳门庄家到沈阳与球队联系企图操控比赛。球队中的F带头串通球员，说压多少赢多少，于是大多数球员都压了钱。

① 参见杨明《黑哨：足坛扫黑调查手记》，新华出版社2002年版，第160页。
② 参见杨明《黑哨：足坛扫黑调查手记》，新华出版社2002年版，第203～204页。
③ 参见郝洪军《球事儿》，中国三峡出版社2010年版，第134页。

最后，国家队以 1 ∶ 0 战胜阿曼。[①]

2. 让球行为

让球行为从广义上来讲也属于假球行为，是指运动员在比赛中消极比赛，故意输球给对手。教练和运动员通过让球来操控比赛结果，一种情况是教练和运动员收受了对手的贿赂，故意输球；另一种情况则是教练和运动员为了获取优异名次故意采取的策略，这种行为在羽毛球等比赛中尤为常见。

在 2000 年悉尼奥运会上，中国羽毛球队教练李永波曾授意队员叶钊颖在半决赛时故意输给队友龚智超，以便龚智超在决赛中争夺金牌。2004 年雅典奥运会上，李永波又让周蜜让球给张宁，以便张宁保留体力拼决赛。[②] 在 2012 年伦敦奥运会上，羽毛球女子双打小组赛最后一轮比赛中，中国选手于洋、王晓理对阵韩国选手郑景银、金荷娜，韩国选手河贞恩、金旼贞对阵印度尼西亚选手波利、娇哈利的比赛中涉嫌故意放水。现场观众本来想花钱看一场精彩对决，但看到的却是双方莫名其妙的发球出界和回球下网。国际羽联对其做出处罚，取消这 4 对组合的奥运会参赛资格。新华社对此事评论道："故意输球以避开强手，这类做法骨子里戕害了体育精神和道德，是赤裸裸的为金牌而金牌行为，极不尊重观众，最终即使赢得金牌，也会广遭诟病。"[③]

3. 使用兴奋剂

运动员使用兴奋剂作弊的问题由来已久。无论何时何地，只要体育比赛的结果可能关系到社会地位、金钱或其他类似的回报，都曾经发生过企图通过使用兴奋剂来获取竞赛优势的事例。[④] 公元前 3 世纪，古希腊运动员就开始通过食用各种蘑菇来提高其竞技能力。[⑤] 20 世纪中期，第二次世界大战（以下简称"二战"）期间无控制的大批量、经常性的药物实验，导致体育界开始广泛使用药物。常见的兴奋剂有苯丙胺类、麻黄碱及相关的刺激剂、咖啡因、血液兴奋剂（rEPO）、巴比妥类、β－阻断剂类、蛋

① 参见郝洪军《球事儿》，中国三峡出版社 2010 年版，第 212 页。

② 参见《中国羽毛球让球成瘾》，载《金陵晚报》2012 年 8 月 2 日，第 A30 版。

③ 杨明：《新华社狠批：国羽输球又输人！丢人丢到家!》，见 http://2012.sohu.com/20120801/n349531205.shtml，最后访问日期：2012 年 8 月 1 日。

④ 参见［英］巴里·霍利亨《孤注一掷：现代体育的反兴奋剂斗争——体育运动中的使用兴奋剂现象及反兴奋剂政策的制定》，郑斌译，人民体育出版社 2007 年版，第 31 页。

⑤ Puffer J. The Use of Drugs in Swimming. Clinical Sports Medicine, 1986, 5: 7.

白同化类固醇和蛋白同化制剂、可卡因、人体生长激素、利尿剂等。[①]

1976年蒙特利尔奥运会民主德国女子游泳运动员通过使用蛋白同化类固醇等兴奋剂大大提高了成绩，取得了惊人的绝对胜利，对自视为游泳强国的美国产生了深远的影响：游泳运动员和游泳教练员的职业生涯被彻底摧毁，有天赋的运动员早早退役，美国1976年奥运会女子游泳队的总教练被看作彻底的失败者，从此再也没有担任过奥运会代表队的教练。[②] 2013年1月，美国自行车名将阿姆斯特朗在接受电视采访时承认，自己在全部7次环法赛夺冠的经历中都使用过禁药，并且不止一种，他认为凭借正常的人类身体无法连续7次获得环法冠军。[③]

由于使用兴奋剂既损害运动员的健康，又破坏公平竞争，而且还会败坏体育的名誉，从而使外界丧失对体育的信任，最终使政府、企业和社会公众对体育不感兴趣，澳大利亚参议院委员会认为，使用违禁药物的行为违反了体育组织的有关规定，属于欺骗行为。[④]

4. 虚报年龄

运动员通过虚报年龄的方式参加比赛，也属于一种操控比赛的舞弊行为。对于限定年龄的青少年比赛而言，年长的选手往往实力更强，容易胜出。由于竞争激烈，淘汰率高，往往相差一岁，实力都会相差很多。业内人士称："如果两名队员处在同等条件下，运动队往往更乐于培养更年轻的那一位。"这也是导致许多运动员篡改自己年龄的原因之一。[⑤]

---

① 参见［英］巴里·霍利亨《孤注一掷：现代体育的反兴奋剂斗争——体育运动中的使用兴奋剂现象及反兴奋剂政策的制定》，郑斌译，人民体育出版社2007年版，第33～35页。

② J. Leonard. Doping in Elite Swimming: a Case Study of the Modern Era from 1970 Forward. in W. Wilson, E. Derse. Doping in Elite Sport: the Politics of Drugs in the Olympic Movement, Champaign. Human Kinetics Publishers, 2001: 230 - 1.

③ 参见新华社《阿姆斯特朗公开承认丑闻：7次环法夺冠都用禁药》，见http://sports.sohu.com/20130118/n363897445.shtml，最后访问时间：2013年1月18日。

④ 参见［英］巴里·霍利亨《孤注一掷：现代体育的反兴奋剂斗争——体育运动中的使用兴奋剂现象及反兴奋剂政策的制定》，郑斌译，人民体育出版社2007年版，第150～151页。

⑤ 参见张楠《中国乒乓球再陷"年龄造假门"　全国比赛违规竟超3成》，见http://sports.sina.com.cn/o/2009-07-09/01094473019.shtml，最后访问时间：2009年7月9日。

第二节 竞技舞弊的共犯定性

一、赌球集团操控行为的共犯定性

（一）赌球集团自身行为的共犯定性

1. 赌球行为的定性

《体育法》第三十三条规定："体育竞赛实行公平竞争的原则。……严禁任何组织和个人利用体育竞赛从事赌博活动。"第四十九条规定："利用竞技体育从事赌博活动的，由体育行政部门协助公安机关责令停止违法活动，并由公安机关依照治安管理处罚条例的有关规定给予处罚。在竞技体育活动中，有贿赂、诈骗、组织赌博行为，构成犯罪的，依法追究刑事责任。"由此可见，我国体育法对利用体育竞赛从事赌博活动并未规定具体明确的惩罚措施，在竞技体育中的犯罪行为应依照刑法予以认定和处罚。

《刑法》第三百零三条规定了赌博罪和开设赌场罪。赌博罪："以营利为目的，聚众赌博或者以赌博为业的，处三年以下有期徒刑、拘役或者管制，并处罚金。"开设赌场罪："开设赌场的，处三年以下有期徒刑、拘役或者管制，并处罚金；情节严重的，处三年以上十年以下有期徒刑，并处罚金。"

同时，2005 年发布的《最高人民法院、最高人民检察院关于办理赌博刑事案件具体应用法律若干问题的解释》第一条规定："以营利为目的，有下列情形之一的，属于刑法第三百零三条规定的'聚众赌博'：（一）组织 3 人以上赌博，抽头渔利数额累计达到 5000 元以上的；（二）组织 3 人以上赌博，赌资数额累计达到 5 万元以上的；（三）组织 3 人以上赌博，参赌人数累计达到 20 人以上的……"第二条规定："以营利为目的，在计算机网络上建立赌博网站，或者为赌博网站担任代理，接受投注的，属于刑法第三百零三条规定的'开设赌场'。"第四条规定："明知他人实施赌博犯罪活动，而为其提供资金、计算机网络、通讯、费用结算等直接帮助的，以赌博罪的共犯论处。"

赌球集团中赌博业主以营利为目的，向博彩公司注册账号，建立地下赌场或赌博网站接受投注的行为符合“开设赌场”的情形，构成开设赌场罪。曾任辽宁广原队领队兼球会总经理、山西路虎足球俱乐部副总经理等职务的王鑫即因在2006—2009年通过他人获取“皇冠”赌博网站代理资格，接受投注，涉及赌资人民币1100万余元，被判决构成开设赌场罪。[①] 赌博业主以营利为目的组织多人赌博的行为符合“聚众赌博”的情形，构成赌博罪。赌球集团中各级代理人在社会上广泛吸纳投注、引诱投注，为赌博业主组织赌博提供帮助的行为，构成赌博罪的共犯。赌球者若以营利为目的，而且以赌博为业的，也应构成赌博罪，但如果不符合赌博罪构成要件的，其赌博行为仅受治安行政处罚。

此外，我国《刑法》第二十六条规定：“三人以上为共同实施犯罪而组成的较为固定的犯罪组织，是犯罪集团。”赌球集团符合该规定，因此，应当定性为犯罪集团，赌博业主作为组织、领导犯罪集团的首要分子，是主犯，应当按照集团所犯的全部罪行进行处罚。各级代理人在共同犯罪中起主要作用的，是主犯，按照其所参与的或组织、指挥的全部犯罪处罚；其余在共同犯罪中起次要或辅助作用的，是从犯，应从轻、减轻处罚或者免除处罚。

2. 操控比赛行为的定性

赌球集团操控足球比赛，使足球比赛的结果具有确定性，而赌博的输赢也失却了偶然性，从而不法取得了赌球者的赌资。1995年最高人民法院发布的《最高人民法院关于对设置圈套诱骗他人参赌又向索还钱财的受骗者施以暴力或暴力威胁的行为应如何定罪问题的批复》中将这种行为定性为赌博罪：“行为人设置圈套诱骗他人参赌获取钱财，属赌博行为，构成犯罪的，应当以赌博罪定罪处罚。”但我国刑法学者并不认同上述解释，对此问题存在争论。有学者认为，上述行为符合诈骗罪的构成要件，应以诈骗罪论处。[②] 有的学者认为，设置圈套诱骗他人参赌的诱赌行为与在赌博过程中采取欺诈手段赢取他人财物的赌博诈骗是有区别的，前者按相关法律解释以赌博罪论处，后者宜以诈骗罪论处。[③] 本文赞成第二种观点，

① 参见新浪体育《中国足坛反赌案主要涉案人员案情及判决结果一览》，见 http://sports.sina.com.cn/c/2012-06-13/13036098344.shtml，最后访问时间：2012年6月13日。

② 参见张明楷《刑法学》，法律出版社2011年版，第895页。

③ 参见李立众《刑法一本通》，法律出版社2010年版，第310页。

赌球集团操控比赛的行为，在赌博罪的基础上，还另外构成了诈骗罪——赌球集团以非法占有为目的，采用欺骗方法，骗取了赌球者数额较大（3000 元以上）[①] 的财物，符合诈骗罪的构成要件。

（二）赌球集团收买或贿赂他人行为的共犯定性

1. 收买或胁迫足协官员

《中国足球协会章程》第三条规定："中国足球协会是中华人民共和国境内从事足球运动的单位和个人自愿结成的唯一的全国性的非营利性社会团体法人。"我国《体育法》第四条规定："国务院体育行政部门主管全国体育工作。"第二十九条规定："全国性的单项体育协会对本项目的运动员实行注册管理。"第三十一条规定："全国单项体育竞赛由该项运动的全国性协会负责管理。"由此可见，中国足协的性质是社会团体法人，依据《体育法》的授权在足球领域行使管理权，是具有行政管理权的协会。同时，中国足球协会和中国体育总局足球运动管理中心是"一套班子，两块牌子"，国家足球运动管理中心是国家体育总局的直属事业单位，被赋予了对足球运动项目的全面管理职能。[②] 因此，无论足协官员是否为事业单位中从事公务的人员，都属于我国《刑法》第九十三条所定义的"国家工作人员"。

我国《刑法》第三百八十五条规定："国家工作人员利用职务上的便利，索取他人财物的，或者非法收受他人财物，为他人谋取利益的，是受贿罪。国家工作人员在经济往来中，违反国家规定，收受各种名义的回扣、手续费，归个人所有的，以受贿论处。"第三百八十九条规定："为谋取不正当利益，给予国家工作人员以财物的，是行贿罪。在经济往来中，违反国家规定，给予国家工作人员以财物，数额较大的，或者违反国家规定，给予国家工作人员以各种名义的回扣、手续费的，以行贿论处。因被勒索给予国家工作人员以财物，没有获得不正当利益的，不是行贿。"因此，赌球集团贿赂足协官员的行为构成行贿罪；足协官员收受贿赂，利用

① 2011 年发布的《最高人民法院、最高人民检察院关于办理诈骗刑事案件具体应用法律若干问题的解释》第一条规定："诈骗公私财物价值三千元至一万元以上、三万元至十万元以上、五十万元以上的，应当分别认定为刑法第二百六十六条规定的'数额较大'、'数额巨大'、'数额特别巨大'。"

② 参见治学《我国未来竞技体育管理体制构想》，载《体育文史》2000 年第 6 期，第 7～9 页。

职权为赌球集团谋取利益的行为构成受贿罪。曾任中国足协副主席、中国足球运动管理中心主任、党委书记的谢亚龙，即因在1998—2008年6月期间，利用职务之便，非法收受他人财物合计人民币136.38万元，为他人谋取利益，被判决构成受贿罪。[①] 行贿罪与受贿罪属于对合犯，是共同犯罪中必要的参与犯。[②]

另外，我国《刑法》第三百九十二条规定了介绍贿赂罪："向国家工作人员介绍贿赂，情节严重的，处三年以下有期徒刑或拘役，并处罚金。"赌球集团若通过中间人介绍贿赂足协官员，则中间人的行为构成介绍贿赂罪。如果中间人仅仅是帮助赌博集团联系足协官员，则应构成行贿罪的帮助犯。

由于赌球集团操控比赛的行为构成诈骗罪，足协官员协助参与操控比赛应当构成诈骗罪的帮助犯，属从犯。如果足协官员是被胁迫参加犯罪的，则根据我国《刑法》第二十八条的规定，应属胁从犯，可根据其犯罪情节减轻处罚或者免除处罚。赌球集团若使用暴力威胁方式对足协官员进行胁迫，其暴力行为导致人身伤害，构成犯罪的，对赌球集团还应以故意伤害罪、故意杀人罪等论处。

足协官员与裁判或俱乐部串通操控比赛的，裁判和俱乐部也应构成诈骗罪的共犯。

2. 收买或胁迫俱乐部官员

《中国足球协会章程》第四十五条规定："职业足球俱乐部是在本会会员协会和本会相关专项委员会注册，参加本会主办的职业联赛，以市场运作为手段，以提高中国足球水平为目的，具有独立法人资格的组织。"由此可见，我国职业足球俱乐部具有独立法人资格，需要按照市场经济的竞争、价格和供需来经营足球，自主经营、自负盈亏、自我约束、自我发展，走企业化经营的发展道路，具有企业性和公益性的两重性。[③] 因此，俱乐部官员是企业工作人员，属于我国《刑法》第一百六十三条所定义的"非国家工作人员"。

---

① 参见新浪体育《中国足坛反赌案主要涉案人员案情及判决结果一览》，见 http://sports.sina.com.cn/c/2012-06-13/13036098344.shtml，最后访问时间：2012年6月13日。

② 参见林山田《刑法通论（下）》，北京大学出版社2012年版，第93页。

③ 参见百度百科"职业足球俱乐部"，见 http://baike.baidu.com/view/612655.htm，最后访问时间：2013年8月8日。

我国《刑法》第一百六十三条规定了非国家工作人员受贿罪：“公司、企业或者其他单位的工作人员利用职务上的便利，索取他人财物或者非法收受他人财物，为他人谋取利益，数额较大的，处五年以下有期徒刑或者拘役；数额巨大的，处五年以上有期徒刑，可以并处没收财产。公司、企业或者其他单位的工作人员在经济往来中，利用职务上的便利，违反国家规定，收受各种名义的回扣、手续费，归个人所有的，依照前款的规定处罚。”第一百六十四条规定了对非国家工作人员行贿罪：“为谋取不正当利益，给予公司、企业或者其他单位的工作人员以财物，数额较大的，处三年以下有期徒刑或者拘役，并处罚金；数额巨大的，处三年以上十年以下有期徒刑，并处罚金。”赌球集团收买俱乐部官员的行为构成对非国家工作人员行贿罪，受贿的俱乐部官员构成非国家工作人员受贿罪。二者为对合犯。由于我国《刑法》没有设置介绍对非国家工作人员行贿罪的罪名，因此，赌球集团收买俱乐部官员的中间人，仅构成对非国家工作人员行贿罪的帮助犯。例如，前文提及的赌球案犯王鑫，在2006年时为了赌球获利，与他人共同送给西藏陆华足球俱乐部总经理王珀人民币90万元，被判构成对非国家工作人员行贿罪；而王珀利用担任西藏陆华足球俱乐部总经理的职务便利，为他人谋取赌球获利等不正当利益，被判决构成非国家工作人员受贿罪。[①]

同时，俱乐部官员协助参与操控比赛的行为构成诈骗罪的共犯，属于帮助犯，如果俱乐部官员是被迫参与的，为胁从犯。俱乐部官员通过调控本俱乐部的球队操控比赛的，参与操控比赛的教练和球员也应构成诈骗罪的共犯。

3. 收买或胁迫裁判

对于裁判受贿的行为是否构成犯罪，法学界对此存在争论，主要有三种观点：第一种观点认为，裁判受贿的行为是无罪的。中国人民大学刑法学研究中心的高铭暄、王作富、赵秉志等法学教授在2002年时提出，裁判员既不属于国家工作人员，也不属于公司、企业人员，而是基于中国足协这一社会团体的委托来执法裁判，其收受金钱操控比赛的行为在现行刑法法律下不应当构成犯罪，作为法律空白，依据“法无明文规定不为罪”

① 参见新浪体育《中国足坛反赌案主要涉案人员案情及判决结果一览》，http://sports.sina.com.cn/c/2012-06-13/13036098344.shtml，最后访问时间：2012年6月13日。

“法无明文规定不处罚”的原则，应当认定为无罪。[1] 第二种观点认为，裁判受贿的行为构成国家工作人员受贿罪。因为中国足球协会的性质虽然登记为社会团体，但由于其和中国足球管理中心是“一套班子，两块牌子”，中国足协实质上属于国有事业单位；足协的裁判员是按照一定的程序、按照足协章程的规定选派的，代表中国足协执裁足球比赛，相当于代表中国足协对足球比赛进行管理，是依法从事公务的人员，因此，裁判属于《刑法》第九十三条中规定的“其他依照法律从事公务的人员”，应当“以国家工作人员论”。[2]第三种观点认为，裁判受贿的行为构成非国家工作人员受贿罪。中国足协是足球比赛的行业主管部门，中国足球职业联赛的组织及管理实行商业化管理，各个足球职业俱乐部也是企业化经营。裁判由中国足协指派，作为商业比赛的执裁者，可以认定为《刑法》第一百六十三条规定的公司、企业人员，即为“非国家工作人员”。[3]

司法实践中，对裁判受贿行为的定性以第三种观点为主。2002 年 2 月 25 日，最高人民检察院发布了一则《依法处理“黑哨”的通知》，要求各地检察机关给予高度重视，依法严肃处理足球“黑哨”的腐败问题，通知指出，基于我国目前足球行业管理体制的现状和体育法等有关规定，对于足球裁判的受贿行为，可以依照《刑法》第一百六十三条的规定，以公司、企业人员受贿罪依法批捕、提起公诉。[4] 中国国家一级足球裁判员龚建平曾因在担任全国甲级队 A 组、B 组联赛主裁判员期间，先后收受他人给予的财物，共计人民币 37 万元，而被北京市宣武区人民检察院于 2002 年 12 月 19 日以公司、企业人员受贿罪[5]向法院提起公诉，但法院判决其构成受贿罪。但是，在 2012 年的中国足坛反赌案中，黄俊杰、陆俊、万大雪等人，同样身为足球裁判，利用执裁足球比赛的职务之便，为他人谋

---

① 参见闫明豪《足球裁判“黑哨”行为的刑法定性研究》（硕士学位论文），吉林大学 2011 年。

② 参见王艳芳《论足球运动领域贪污贿赂主体的界定》（硕士学位论文），山东大学 2011 年。

③ 参见陈煜《足坛领域受贿类犯罪的性质分析》，华东政法大学 2012 年。

④ 参见刘驰《高检通知：依法严肃处理足球“黑哨”腐败问题》，见 http://sports.enorth.com.cn/system/2002/03/14/000290300.shtml，最后访问时间：2002 年 3 月 14 日。

⑤ 《刑法修正案（六）》对公司、企业人员受贿罪进行了修改，2007 年 11 月 6 日《关于执行刑罚确定罪名的补充规定（三）》对适用刑法的部分罪名进行了补充或修改，取消了原来的公司、企业人员受贿罪，修改为“非国家工作人员受贿罪”。参见蓝恒《我国足球裁判员非法执法行为的刑事治裁》（硕士学位论文），广西师范大学 2008 年。

取不正当利益，非法收受他人财物，被法院判决构成非国家工作人员受贿罪。[①]

本文赞同第三种观点，即裁判受贿操控比赛应当构成“非国家工作人员受贿罪”。因为裁判的执裁行为，只是以其特殊的劳动，对赛场的秩序进行维护，是一种体力与脑力的活动，与公务要求的在国家机关、国有公司、企业、事业单位、人民团体的各种职能部门中从事组织、领导、监督、管理活动并不能等同，其行为是一般工作行为而不具有公务性质，应定位为服务性劳动。裁判不属于从事公务的人员，不在《刑法》第九十三条定义的国家工作人员的范围之内。而裁判收受贿赂操控比赛的行为，属于利用职务上的便利，非法收受他人财物，为他人谋取利益的情形，符合非国家工作人员受贿罪的构成要件，因此，应当构成非国家工作人员受贿罪。

所以，赌球集团收买裁判的行为构成对非国家工作人员行贿罪，裁判受贿并操控比赛的行为构成非国家工作人员受贿罪。

同时，裁判协助参与操控比赛的行为构成诈骗罪的共犯，属于帮助犯，如果裁判是被迫参与的，为胁从犯。

4. 收买或胁迫教练和运动员

由于教练和运动员也是俱乐部的工作人员，其性质与俱乐部官员一样，同属“非国家工作人员”，教练和运动员收受贿赂，操控比赛的行为，符合利用职务上的便利，非法收受他人财物，为他人谋取利益的罪状，构成非国家工作人员受贿罪。赌球集团收买教练和运动员的行为构成对非国家工作人员受贿罪。

同样地，教练和运动员协助参与操控比赛的行为构成诈骗罪的共犯，属于帮助犯，如果教练和运动员是被迫参与的，为胁从犯。如果教练和运动员第一次参与是被迫的，而后来在操控比赛的过程中尝到甜头而转为自愿，则第一次应认定为胁从犯，此后的认定为帮助犯。如果教练和运动员前几次参加是自愿的，而后期想退出时却因被赌球集团胁迫而无法退出，则前几次应认定为帮助犯，此后的认定为胁从犯。

---

① 参见新浪体育《中国足坛反赌案主要涉案人员案情及判决结果一览》，见 http://sports.sina.com.cn/c/2012-06-13/13036098344.shtml，最后访问时间：2012 年 6 月 13 日。

二、俱乐部操控行为的共犯定性

（一）俱乐部操控比赛行为的定性

俱乐部操控足球比赛的行为，从表面上看只是违反了竞技体育的规则，破坏了竞技体育的公正与秩序，并不属于刑法的约束范围。但实际上，足球俱乐部作为通过参加足球比赛营利的企业，商业气息浓厚，资金流动十分频繁。在欧洲，20 世纪 60 年代以前，足球界的俱乐部几乎只有观众门票收入；到了 70 年代，俱乐部的收入来源中增加了电视转播合同收入以及首批赞助商的赞助资金；到了 80 年代中期，此类收入在成功的俱乐部那里已经占总预算的 60% 以上；到了 90 年代早期，收入来源构成又跨入了一个新的阶段。由于欧洲冠军杯的改革，俱乐部的收入机会在意大利世界杯之后增长了数倍，如果加上观众门票收入和各种附加收益，其收入比欧洲足联公布的参赛费、晋级成绩奖励收入和电视转播份额收入的总和还要高出 50% 到 100% 。[①] 此外，据报告，与运动员、俱乐部、体育场馆和各种联赛签订体育赞助合同，已成为产值达 20 亿美元的全球化产业。[②] 一些著名的足球俱乐部在与大公司商谈广告赞助协议时，可以漫天要价、大发其财——欧宝汽车公司为了在德国拜仁慕尼黑足球俱乐部的运动上衣上做广告，不惜支付了 220 万英镑，沃达丰移动电话网络公司与曼彻斯特联队签订的广告赞助协议高达 2800 万英镑。[③] 足球比赛的观众购买门票，往往是为了观看一场公平公正，符合竞技体育精神的比赛；赞助商赞助俱乐部，往往是为了通过一场公平公正的比赛，得到良好的品牌宣传效果，提高自身的知名度和受关注度，从而获得良好的收益。但是，俱乐部操控比赛，不仅践踏了观众观看正常比赛的权利，同时也侵犯了购票观众的财产权利，涉嫌构成诈骗罪——因为俱乐部采用隐瞒真相等欺骗方法，使购票观众产生了错误的认识，并基于错误的认识处分了财产，俱乐

---

① 参见［德］诺贝特·魏斯《足球俱乐部黑皮书》，方厚升译，文汇出版社 2004 年版，第 106 页。

② C. Gratten, P. Taylor. Economics of Sport and Recreation. E & FN Spon, 2000.

③ 参见［英］巴里·霍利亨《孤注一掷：现代体育的反兴奋剂斗争——体育运动中的使用兴奋剂现象及反兴奋剂政策的制定》，郑斌译，人民体育出版社 2007 年版，第 23 页。

部获得了财产并使购票观众遭受财产损失，符合诈骗罪的构成要件。此外，俱乐部操控比赛的行为，可能会给赞助商带来负面的效果，导致赞助商企业形象受损，商品或服务遭到抵制，但由于此类影响属间接影响，应当看赞助商与俱乐部签订的赞助合同中是否有对俱乐部不得踢“假球”的要求的规定，如果有，则俱乐部违约，可以追究其违约责任，也可以以诈骗罪追究其刑事责任。

此外，俱乐部通过操控比赛来谋求球队的保级、升级、夺冠等，如果能以此获得一笔数额较大的奖金，则也可以以诈骗罪来追究俱乐部的刑事责任，诈骗对象是发放奖金的机构或个人。如果俱乐部是为了赌球获利而操控比赛，则俱乐部同样构成诈骗罪，诈骗对象是博彩公司。

本俱乐部的官员、教练和球员，直接参与操控比赛的，构成诈骗罪的共犯。在以俱乐部官员为首操控比赛的情况中，俱乐部官员是组织、领导者，为主犯；其余人员为从犯；被迫参与的人员为胁从犯。如果是俱乐部成员共同协商、串通操控比赛的，则应当根据各个成员在犯罪中起到的支配作用进行主从犯的区分。

（二）俱乐部贿赂他人行为的共犯定性

1. 贿赂其他俱乐部

俱乐部官员通过贿赂其他俱乐部官员及其教练、球员来操控比赛的行为构成对非国家工作人员行贿罪，而受贿的俱乐部成员构成非国家工作人员受贿罪。例如，原成都谢菲联足球俱乐部董事长许宏涛为了帮助俱乐部的球队赢得球赛，与尤可为向海利丰俱乐部官员杜允琪行贿人民币 30 万元，被判决构成对非国家工作人员行贿罪，而杜允琪被判决构成非国家工作人员受贿罪。①

但是，如果是俱乐部为了自身利益集体做出贿赂其他俱乐部、足协官员或裁判等的决定，则俱乐部构成单位犯罪。我国《刑法》第一百六十四条规定了“对非国家工作人员行贿罪”，其中规定，“单位犯前两款罪的，对单位判处罚金，并对其直接负责的主管人员和其他直接责任人员，依照第一款的规定处罚”。此时，行贿俱乐部构成对非国家工作人员受贿罪，

① 参见新浪体育《中国足坛反赌案主要涉案人员案情及判决结果一览》，见 http://sports.sina.com.cn/c/2012-06-13/13036098344.shtml，最后访问时间：2012 年 6 月 13 日。

行贿俱乐部的主管人员和参与行贿的直接责任人员须依法承担刑事责任。

此外，其他俱乐部成员参与操控比赛的行为还构成诈骗罪的共犯，犯罪客体须视情况而定。

2. 贿赂足协官员

俱乐部贿赂足协官员，一种是通过足协官员为比赛选派特定的裁判，或者向裁判“打招呼”来操控比赛，这种情况属于足协官员利用职务上的便利，为他人谋取利益，非法收受他人财物的，构成受贿罪，俱乐部构成行贿罪。如原中国足球运动管理中心主任、原中国足球协会副主席南勇，即是在任职期间，接受他人提出的在足球领域相关事务中给予关照的请托，收受多人给予的财物，为多家足球俱乐部、球员、教练员及相关人员谋取利益，被判决构成受贿罪。① 另一种是通过足协官员作为中间人联系、贿赂裁判、俱乐部等来操控比赛，如果足协官员并未利用职务上的便利，则不构成受贿罪，而是行贿俱乐部的共犯，构成对非国家工作人员行贿罪。如我国原足协联赛部工作人员范广鸣，受指使向多支俱乐部人员行贿100万元，被判决构成对非国家工作人员行贿罪。②

参与操控比赛的足协官员、裁判等人，均构成诈骗罪的共犯。

3. 贿赂裁判

同样地，俱乐部贿赂裁判，构成对非国家工作人员受贿罪；裁判受贿非法操控比赛，构成非国家工作人员受贿罪。例如，重庆力帆足球俱乐部官员陈宏与高健，为给力帆俱乐部谋取不正当利益，向裁判黄俊杰行贿，被判决构成对非国家工作人员行贿罪，裁判黄俊杰构成非国家工作人员受贿罪。③

裁判参与协助俱乐部操控比赛，构成诈骗罪的共犯。

4. 贿赂其他球队的教练和运动员

俱乐部贿赂本球队以外的其他球队的教练和运动员来操控比赛的行为，构成对非国家工作人员行贿罪，受贿者构成非国家工作人员受贿罪。

---

① 参见新浪体育《中国足坛反赌案主要涉案人员案情及判决结果一览》，见 http://sports.sina.com.cn/c/2012-06-13/13036098344.shtml，最后访问时间：2012 年 6 月 13 日。

② 参见新浪体育《中国足坛反赌案主要涉案人员案情及判决结果一览》，http://sports.sina.com.cn/c/2012-06-13/13036098344.shtml，最后访问时间：2012 年 6 月 13 日。

③ 参见新浪体育《中国足坛反赌案主要涉案人员案情及判决结果一览》，见 http://sports.sina.com.cn/c/2012-06-13/13036098344.shtml，最后访问时间：2012 年 6 月 13 日。

如上海国际队的球员申思、祁宏、李明、江津等人，在2003年中国足球甲级A组联赛上海国际队同天津泰达队比赛前，接受了天津泰达总经理张义峰通过中间人王勇提供的800万元人民币，共同操控比赛，被判决构成非国家工作人员受贿罪。①

其他球队的教练和运动员参与协助俱乐部操控比赛，同样构成诈骗罪的共犯。

三、足协官员操控行为的共犯定性

足协官员操控足球比赛，如果其利用职务之便，向俱乐部索取贿赂，根据我国《刑法》第三百八十五条的规定，应当构成受贿罪。俱乐部因被勒索给予其财物的，根据我国《刑法》第三百八十九条的规定，“因被勒索给予国家工作人员以财物，没有获得不正当利益的，不是行贿”，也即，如果足协官员操控比赛并没有使俱乐部获得不正当利益的，俱乐部给予其财物的行为不构成行贿罪；但是，如果足协官员索贿后，依约为俱乐部谋取了不正当利益，则俱乐部仍应构成行贿罪。

足协官员通过委派裁判或向裁判下指令操控比赛，并给予裁判钱财的，裁判构成非国家工作人员受贿罪，足协官员应构成对非国家工作人员行贿罪。

四、裁判操控行为的共犯定性

根据我国《刑法》第一百六十三条的规定，“公司、企业或者其他单位的工作人员利用职务上的便利，索取他人财物或者非法收受他人财物，为他人谋取利益”的，构成非国家工作人员受贿罪，因此，裁判利用职务上的便利操控比赛，索取俱乐部财物，并为俱乐部谋取利益的行为，构成非国家工作人员受贿罪。俱乐部为谋取不正当利益给予财物的行为构成对非国家工作人员行贿罪。

联系裁判与俱乐部的中间人，如果其与索贿裁判具有共同的犯罪故

---

① 参见新浪体育《中国足坛反赌案主要涉案人员案情及判决结果一览》，见 http://sports.sina.com.cn/c/2012-06-13/13036098344.shtml，最后访问时间：2012年6月13日。

意，则其构成非国家工作人员受贿罪的共犯；如果其仅仅是帮助行贿俱乐部向裁判行贿，则其构成对非国家工作人员行贿罪的共犯，如我国裁判周伟新就曾作为中间人帮助俱乐部向黄俊杰等4名足球裁判行贿8笔，被判决构成对非国家工作人员行贿罪。[1]

五、教练和运动员操控行为的共犯定性

教练和运动员如果通过假球行为、让球行为、服用兴奋剂、虚报年龄等方式操控比赛谋取优异名次而获得财物的，或者通过操控比赛而赌球获利的，应当构成诈骗罪。例如，前文提及的前环法"七冠王"阿姆斯特朗就被美国司法部以欺诈罪起诉，由于阿姆斯特朗的赞助商美国邮政在赞助条款中注明不得使用违禁药品，而阿姆斯特朗服用兴奋剂的行为欺骗了赞助商，涉嫌欺诈。[2] 如果是教练与运动员合谋操控比赛的，教练和运动员构成诈骗罪的共同正犯；如果是教练教唆运动员操控比赛的，则教练构成诈骗罪的教唆犯，而运动员为实行犯；如果运动员是被胁迫的，则运动员构成胁从犯。

此外，根据我国《刑法》第三百五十三条和第三百五十五条的规定，引诱、教唆、欺骗他人吸毒及非法提供麻醉药品、精神药品的行为构成犯罪，由于有部分兴奋剂属于刑法规制的范围，如果教练或其他人为运动员提供这部分的兴奋剂或是引诱、教唆运动员吸食，则教练等人还构成相应的毒品犯罪。

① 参见新浪体育《中国足坛反赌案主要涉案人员案情及判决结果一览》，见 http://sports.sina.com.cn/c/2012-06-13/13036098344.shtml，最后访问时间：2012年6月13日。

② 参见天海川《阿姆斯特朗否认有欺诈行为》，见 http://www.tianjinwe.com/rollnews/201307/t20130725_7396347.html，最后访问时间：2013年7月25日。

第六章 竞技舞弊的罪数问题

如前文所述，参与竞技舞弊的各方——赌球集团、俱乐部、足协官员、裁判、教练和运动员等的行为，触犯了刑法规定的数个罪名，如赌球集团利用体育竞赛从事赌博活动并骗取高额赌金的行为构成了赌博罪、开设赌场罪和诈骗罪，收买足协官员的行为构成了行贿罪，收买俱乐部官员、裁判、教练和运动员的行为构成了对非国家工作人员行贿罪；足协官员收受贿赂操控比赛的行为构成了受贿罪和诈骗罪的共犯；裁判、教练和运动员收受贿赂操控比赛的行为构成了非国家工作人员受贿罪和诈骗罪的共犯等。以上行为有的构成一罪，有的构成数罪，应当如何定罪并处断，需要引入对竞技舞弊的罪数问题的研究。

目前，我国的罪数论以一罪的类型为中心，主要有以下一些见解：

第一，将一罪分为三种类型：①一行为构成实质的一罪，包括继续犯、想象竞合犯和结果加重犯；②数行为构成法定的一罪，包括结合犯和集合犯；③数行为构成处断的一罪，包括连续犯、牵连犯和吸收犯。[①]

第二，将一罪分为三种类型：①单纯的一罪，是指一个行为侵犯一个法益的情形，包括继续犯和法条竞合；②包括的一罪，是指存在数个法益侵害的事实，但通过适用一个法条就可以对数个事实进行包括的评价的情形，由连续犯、集合犯、吸收一罪、狭义的包括一罪组成；③科刑的一罪，是指存在数个单纯一罪或者数个包括一罪，原本应评价为数罪，但仅按其中最重刑处断即可的情形，包括想象竞合犯、结合犯和牵连犯。[②]

第三，将一罪分为四种类型：①单纯的一罪，其中又分成四种，一是纯粹的一罪，如《刑法》第二百三十二条的故意杀人罪；二是选择的一罪，如《刑法》第一百二十五条的非法制造、买卖、运输、邮寄、储存枪支、弹药、爆炸物罪；三是复合的一罪，如《刑法》第二百四十条的拐卖妇女、儿童罪中有奸淫被拐卖的妇女的；四是重复的一罪，如《刑法》第

① 参见高铭暄、马克昌《刑法学（第五版）》，北京大学出版社 2011 年版，第 182～196 页。

② 参见张明楷《刑法学（第五版）》，法律出版社 2011 年版，第 415～440 页。

二百六十三条的抢劫罪中多次抢劫的。②实质的一罪，包括想象竞合犯、结果加重犯、继续犯。③法定的一罪，包括结合犯、惯犯。④处断上的一罪，包括连续犯、牵连犯、吸收犯。[①]

上述体系只是部分主流教科书的看法，此外还有不少学者提出了独具匠心的见解，[②] 近年还有学者提出，应放弃深受日本学说影响的罪数论体系，转而采用德国的竞合论体系。[③]

德国的竞合论由三大类型组成：想象竞合、实质竞合、法条竞合。其中，同一行为侵犯数个刑法条文或数次侵犯同一刑法法条的情形为“想象竞合”，即《德国刑法》第52条规定的“犯罪单数”；多个行为数次违反刑法且构成数个独立罪名的情形为“实质竞合”，即《德国刑法》第53条规定的“犯罪复数”。犯罪单数（想象竞合）和犯罪复数（实质竞合）属于真正的竞合，（狭义）法条竞合和不可罚的行为属于假性竞合。德国的竞合论体系可以通过树状结构图表示，见图6－1。[④]

不同的竞合类型，其处断原则不同：若是想象竞合，只按刑罚重的罪名判处刑罚，但刑罚轻的罪名会产生封锁作用，即所判处的刑罚不得轻于刑罚轻的罪名规定的最轻刑罚；若是实质竞合，则根据《德国刑法》第53至55条的规定，并科处罚；若是法条竞合，则根据法条竞合的不同类型，根据不同的法条竞合类型选择法条从一罪适用，但被排斥的罪名不得影响裁判，无须在裁判书上列明。[⑤]

由于我国现有罪数论体系存在缺乏对概念的机能主义思考、罪数标准含糊、罪质判断不明、基本概念混淆、法律效果失衡等不足，因此，在我国罪数论的基础上，借鉴德国竞合论体系，笔者在《罪数的理论与实务》

---

① 参见苏惠渔《刑法学》，法律出版社2001年版，第226～231页。

② 这些有启发性的观点参见刘宪权《罪数形态理论正本清源》，载《法学研究》2009年第3期；叶良芳《罪数论的体系性反思与建构》，载《浙江大学学报》2007年第4期；莫晓宇《罪数理论的体系性思考》，载《中国刑事法杂志》2002年第2期；方鹏《德国刑法竞合理论与日本罪数理论之内容比较与体系解构——兼及中国罪数理论的走向选择和体系重构》，载《比较法研究》2011年第3期；姜伟《犯罪形态通论》，法律出版社1994年版；张爱晓《犯罪竞合基础理论研究》，中国人民公安大学出版社2011年版；杨国举《吸收犯研究》，中国检察出版社2010年版；等等。在此不再赘述。

③ 参见陈兴良《教义刑法学》，中国人民大学出版社2010年版，第682页。

④ 参见林山田《刑法通论》，北京大学出版社2012年版，第251页。笔者对原图略有改动。

⑤ 但近年来相反的观点也开始盛行，即在法条竞合的场合，被排斥的法条也可以对量刑产生封锁作用，即裁判的刑罚不得轻于被排斥的罪名所规定的最轻的刑罚。

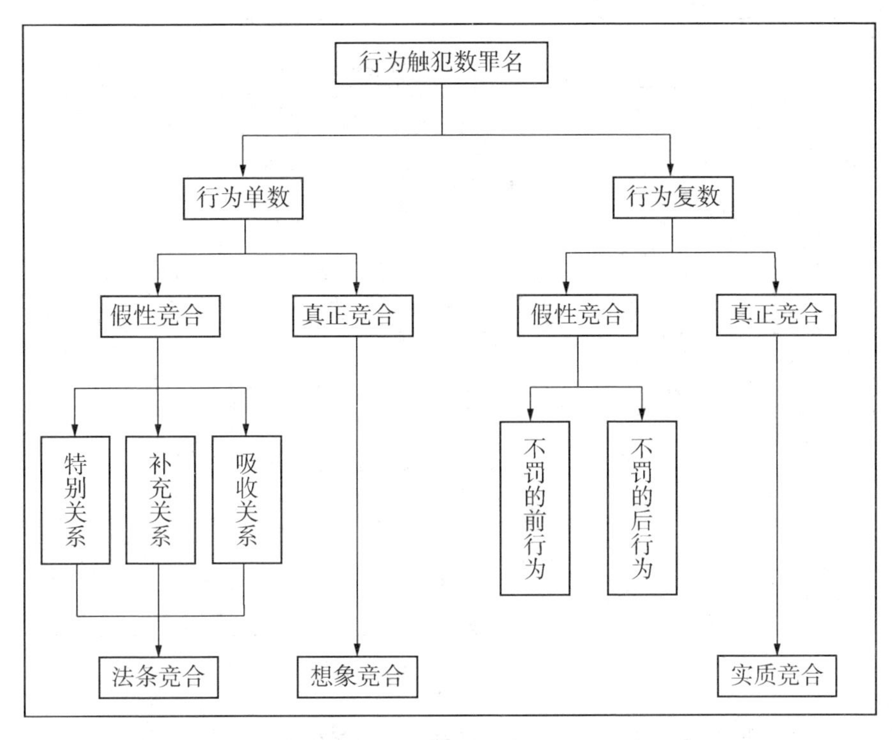

图6－1　德国的竞合论体系

一书中提出并倡导两分的罪数论体系，如图6－2所示，[①] 本书也将以此罪数论体系为标准展开对竞技舞弊的罪数问题的讨论分析。

第一节　赌球集团的罪数问题

一、开设赌场罪与赌博罪

赌球集团以营利为目的，向博彩公司注册账号，建立地下赌场或赌博网站接受投注的行为，符合我国《刑法》第三百零三条规定的“开设赌场”的情形，构成开设赌场罪。同时，赌球集团以营利为目的，通过各级

① 参见庄劲《罪数的理论与实务》，中国人民公安大学出版社2012年版，第11页。

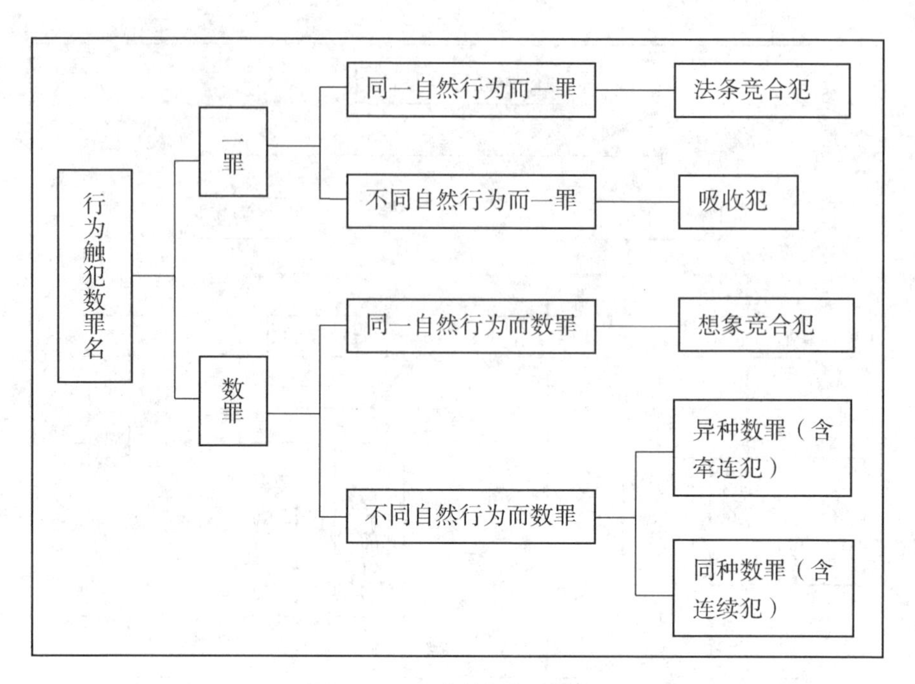

图6－2 两分的罪数论体系

代理人积极向社会招揽赌徒，吸纳赌金，聚众赌博的行为，符合《刑法》第三百零三条规定的赌博罪的构成要件，构成赌博罪。对于这种情况应当定一罪还是数罪，刑法理论与司法实践存在差异。

刑法理论一般认为，我国《刑法》第三百零三条规定的是三种行为，分别构成两个罪名。① 因此，符合不同构成要件的行为应当分别定罪，构成数罪。而司法实践中的一种做法是，对于内地人员以营利为目的，承包或者参股经营澳门赌场或者境外其他赌场，组织、招揽内地人员赴他们承包或者参股的赌场赌博的行为，也按照我国刑法以开设赌场罪追究刑事责任。其基本理由是，开设赌场行为属于复合行为，包括在内地实施的组织、招揽参赌人员等行为。但是，有学者认为，这是不合理的。因为单纯组织、招揽他人前往境外赌博的行为，并不是开设赌场的实行行为。即使从客观上看，在境外开设赌场的人员常常在内地招揽赌徒，这也只是事实，而不能将客观事实强加于刑法规范。刑法分则条文仅将开设赌场作为

① 参见指南针司法考试命题研究中心《法律法规汇编》，研究出版社2011年版，第125～128页。

犯罪的实行行为，不能将招揽赌徒的行为作为本罪的实行行为。另外，如果将招揽赌徒的行为作为开设赌场罪的实行行为，那么，那些在境内开设了赌场，但没有组织、招揽赌徒的，其行为就不完全符合开设赌场罪的构成要件。这种结论是违反刑法规定且难以让人接受的。[①] 笔者认同该观点，对于赌博集团既开设赌场，又招揽赌徒聚众赌博的行为，应当以开设赌场罪与赌博罪分别论处，数罪并罚。

二、赌博罪与诈骗罪

由于赌球集团在聚众赌博的过程中，并非单纯地通过抽头渔利、收取回扣等方式来营利，而是有时会通过操控足球比赛的方式来骗取赌金，这种行为符合诈骗罪的构成要件，应构成诈骗罪。但是，如果赌球集团是在聚众赌博以后萌生了通过操控比赛来骗取赌金的犯意并予以实施的，后行为应当单独定为诈骗罪，与赌博罪数罪并罚；而如果赌球集团本来就是以操控比赛诈骗赌金为目的吸纳赌金聚众赌博的，如何定罪和处断则存在争议。

最高人民法院在1991年和1995年的司法解释中均指出：行为人设置圈套诱骗他人参赌获取钱财，属赌博行为，构成犯罪的，应当以赌博罪定罪处罚。[②] 但笔者认为，该司法解释存在问题，对此行为的定性还需进一步考量。聚众赌博的行为与骗取赌金的行为形成了手段行为与目的行为的关系，依据传统的刑法理论，应当构成牵连犯。

传统理论认为，牵连犯主要具有两种形态：其一是手段牵连，即手段行为与目的行为的牵连形态；其二是结果牵连，即原因行为与结果行为的牵连形态。[③] 在牵连关系的判断上，通说遵循主客观统一说，即应当从主、客观相统一的角度界定牵连关系。[④]

我国刑法总则没有明文规定对牵连犯的处罚原则，有的条文规定对牵

---

① 参见张明楷《刑法学（第五版）》，法律出版社2011年版，第950页。

② 1991年3月12日《最高人民法院研究室关于设置圈套诱骗他人参赌获取钱财的案件应如何定罪问题的电话答复》及1995年11月6日《最高人民法院关于对设置圈套诱骗他人参赌又向索还钱财的受骗者施以暴力或暴力威胁的行为应如何定罪问题的批复》。

③ 参见吴振兴《罪数形态论》，中国检察出版社1996年版，第287～288页。

④ 参见姜伟《犯罪形态通论》，法律出版社1994年版，第447～452页。

连犯从一重断，有的条文规定对牵连犯从一重从重处罚，有的条文对牵连犯规定了独立的较重的法定刑，有的条文规定对牵连犯实行数罪并罚。对于牵连犯处断的学说也不统一，主要有三种：从一重罪处断说认为，对牵连犯应择一重罪从重处罚，因为牵连犯只存在一个犯罪行为，其数次犯罪行为只是为完成主犯罪行为的必要的方法或必然产生的结果，行为人的主观恶性和造成的客观危害完全可能小于数个独立的犯罪行为。① 数罪并罚说认为，对牵连犯应当实行数罪并罚，因为牵连犯是数个相对独立的危害行为触犯数个犯罪构成，在形式上和实质上都是数罪，它们与无牵连关系的数个完全独立的犯罪在本质上并无差异。② 折中说认为，对牵连犯一律数罪并罚或从一重断，均非妥当，应当具体情况具体分析。③ 在笔者看来，这些都不够妥当。牵连犯应当从一罪处断还是数罪并罚，取决于牵连犯的罪数本质。从一重罪处断说的不足在于，未能看到牵连犯中实质数罪的部分；数罪并罚说的缺陷在于，未能看到牵连犯中属于吸收犯的部分；折中说似乎看到两种处断原则的结合，但在如何结合上，只是欲照搬立法的处断原则，并没有以牵连行为侵犯的法益关系来把握，也是不妥的。

笔者认为，由于牵连犯的罪数本质具有二元性，对其的处罚也应当一分为二：对其属于吸收犯的那部分，按一罪处罚；对其属于实质数罪的那部分，数罪并罚。由于吸收犯是指在对同一法益的同一侵犯过程中，不同的自然行为实现了多个犯罪构成的评价竞合形态，其意义在于对侵犯同一法益的同一过程中触犯数罪名的，为贯彻禁止重复评价原则，将其按一罪处理。但聚众赌博行为与诈骗赌金行为所侵犯的法益并不相同，聚众赌博行为侵犯的法益是以劳动或其他合法行为取得财产的国民健全的经济生活方式与秩序，而诈骗赌金行为侵犯的法益则是公民的财产所有权等权利，因此，这两个行为构成了实质数罪，应当以赌博罪与诈骗罪分别定罪，数罪并罚。

此外，由于在传统学理中，牵连犯是作为一罪概念的类型提出的。而如前所述，牵连犯的罪数本质具有二元性，有属于一罪的部分，也有属于

---

① 参见王奎、洪辉《牵连犯的概念和惩罚原则分析》，载《当代法学》2002 年第 3 期。

② 参见黄京平《牵连犯处断原则辨析》，载《中国人民大学学报》1993 年第 3 期；储槐植、孟庆华《论有牵连关系的两罪也应实行并罚》，载《中外法学》1990 年第 5 期。

③ 参见赵俊新、黄洪波《论牵连犯》，载《江汉论坛》2003 年第 1 期；覃祖文《牵连犯牵连关系和处断原则的理论思辩》，载《广西政法管理干部学院学报》2002 年第 3 期。

数罪的部分，属于一罪的牵连犯，完全可以纳入吸收犯的概念之中。这样，在牵连犯的概念中，有独立意义的只剩下属于实质数罪的部分，这部分应当数罪并罚。这意味着，有独立意义的牵连犯，已非一罪的概念，而是数罪的概念，这样的罪数概念是没有意义的。因此，笔者认为需要废止牵连犯的概念，将侵犯同一法益的牵连犯按吸收犯处罚，将其余的牵连犯作为异种数罪处罚。

三、其他犯罪

赌球集团为了实现操控比赛的目的，贿赂足协官员的，构成行贿罪；贿赂裁判、俱乐部官员、运动员与教练的，构成对非国家工作人员行贿罪。赌球集团为实现操控比赛的目的，使用暴力胁迫足协官员、裁判、俱乐部官员、运动员与教练就范，造成人身伤害的，以相应的故意伤害罪、非法拘禁罪等罪名定罪。以上罪名应与开设赌场罪、赌博罪、诈骗罪数罪并罚。

第二节　足协官员等人的罪数问题

足协官员收受赌球集团、俱乐部等的贿赂后，为他人谋取利益参与操控比赛的，构成受贿罪。同时，足协官员参与操控比赛的行为还构成了诈骗罪的共犯。对于国家工作人员所实施的为他人谋取利益的行为构成犯罪的情况，应当构成一罪还是数罪，学界有不同的观点。

一种观点认为，国家工作人员所实施的为他人谋取利益的行为构成犯罪时，除刑法有特别规定的以外，应当认定为数罪，实行并罚。因为首先，受贿罪的法益是职务行为的不可收买性，而“为他人谋取利益”的最低要求是只要许诺为他人谋取利益即可，并且包含一定的虚假许诺，所以，客观上为他人谋取利益的犯罪行为，是超出受贿罪构成要件之外的行为。例如，国有公司中从事公务的人员收受他人贿赂后，私自将公司的公款挪出给他人使用的，成立受贿罪与挪用公款罪。其次，受贿罪是比较严重的犯罪，而其法定刑主要是根据受贿数额设定的，各种情节只能在相应的数额范围内起作用。国家工作人员收受贿赂为他人谋取利益的行为所构成的犯罪，都属于罪质严重的渎职犯罪。对之实行并罚，有利于实现罪刑相适应。①

另一种观点认为，公务员因为索取或者收受他人财物所实施的不正当行为构成犯罪的，成立想象竞合犯。但如果公务员就其职务上已经实施不正当行为或者没有实施适当行为，收受、要求或者约定贿赂时，如果先前行为构成犯罪的，则不是想象竞合犯，而是并合犯。这主要是日本刑法上的规定，因为日本刑法规定了加重受贿罪，公务员要求、约定、收受贿赂因而实施不正当行为，或者不实施适当行为的，加重法定刑。②

还有一种观点认为，受贿罪与附随的渎职罪、其他犯罪存在吸收关系，但应当一罪处断还是数罪并罚值得讨论。③ 我国《刑法》第三百九十九条支持从一罪处断论，规定犯徇私枉法罪或枉法裁判罪又构成受贿罪的，依照处罚较重的规定定罪处罚。但第三百九十九条的规定并不能成为一罪处断论的根据，因为，若立法者希望对一切受贿及其附随渎职从一罪处断，何以仅对徇私枉法罪或枉法裁判罪做出规定，而不是在受贿罪中做出普适性规定“犯本罪又有其他渎职犯罪的，依照处罚较重的规定定罪处罚”？如果立法者支持数罪并罚论，何以会有第三百九十九条从一罪处断的规定呢？因此，第三百九十九条的规定只能视为一款特别规定，它不足以成为探讨立法精神的任何线索。也正是基于这个原因，相关的司法解释对这个问题多持数罪并罚论的立场。如 2002 年 7 月公布的《最高人民法院、最高人民检察院、海关总署关于办理走私刑事案件适用法律若干问题的意见》第十六条规定，海关工作人员收受贿赂又放纵走私的，应以受贿罪和放纵走私罪数罪并罚。又如 1998 年 4 月颁布的《最高人民法院关于审理挪用公款案件具体应用法律若干问题的解释》第七条规定，因挪用公款索取、收受贿赂构成犯罪的，依照数罪并罚的规定处罚。但是，在最高人民法院公布的案例中似乎又持从一罪处断说，如在“蒙某受贿案”中，被告人任税务局局长期间，利用职务之便索取他人的“赞助费”后，徇私舞弊不征、少征税款，最高人民法院编发的意见认为，蒙某构成受贿罪、

① 参见张明楷《刑法学（第五版）》，法律出版社 2011 年版，第 1078 页。
② 参见［日］西田典之《刑法各论》，弘文堂 2010 年版，第 488 页。
③ 参见庄劲《罪数的理论与实务》，中国人民公安大学出版社 2012 年版，第 185 页。

单位受贿罪和徇私舞弊不征税款罪，应“择一重罪从重处罚”[①]。可见，最高人民法院对这个问题的态度，也一直摇摆不定。

笔者赞同第三种观点，即受贿罪与附随的渎职罪的犯罪存在吸收关系，但原则上应当数罪并罚。尽管受贿罪或渎职罪的量刑规定中有“情节严重”“情节特别严重”的规定，但这些开放性情节原则上应理解为受贿罪或渎职罪本身的行为或结果情状，主要非他罪的评价。否则，若此罪的情节中常可考虑彼罪之行为，那么刑法中关于数罪并罚的规定就没有意义了。然而，在特殊的情况下，数罪并罚可能导致刑罚不公，在符合上述三个条件的前提下，可考虑从一重罪处断。受贿罪量刑条款的特点是“数额+情节”，在数额确定的情况下，情节不仅是加重刑度的要件，甚至是加重刑种的条件。如《刑法》第三百八十三条规定：“（一）贪污数额较大或者有其他较重情节的，处三年以下有期徒刑或者拘役，并处罚金。（二）贪污数额巨大或者有其他严重情节的，处三年以上十年以下有期徒刑，并处罚金或者没收财产。（三）贪污数额特别巨大或者有其他特别严重情节的，处十年以上有期徒刑或者无期徒刑，并处罚金或者没收财产；数额特别巨大，并使国家和人民利益遭受特别重大损失的，处无期徒刑或者死刑，并处没收财产。”这里的“有其他特别严重情节的”是指受贿罪的附随情节，如是否造成特别恶劣的社会影响，是否对国家和社会造成特别重大的损失等，不包括附随的其他犯罪。这样，对受贿附随的其他犯罪，只能与受贿罪并罚。但是，由于数罪并罚并不会导致刑种提升，当情节会导致刑种的提升时，便会导致处罚不公的困境：若附随的其他犯罪最高刑是有期徒刑，无论造成的损失有多巨大，社会影响有多恶劣，与受贿罪并罚，最高也是有期徒刑；[②] 相反，若受贿后附随有未达到犯罪的违法行为，只要符合“情节特别严重”，最高反而可判处死刑。显然，这种区别对待是不合理的。

这里，可以就最高人民法院公布的判例“曹秀康受贿案”和2002年

---

① 最高人民法院刑事审判第一庭、第二庭：《刑事审判参考》（总第33集），法律出版社2003年版，第46页。

② 司法实践中有一种流行的做法是，一方面对附随的他罪予以并罚，但另一方面又将他罪造成的后果作为受贿罪的加重情节。这等于将附随的他罪同时在两个罪名中处罚，是违反禁止重复评价原则的。因此，若将受贿罪与附随的他罪并罚，则他罪之行为及其后果就不应在受贿罪的量刑中再加以考虑。

7月公布的《最高人民法院、最高人民检察院、海关总署关于办理走私刑事案件适用法律若干问题的意见》做比较。在“曹秀康受贿案”中，前湛江海关关长曹秀康利用担任海关关长职务之便，收受走私分子贿款200余万元，致使湛兴实业公司偷逃国家税款6000多万元。但人民法院仅认定曹秀康构成受贿罪，并未认定其构成走私、放纵走私等罪名，而是将帮助走私、放纵走私并导致国家税收受到损失等危害事实作为受贿罪的量刑情节，认定被告构成受贿罪且属于情节特别严重，判处其死刑立即执行。[①]而根据《最高人民法院、最高人民检察院、海关总署关于办理走私刑事案件适用法律若干问题的意见》，海关工作人员收受贿赂又放纵走私的，以受贿罪和放纵走私罪数罪并罚，若将该意见适用于曹秀康案，其放纵走私的行为将从受贿罪的量刑情节中脱离出来而独立成罪，换言之，其受贿罪的量刑将不能再考虑放纵走私导致国家税收损失的情节。根据当时的《刑法》第三百八十三条第（一）项规定，贪污数额在10万元以上的又缺乏特别严重的情节的，处10年以上有期徒刑或者无期徒刑，换言之，根据上述意见，曹秀康的受贿罪最高刑为无期徒刑，放纵走私罪的最高刑为有期徒刑，数罪并罚的最高刑仍只是无期徒刑。如果最高人民法院所公布的“曹秀康受贿案”的量刑正确，则根据上述意见将导致量刑过轻。[②]

因此，为避免这种处罚的不公，需要确立原则之下的例外：若受贿附随的他罪达到“情节特别严重”，综合案情需要判处无期徒刑或者死刑，而数罪并罚无法实现这一刑罚结果时，允许从一重罪处断。所以，足协官员受贿后操控比赛的行为，原则上应当定为诈骗罪，与受贿罪数罪并罚；但由于诈骗罪的最高刑为无期徒刑，如果诈骗罪达到受贿罪“情节特别严重”的情形，结合案情需要判处无期徒刑或者死刑，而数罪并罚无法实现这一刑罚结果时，应当从一重罪处断。

同理，裁判、俱乐部官员、运动员与教练收受赌球集团等的贿赂，参与操控比赛构成诈骗的，原则上应当以非国家工作人员受贿罪与诈骗罪数

---

① 参见“曹秀康受贿案”，载《中华人民共和国最高人民法院公报》1999年第4期；最高人民法院办公厅《最高人民法院公报案例大全》，人民法院出版社2009年版，第263页。

② 有意见可能认为，曹秀康的行为还构成走私普通货物罪的共犯，当时该罪可被判处死刑。但是，对曹秀康行贿的走私集团的主犯，后来也仅仅被判处死刑缓期2年执行（见“林柏青走私普通货物、行贿案”，载《中华人民共和国最高人民检察院公报》2000年第3期）。据此，即使认定曹秀康构成走私普通货物罪，最高刑也不过死缓，即便数罪并罚，仍轻于从一重罪处断的结果。

罪并罚。因为非国家工作人员受贿罪仅以数额定罪，而不以情节严重与否为衡量标准，所以，数罪并罚可以实现罪责刑相适应的要求。

第三节　中间人的罪数问题

赌球集团以外的中间人，帮助赌球集团联系足协官员，向足协官员介绍贿赂的，构成介绍贿赂罪；帮助赌球集团联系并贿赂裁判、俱乐部官员、运动员与教练的，构成对非国家工作人员行贿罪的共犯。如果该中间人有帮助赌球集团操控比赛进行诈骗的犯意，则还应构成诈骗罪的共犯。那么，对于中间人的行为应当如何定罪处断，需要探讨。

由于中间人仅为一自然行为，即向足协官员等人行贿，但却触犯数个罪名，符合想象竞合犯的特征，因此，介绍贿赂罪、对非国家工作人员行贿罪与诈骗罪构成想象竞合。但是想象竞合应以一罪处断还是以数罪并罚，学界存在争议。

我国通说提倡对想象竞合犯从一重罪处断，这一观点在大陆法系广为流传，可能是受到德国刑事立法的影响。《德国刑法典》第 52 条（犯罪单数）第 1 项规定，同一行为触犯数个刑法法规，或者数次触犯同一刑法法规的，只判处一个刑罚；其第 2 项规定，触犯数个刑法法规的，依照规定刑罚最重的法规确定刑罚，所判处的刑罚不得轻于其他可适用法规规定的刑罚。德国学理一般认为，第 52 条规定的就是想象竞合。正因为刑法典已有明文规定，德国教科书对想象竞合的司法处断方法，并无分歧。这一立法也影响了后来日本、我国台湾地区的刑事立法与学理发展，进而也影响了我国内地的罪数理论。不难发现，该条的规定与现今我国大陆流行的想象竞合犯理论完全吻合，其第 1 项是择一罪处罚的规定，第 2 项是择重罪处罚的规定。

问题是，德国学理对第 52 条合理性的争议，从未停止过。关于想象竞合的本质，向来存在单数说与复数说的对立。单数说认为，尽管想象竞合符合多个构成要件，但客观上只有一个行为，属于犯罪单数。[①] 该说源

① Mezger, Lehrbuch S. 459; Baumann/Weber, Allg. Teil S. 651; Blei, Allg. Teil S. 343; Baumgarten, Frank-Fest-gabe Bd. Ⅱ S. 189; Höpfner, Einheit und Mehrheit S. 101; Maurach/Gössel/Zipf, Allg. Teil Ⅱ §54 Rdn. 24; M. E. Mayer, Lehrbuch S. 156 Fußnote 2.

于李斯特的行为理论，认为犯罪就是一种行为，行为概念是犯罪概念的类概念，如果只有一个行为，最多只有一个犯罪。既然想象竞合只有一个行为，当然属于犯罪单数。[①] 复数说则认为，行为的单复数与犯罪的单复数是两码事，不应因行为之单数就当然推断犯罪之单数，尽管想象竞合只有一个行为，但实质上触犯数个构成要件（法条竞合只是表面上触犯数个构成要件），需要为数个构成要件评价，因而属于犯罪的复数。[②] 该说源于宾丁的规范理论，宾丁认为，对同一事实的评价，可以存在不同的视角和观点，故当然存在对单一对象的复数认定关系。[③] 雅克布斯也认为，一个并非构成要件意义的行为，本来就可以实现复数的犯罪，行为单数与犯罪复数，本来就具有兼容共存的可能。[④]

但有人认为，无论单数说还是复数说，其法律结果是一致的，即对该一个行为可适用数个刑法法规，但只能判处一罪的刑罚，故上述争议只是玩弄文字游戏，毫无实际意义。[⑤] 其实，这种看法忽略了一个前提，德国学者无论如何解释，最终必须遵循《德国刑法典》第 52 条的规定，故无论单数说还是复数说，其结论都是一样的。但是，倘若德国刑法对想象竞合并无第 52 条的硬性规定，依照复数论的逻辑脉络，他们还会支持一罪处罚的结论吗？看来不会。

事实上，德国学界对《德国刑法典》第 52 条的合理性一直批评较多。如罗克辛认为，犯罪单数和犯罪复数的区分，想象竞合和实质竞合的区别，是非常困难的，但这种区别的实践意义是微不足道的。他直言，投一块石头同时砸坏玻璃和人（想象竞合），与投两块石头而先后砸坏玻璃和人（实质竞合），没有实质区别，不应有处罚上的差异。[⑥] 在德国多部刑法草案中，学者们也不断提出建议，要求将两种不同形式的竞合合并，即

---

① Liszt/Schmidt, Lehrbuch des Deutschen Strafrechts, 1932, S. 348.

② Binding, Handbuch S. 569ff.; Coenders, Idealkonkurrenz S. 12f.; Dreber/Tröndle, Vorbem. 4 vor §52; Frank, §73 Anm. 1; Jakobs, Allg. Teil 32/15; Schmidhäuser, Allg. Teil S. 735.

③ Binding, Handbuch des Srafrechts, Band Ⅰ, 1885, S. 570.

④ Jakobs, Strafrecht. Allgemeiner Teil: die Grundlagen und die Zurechnungslehre. Verlag Walter de Gruyter, 1993, S. 892.

⑤ Maiwald, Natürliche Handlungseinheit S. 64; Jescheck/Weigend, Lehrbuch des Strafrechts, Allgemainer Teil, S. 719; Geerds, Konkurrenz S. 324ff.; v. Hippel, Bd. Ⅱ S. 504ff.; Cramer, Jura 1970, 206.

⑥ Roxin, Strafrecht Allgemeiner Teil, Band Ⅱ, Verlag C. H. Beck, München, 2003, S. 799.

将想象竞合依照实质竞合处罚。但在 1969 年的刑法改革时，立法者仍然保留了对二者区别对待的规定。[①] 支持第 52 条的学者一般认为，想象竞合只有一个行为，其罪责内容比数行为的更轻。[②] 但反对者认为，这个理由是无力的。施特拉腾韦特反驳道，如果想象竞合的数个罪名在不法内涵有显著差异时，其一个行为的罪责内容与数行为不相上下，亦即其一行为却明显包含数个犯罪的责任。而且，第 52 条模糊了想象竞合和法条竞合在法律后果上的区别，除了法条竞合可能优先适用较轻的法条，二者的处罚几乎没有差异，这样，真正竞合和非真正竞合的区分，就没有意义了。因此，应当向法国、奥地利和瑞士的刑事立法学习，对想象竞合和实质竞合实现处罚上的一视同仁，这样带来的一个重大优点是，可以避免区分行为单数和行为复数时产生的重重困难。[③]

笔者认为，想象竞合犯尽管仅为一自然行为，但该自然行为聚合了复数的犯罪行为，而且该复数犯罪行为所侵害的法益均是不同的，对其的评价必须贯彻全面评价原则。对于想象竞合犯的罪数本质，除了上述介绍的德国的行为单数与行为复数的论争，国内外理论上还存在着实质一罪说[④]、实质数罪说[⑤]、法条竞合说[⑥]、科刑的一罪说[⑦]等学说。笔者支持实质数罪说。因为首先，法条竞合说谬误明显，其混淆了法条竞合与想象竞合的关系；其次，科刑的一罪说违反了逻辑上的排中律，实为悖论；最后，实质一罪说错误地把握了想象竞合犯的本质，认为想象竞合犯只有一个行为，不能同时为多个犯罪构成所评价，然后如前所述，想象竞合犯实质是数个

---

① Vgl. Entwurf eines Strafgesetzbuches von 1962.

② Rissing-van Saan, LK, §52 Rn. 4; Samson/Günther, SK, §52 Rn. 2; Jescheck/Weigend, AT, S. 718; Schönke/Schröder/Stree, §52 Rn. 1.

③ Stratenwerth/Kuhlen, Strafrecht Allgemeiner Teil Ⅰ, Carl Heymanns Verlag, 2004, §18, Rn. 26, 40.

④ 实质一罪说，认为想象竞合犯在形式上虽然构成数个罪名，但因其只有一个行为，所以是实质的一罪。此说亦系我国大陆学界之通说。参见高铭暄《刑法学原理（第二卷）》，中国人民大学出版社 1993 年版，第 524 页。

⑤ 实质数罪说，认为想象竞合犯符合多个犯罪构成，应当认定为实质的数罪。此在日、俄为通说。参见［日］小野清一郎《新订刑法讲义（总论）》，有斐阁 1950 年版，第 273 页。

⑥ 法条竞合说，认为一行为触犯数罪名不是犯罪的竞合，而是法条竞合。参见［法］卡斯东·斯特法尼等《法国刑法总论精义》，罗结珍译，中国政法大学出版社 1998 年版，第 573 页。

⑦ 科刑的一罪说，认为想象竞合犯是形式上的数罪，但与实质数罪不同，诉讼上仍以数罪名对一行为进行评价，但处罚时从一重罪论刑，既不是实质一罪，也不是实质数罪，应为科刑的一罪。参见马克昌《犯罪通论》，武汉大学出版社 1999 年版，第 674 页。

行为的竞合，虽然其外观上只有单一的自然行为，但该自然行为蕴含了多个具有刑法意义的行为。如果想象竞合犯只包含一个具有刑法意义的行为，就不可能同时触犯多个保护不同客体的犯罪构成。例如，故意开一枪伤害某甲，同时过失致使某乙死亡，行为同时符合故意杀人罪和过失致人死亡罪，是想象竞合犯。如果认为开一枪的举动是一个行为，那么这是一个故意的行为还是一个过失的行为呢？是致人伤害的行为还是致人死亡的行为呢？如果认为是一个故意伤害的行为，为何其能够符合过失致人死亡罪呢？如果认为是一个过失致人死亡的行为，为何其能够符合故意伤害罪呢？可见，如果对开枪的举动仅仅作一个行为的理解，无论做何种回答都是不全面的。只有立足于行为竞合的实质来理解想象竞合犯，才可能对其行为性质做最全面的把握。

实质数罪说的合理之处在于：首先，罪数的判断标准应为犯罪构成的客体的同一性。根据这一罪数标准，若在同一次侵犯过程中产生的多个犯罪构成的客体具有同一性，则属于一罪的形态，仅有一个犯罪构成可以适用；若在该过程中产生的多个犯罪构成的客体不具有同一性，则属于数罪的形态，多个犯罪构成应同时适用。因此，想象竞合犯理应是数罪。其次，从行为“等价性”的观念考察，承认行为竞合是正当的。再次，只有以数罪来评价想象竞合犯，才能够贯彻全面评价原则。全面评价原则要求，罪数的评价应力求保护行为侵犯的全部法益，想象竞合犯中，同一身体动静实现了多个犯罪构成，而且这些犯罪构成各自保护不同的客体，如果仅将想象竞合犯评价为一罪，将不利于对另一犯罪所侵害的法益的保护。最后，以数罪来评价想象竞合犯，并不违背禁止重复评价原则。因为禁止重复评价原则是指对同一法益的同一次侵犯过程中的行为，禁止适用多个犯罪构成予以评价。但想象竞合犯是在多个法益的不同侵犯过程中实现多个犯罪构成，因此，不存在适用禁止重复评价原则的前提，而应适用全面评价原则。

综上所述，想象竞合犯是多个具有刑法意义的行为的竞合，此多个行为分别侵犯不同的客体，触犯不同的犯罪构成，具有各自独立的危害性基础，因此，想象竞合犯是实质的数罪，对于想象竞合犯的处断，也应当数罪并罚，因为唯有数罪并罚才能体现想象竞合的罪数本质，实现罪刑等价。这一观点也为许多国家的刑法所支持，如英美法系国家的刑法，对一行为触犯数罪名的情况一直实行数罪并罚。[①]《俄罗斯刑法》第17条第1款规定："在犯数罪时，犯罪人应依照本法典相应条款的规定对实施的每一犯罪承担责任。"第17条第2款规定："一个行为（不作为）含有本法典两条或多条规定的犯罪要件的，亦视为数罪。"[②] 法国法院判例也倾向于对想象竞合犯数罪并罚。法国最高法院认为，"如果单一行为触犯的数个罪名之间互斥而不可协调，那么，单一行为可以实现两个犯罪，并且承认是对不同利益（法益）的侵犯。因此，如果在所触犯的数个罪名中犯罪的心理构成要件并不严格一致，那么法国有权认定数个罪名，并且由此做出数个有罪宣告。在此情况下，所谓的'想象的数罪'被作为'实际的数罪'处理"[③]。我国澳门刑法亦规定，一行为符合数个不同的罪状为数罪，实行数罪并罚。[④] 此外，我国刑法分则和司法解释的规定，也体现了支持对想象竞合犯并罚的精神。例如，《刑法》第二百四十四条之一第二款规定，有前款行为（雇用童工从事危重劳动罪），造成事故，又构成其他犯罪的，依照数罪并罚的规定处罚。换言之，对雇用童工这一自然行为，构成雇用童工从事危重劳动罪和其他事故犯罪（如重大自然事故罪）的，可予数罪并罚。又如，《刑法》第二百零四条，纳税人缴纳税款后，采取假报出口或其他欺骗手段骗取所缴纳税款的，依照逃税罪处罚；对骗取出口退税超过所交纳税款的部分，以骗取出口退税罪处罚。这实际是一个骗税行为触犯两个罪名，实行数罪并罚。再如，《刑法》第三百条第三款规定，利用迷信奸淫妇女、骗取财物的，分别依照本法第二百三十六条、第二百六十六条的规定处罚。据此，行为人以一迷信骗局使被害妇女陷于错误（一行为），进而与其发生关系和收受财物的，应分别定强奸罪和诈骗罪。由于强奸罪的实行行为是复行为，由强制行为（暴力、胁迫或其他方法）和奸淫行为组成，上述规定即在明确，以迷信手段欺骗妇女，同样属于强奸罪的强制行为。于是，"利用迷信"不仅是诈骗罪的实行行为，同时也是强奸罪的实行行为，故本条实为对想象竞合应数罪并罚的提

① 参见储槐植《美国刑法》，北京大学出版社1996年版，第67页。

② ［俄］斯库拉托夫、列别捷夫：《俄罗斯联邦刑法典释义》（上册），黄道秀译，中国政法大学出版社2000年版，第28页。

③ ［法］卡斯东·斯特法尼等：《法国刑法总论精义》，罗结珍译，中国政法大学出版社1998年版，第573～574页。

④ 参见马克昌《中国内地刑法与澳门刑法中罪数形态比较研究》，载《法商研究》1999年第6期。

示性规定。《最高人民法院关于审理走私刑事案件具体应用法律若干问题的解释（二）》第五条规定，“对在走私的普通货物、物品或者废物中藏匿刑法第一百五十一条、第一百五十二条、第三百四十七条、第三百五十条规定的货物、物品，构成犯罪的，以实际走私的货物、物品定罪处罚；构成数罪的，实行数罪并罚”。这意味着，一行为同时走私普通货物、废物或者其他违禁物品的，应分别定罪，数罪并罚。换言之，实务上也支持对想象竞合实行数罪并罚。

因此，对于中间人帮助赌球集团等人向足协官员、裁判、俱乐部官员、运动员与教练行贿的行为，构成介绍贿赂罪、对非国家工作人员行贿罪与诈骗罪想象竞合的，应当以数罪论处，实行数罪并罚。

第七章　竞技舞弊的犯罪化研究

竞技体育，是指以体育竞赛为主要特征，以创造优异运动成绩、夺取比赛优胜为主要目标的社会体育活动。《体育法》第三十三条明确规定，“体育竞赛实行公平竞争的原则。体育竞赛的组织者和运动员、教练员、裁判员应当遵守体育道德，不得弄虚作假、营私舞弊”。然而，破坏竞技体育秩序的行为日益泛滥，“公正性”这一体育事业的灵魂不断受到侵蚀。各种竞技舞弊事件，无疑都在挑战着公众的承受力与忍耐力，损害了人们对竞技体育的信心和热情。面对这些竞技舞弊行为，实践中大多只是由相关的单项体育协会做出相应的处罚，而极少由公权力介入，依照刑法追究行为人的责任。但是，刑法真的没有介入的必要性与可能性吗？在比赛遭到操控的情况下，购票观众观看正常比赛的权利是否就不受刑法保护？体育赞助商和体育广告商遭遇操控比赛而利益受损的情况又应该如何解决？而刑法要规制竞技体育不法行为的困境和解决的思路又是什么？哪些不法行为具有解释论上犯罪化的可能？刑法解释与罪刑法定的界限如何？为了促进竞技体育事业的健康可持续发展，我们必须对上述问题进行相关研究，一一做出解答。

大体而言，将竞技舞弊行为进行犯罪化处理存在两种思路：一是主张从立法的角度解决各种妨害竞技体育公正性不法行为的入罪问题；二是提倡通过有效的法律解释，将各种竞技舞弊行为纳入现有罪名的调整范围之内。诚然，采用解释论的话，难免存在无法凝聚共识、最后只沦落为一家之言的风险，而立法论更有利于问题的解决。但是，“应该针对何种竞技舞弊行为立法”“如何确定责任的范围”等一系列问题，立法论都必须做出回应。另外，法律制定出来也绝对不是仅供观赏，“任何法律在实际运用中都面临解释的问题，就如任何文本都需要读者理解一样”①。面对纷繁复杂的竞技舞弊行为，面对立法反复斟酌需要经历的漫长过程，面对其所带来的资源耗费，解释论无疑成了当前竞技舞弊犯罪化研究的最佳路

① 张文显：《法理学》，高等教育出版社、北京大学出版社2007年版，第279页。

径。遗憾的是，即便承认了解释论的路径，国内刑法学界对竞技舞弊犯罪化的研究也只局限在以下两个方面：一是对体育裁判受贿行为的刑法定性，如王作富教授的《“黑哨”行为不能以犯罪论处》、韩玉胜教授的《我国足球职业联赛频现“黑哨”的理性思考》、谢望原教授的《体育竞技中贿赂犯罪比较研究》等；二是对竞技性伤害行为的认定，如林亚刚的《竞技体育中伤害行为的刑法评价》、曲伶俐的《竞技体育暴力行为的刑法解读》、黄京平的《竞技行为正当化研究》。当前，黑哨、假球、兴奋剂、虚报身份与年龄、行贿与受贿、非法赌博等一系列竞技舞弊行为接连出现，环环相扣，形成了一条对竞技体育公正性风险逐级递增的犯罪链条。倘若有关的研究只局限于某一个侧面而缺乏全局的视野，“头痛医头、脚痛医脚”，自然就未能就竞技体育公正性的保护提出完整的刑事政策。

在国外，虽然曾就刑法是否应该规制体育活动提出了质疑，但如今都普遍承认了法律在体育活动领域的强制力与约束力。在刑事立法层面，主要在裁判因收受贿赂而吹“黑哨”方面有所规定，德国[①]、韩国[②]、日本[③]等国家都将裁判纳入了受贿罪的调整范围，认为裁判属于受贿罪法定主体中的“仲裁员”。而其他的各种竞技舞弊行为均缺乏刑法的明文规定或者有关判例的认可。在理论探讨与司法实践中，相关研究主要集中在：①对竞技伤害的处理问题[④]；②针对网络赌球的态度展开的研究[⑤]；③对“假球”的研究，但大多与行贿罪、受贿罪挂钩。国外在竞技领域方面的研究

① 《德国刑法典》第331条规定，“1. 公务或从事特别公务的人员，以现在或将来职务上的行为为对价而要求、期约或收受他人利益的，处2年以下监禁，或处罚金；2. 法官或者仲裁人，以现在或将来职务上的行为为对价而要求、期约或收受他人利益的，处3年以下监禁，或处罚金”。

② 《韩国刑法典》第129条规定，“公务员或者仲裁人，收受、索取或者约定与职务有关的贿赂的，处5年以下劳役或者10年以下停止资格”。

③ 《日本刑法典》第197条之3规定，“公务员或者仲裁员，关于其职务实施不正当行为或不实施应当实施的行为，收受、要求或约定贿赂，是受贿罪”。

④ 参见 Jack Anderson. Citius, Altius, Fortius—a Study of Criminal Violence in Sport. Marquette Sports Law Review, 2000, 11: 87 - 106; Mathew P Barry, Richard L Fox, Clark Jones. Judicial Opinion on the Criminality of Sports Violence in the United States. Seton Hall Journal of Sports and Entertainment Law, 2005, 15: 1 - 26; Tracey Oh. From Hockey Gloves to Handcuffs: the Need for Criminal Sanctions in Professional Ice Hockey. Hastings Communications and Entertainment Law Journal, 2006, 28: 309 - 332; C. Lassiter. Lex Sportiva: Thoughts Towards a Criminal Law of Competitive Contact Sport. St. John's Journal of Legal Commentary, 2007—2008, 22: 35 - 99; 等等。

⑤ 必须指出的是，国外并非禁止一切形式的赌博活动，所以此问题才有探讨的意义。

已经比我国更为深入，其理论和实践固然能够给我们的研究提供启示。然而，相关研究还是未能全方位地渗透到竞技舞弊的各个环节。而且，即使对某一环节有所研究，处罚的范围也是极为有限的——没有行贿受贿的“假球”“黑哨”是否就不能进行犯罪化处理了呢？另外，由于立法上的差异与社会价值观念的不同，所以必须考虑在中国语境下的可行性问题。

因此，本文将综合运用实证分析、比较分析的方法，分三部分研究竞技舞弊的犯罪化问题：第一部分在厘清竞技体育与竞技舞弊的含义的基础上，对各种常见的竞技舞弊行为进行类型化处理。第二部分指出当前刑法规制竞技体育犯罪面临的传统学理学上的困境，如竞技体育犯罪的界定、刑法与其他法律法规的关系、刑法介入与行业自律、刑法与刑事诉讼法等一系列问题。并且，在认同解释论的前提下，对形式解释论和实质解释论这两种解释方法进行分析比较，并基于学说本身的合理性与刑事政策的考虑做出选择，从而为竞技舞弊行为定性提供基本的思路。第三部分基于实质解释论的立场，对犯罪链条上的各类不法行为进行逐一定性，在遵循罪刑法定原则的要求下尽可能将以往极少处罚的竞技舞弊行为在解释论上予以犯罪化，实现竞技体育赛事公正性的刑法保护。

第一节　竞技舞弊之行为样态

一、竞技体育与竞技舞弊

随着经济一体化的推进和传播媒介的发展，发源于西方的现代竞技体育突破了地域的限制而呈现出全球化的特性，奥林匹克运动、各种世锦赛、世界杯等国际性竞技体育赛事逐渐增多，无一不吸引着公众的眼球，成为人们生活不可分割的一部分。但是，关于“竞技体育”定义的讨论依然未停，学者们依旧众说纷纭、莫衷一是。[①] 遍观各种不同观点，实质上就是从不同的角度对“竞技体育”进行说明。而本文所说的“竞技体育”

① 有人认为“竞技体育是为了最大限度地发挥个人或集体的运动能力，争取优异成绩而进行的运动训练和竞赛”，有人认为“竞技体育是运动者以一定的物质条件，采用某种运动方法进行身体活动的过程”，有人认为“竞技体育是在全面发展身体、最大限度地挖掘和发挥人（个体和群体）在体力、心理、智力等方面潜力的基础上，以攀登运动技术高峰和创造优异成绩为主要目的的一种运动过程”，等等。

以其法律含义为重点，指的是相对于学校体育和社会体育而言的，以体育竞赛为主要特征，以创造优异运动成绩、夺取比赛优胜为主要目标的社会体育活动。毋庸置疑，竞技体育应该以公平、公开竞争为核心，竞技体育的参与者应该严格按照既有的原则和规则参加体育竞赛。《体育法》第三十三条明确规定，“体育竞赛实行公平竞争的原则。体育竞赛的组织者和运动员、教练员、裁判员应当遵守体育道德，不得弄虚作假、营私舞弊”。在竞技体育中，比赛的结果往往是只产生一个优胜者，但整个过程却充满了许多未知的因素。个人的身体机能和心理水平、团队的合作精神、机遇的出现与把握等各种原因都会影响到运动员水平的发挥，影响到最终的结果。这就是竞技体育区别于其他文化活动的独特魅力。也正是因为这样的魅力，使得观众会心甘情愿地欣赏完比赛的全过程，静待比赛结果的出现。

但是，在强大的竞争压力下，在强烈的功利和个人成就目标的驱动下，运动员总是想尽各种方法来赢得比赛，于是便开始出现了破坏公平公开竞争的暗流。而且，“1995 年《体育法》一个最重要的特征就是使体育的商业化运作合法化，尽管商业化的程度和西方的体育系统不可相提并论，但这样的立法无疑鼓励了商业化的改革，促进体育产业快速发展”[①]。在这样的背景下，不和谐的音符亦日益增多，公平公开竞争更是受到了前所未有的挑战。本文所说的“竞技舞弊”，就是指在竞技体育活动中出现的各种妨害竞技体育公正性的不法行为。如果比赛的结果是预先被设定的，观众就相当于被迫观看了一场“表演”，其观看正常比赛的权利就遭到了侵犯。而且，“一旦比赛结果不确定性遭到破坏，人们就受到愚弄，比赛的尊严就受到亵渎”[②]。但在竞技体育中，每一个参与者都有可能对公平公开竞争造成威胁。运动员的“假球”、裁判的“黑哨”、体育俱乐部的“商业贿赂”、体育协会以及体育行政管理部门的“受贿”等各种各样的丑恶现象充斥在体育竞赛里，并逐渐暴露在公众的视线中。在这条对竞技体育公正性风险逐级递增的犯罪链条面前，必须立足于整体，将竞技舞弊的各个环节与犯罪学规律联系起来提出完整的刑法保护政策，方能维持竞技体育的公平公开竞争，促进竞技体育事业的健康可持续发展。

---

① James A. R. Nafziger, Li Wei. China's Sports Law. The American Journal of Comparative Law, 1988, 46: 467.

② 石泉：《竞技体育刑法制约论》（博士学位论文），吉林大学 2004 年，第 13 页。

二、竞技舞弊的表现形式

2009年年末，由公安部门主导的反黑风暴在广州拉开了序幕，前广东雄鹰俱乐部总经理钟国健最先被警方控制。随后“反赌风暴”席卷整个足坛，相关案件也陆续进入司法程序，验证了长期以来假球黑哨的传闻不虚。此次反黑风暴涉及的人员众多，高层领导、球员、裁判、俱乐部管理人员、工作人员等各个阶层无不牵涉其中，几乎囊括了足球比赛的所有环节。除了在足球领域，田径比赛、篮球、网球、排球等各种竞技体育活动中同样存在竞技舞弊的情况。斯诺克大师希金斯的“赌球门”,[①] 屡见不鲜的兴奋剂案件，等等，严重亵渎了竞技体育的公开公平竞争原则。大体而言，竞技舞弊的表现形式可以归纳为操控性舞弊行为、管理性舞弊行为、合作性舞弊行为和实行性舞弊行为四大类，而这四大类行为不仅是单独地渗透在竞技比赛的每一环，还通常联合发挥作用，对竞技体育公正性造成伤害。

（一）操控性舞弊行为

操控性舞弊行为，是指所有竞技舞弊行为的组织者和策划者为了操控比赛结果、获取不正当利益所展开的一系列活动。不可否认，在竞技体育中，体育管理行政机构、体育协会、俱乐部、裁判、教练、运动员都有可能成为操控或者被操控的一员，自愿或者被迫地加入操控比赛的过程中，成为比赛操控的主体（如图7－1所示）。但是，这些主体所谓的“操控”，大多都是利用了自身地位所形成的管理权力或者比赛规则所造就的便利条件而做出特定的竞技舞弊行为。并且，他们“操控”别人，但同时也可能处于他人“操控”之下。需要明确的是，笔者在此处要探讨的“操控性舞弊行为”，强调的是操控者处于策划者的地位，扮演着组织者的

---

① 2010年5月2日，据《泰晤士报》的报道，目前世界排名第一的希金斯被曝同意以输球4场的代价换取30万欧元，相当于人民币270多万元的贿赂。世界台联闻讯后，立即表示将调查希金斯受贿事件，在此期间，希金斯将被禁止参加国际台联的所有比赛。希金斯后来虽然没有被定罪为“赌球”，最终只被禁赛6个月并于当年11月重返球坛，不过希金斯因违规探讨赌球行为以及未能及时上报的过失被罚款75000英镑，他的原经纪人帕特·穆尼被永远禁止参加斯诺克事务。

角色。换言之，操控性舞弊行为必须是竞技舞弊犯罪链条中的第一环节，是其他竞技舞弊行为出现的原因与理由。在大多数情况下，操控性舞弊行为都与非法赌球有着千丝万缕的关系。亦即，“在竞技体育中，打假球很久之前就已成为体育中的普遍现象，并无可避免地与黑社会、非法赌球集团相联系”①。所以，操控性舞弊行为一般表现为非法赌球集团的操控行为。当然，笔者并不否认其他比赛操控的组织者和策划者存在。

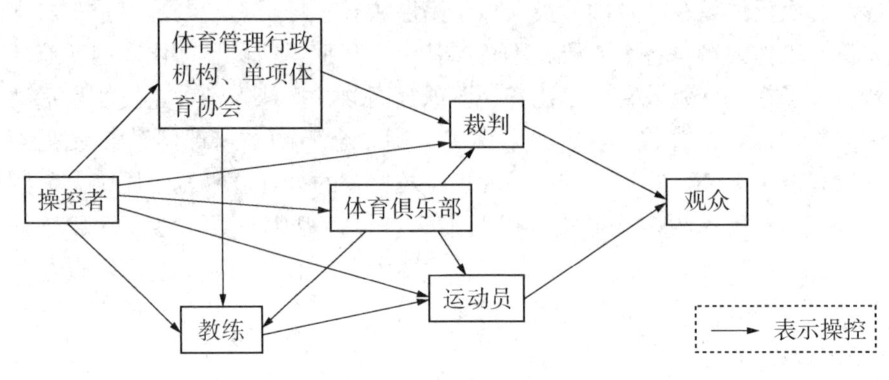

图 7-1　操控性舞弊行为

加拿大 CBC 电视台资深记者德克兰·希尔利用自己多年来在多个国家调查赌球集团的经历，在《操控：世界足球的阴谋和犯罪》一书中详细记录了赌球集团从联络中间人到收买球员、操控球赛的全过程。为了能够在非法赌博中提高获胜的概率，让预先猜测的比赛结果成为现实，赌球集团的操纵者不会直接和球员见面，而是利用所谓的“奔跑者”。一旦“奔跑者”找到一个腐败的队员，他们就会联系该队员，让他输掉某一场比赛并提供相应的金钱。这名队员随之就会接近其他队员，并提供金钱给那些帮助操控比赛的人。一场成功的操纵比赛至少包括守门员、防卫者和攻击者。而且，现在操纵者不单单要求比赛的输赢，他们还要求比赛结果随着时间而变化。一般来说，“奔跑者”还会有 15～100 个客户，他们负责提供网络技术，收集输家的赌注并付清赢家的钱。②

① Nishant Gokhale. Fixing the Fixers: the Justification of Criminal Liability for Match-fixing. National University of Juridical Sciences Law Review, 2009, 2: 335.

② 参见［加］德克兰·希尔《操控：世界足球的阴谋和犯罪》，刘坤、单玲玲、李晓译，时代文艺出版社 2010 年版。

在我国，非法赌博亦日益猖獗。虽然《刑法》[1]《体育法》[2]《治安管理处罚法》[3] 均规定了对赌博的处罚条款，但由于小额的罚款、较低的刑期在巨额的赌资面前不足挂齿，所以还是有很多人铤而走险，参与非法赌博。其实，全国从 1994 年就开始发行体育彩票，先后有 30 个省、自治区、市设立了体育彩票管理中心和机构，体育彩票销售的市场逐渐成熟。2009 年通过的《彩票管理条例》更是为体育彩票的发行和管理提供了法律依据。然而，体育彩票仅有的几种模式根本无法满足公众的需求，体育彩票本身具有的公益性质也使其无法具备拥有诱人的经济回报的可能性，因此，非法赌博现象依然普遍存在。2003 年，中国足球历史上第一个因赌球而入狱的“圈内人士”唐某因犯赌博罪被上海市杨浦区人民法院判处拘役 4 个月。据调查，他从 1997 年退役后就参与赌球，到 2003 年自己开设盘口，接受了 10 位赌徒的赌资，获利 2100 元。近年来，网络赌博正迅速地在全球范围内蔓延。以互联网为依托，参与赌博的人员呈现出数量庞大、地域分散的特点。2006—2009 年，王鑫通过他人获取“皇冠”赌博网站代理资格，接受投注，涉及赌资人民币 1100 余万元，被法院以开设赌场罪判处有期徒刑 4 年，并处罚金人民币 300 万元。网络赌博不仅严重影响了我国的金融管理秩序，为洗钱行为提供了契机，还违背了社会管理秩序，破坏了竞技体育的竞争秩序。的确，非法赌博的存在并不能直接推导出国内的竞技赌博的组织者（俗称“庄家”）操控了比赛。但国内庄家一般都是在国外博彩公司注册账户或者和国外庄家达成协议，直接接受国内赌球者的投注或者发展“二级代理”“三级代理”，抽取差额、赚取利润，而在国外的非法赌球集团操控比赛已经是一个不争的事实。当体育已经成为某些个人与团体的非法投机敛财工具时，竞技体育公平公正的呼唤总是显得那么苍白无力，操控性竞技舞弊行为的出现也自然在意料之

① 第三百零三条规定，“以营利为目的，聚众赌博或者以赌博为业的，处三年以下有期徒刑、拘役或者管制，并处罚金。开设赌场的，处三年以下有期徒刑、拘役或者管制，并处罚金；情节严重的，处三年以上十年以下有期徒刑，并处罚金”。

② 第五十一条规定，“利用竞技体育从事赌博活动的，由体育行政部门协助公安机关责令停止违法活动，并由公安机关依照《治安管理处罚法》的有关规定给予处罚。在竞技体育活动中，有贿赂、诈骗、组织赌博行为，构成犯罪的，依法追究刑事责任”。

③ 第七十条规定，“以营利为目的，为赌博提供条件的，或者参与赌博赌资较大的，处五日以下拘留或者五百元以下罚款；情节严重的，处十日以上十五日以下拘留，并处五百元以上三千元以下罚款”。

中了。

（二）管理性舞弊行为

1. 内部管理舞弊

在20世纪90年代初，中国足球率先进行了职业化改革，随后乒乓球、篮球、排球等其他竞技体育也先后按照职业足球的模式进行改革。中国体育迅速实现了计划经济下的体育向市场经济下的职业体育的转变，运动竞赛的经营手段日益市场化，俱乐部、体育赞助、体育广告等相关概念也逐渐出现在公众的视野中。而所谓体育俱乐部，是指“实行独立核算、自负盈亏的一种体育经营实体或体育组织”①，分为职业体育俱乐部、业余体育俱乐部和商业体育俱乐部三种，本文讨论的重点是职业体育俱乐部。职业体育俱乐部的成立需要经过单项体育协会的批准，其以营利为根本目标，主要从事组织门票收入、发展俱乐部会员、经营广告业务、出售电视转播权、发行赛事预测彩票、转卖队员、开发球迷商品、经营第三产业等一系列经营活动。

“一个职业俱乐部经营状况往往取决于球队成绩的好坏，而俱乐部经营状况又决定了俱乐部球员收入的高低，两者相辅相成。”② 在职业体育俱乐部的人员管理架构中，教练和运动员允许自由竞争和人员流动，实行合同制。各个俱乐部按照自己的需要和经济实力在所属协会规定允许的范围内聘请教练和运动员，各位教练和运动员也根据自身的价值和球队的条件与水平选择俱乐部。而双方一旦订立合同，就意味着教练和运动员必须服从俱乐部的管理，提供劳务，体育俱乐部需要支付相应的对价。在这样的管理模式下，体育俱乐部有关人员能够轻易地利用管理上的权力对教练与运动员施压，使比赛出现其所希望的结果。西藏惠通陆华足球俱乐部原总经理王珀就是在收取贿赂的情况下，利用管理上的便利操控比赛，以非国家工作人员受贿罪和诈骗罪被判处有期徒刑8年，并处罚金人民币23

① 钟天朗：《体育经营管理——理论与实务》，复旦大学出版社2004年版，第186页。
② 钟天朗：《体育经营管理——理论与实务》，复旦大学出版社2004年版，第207页。

万元。[①] 类似地，青岛海利丰足球俱乐部总裁杜允琪在中甲足球联赛第21轮比赛中暗箱操作，以对非国家工作人员行贿罪和非国家工作人员受贿罪被判处有期徒刑7年，并处没收财产人民币10万元；[②] 成都谢菲联足球俱乐部犯对非国家工作人员行贿罪，判处罚金人民币60万元；青岛海利丰足球俱乐部犯对非国家工作人员行贿罪，判处罚金人民币200万元。职业体育俱乐部的直接目的是营利，但为了追求利润的最大化，往往会使用各种妨害竞技体育公平公正原则的伎俩，出现管理上的舞弊行为。

除了俱乐部对教练与运动员的管理外，在球队内部还存在着教练员对运动员的管理。当前，教练大体上分为各级国家队的教练和体育俱乐部的教练两种。各级国家队的教练实行竞聘方式，由专家组汇总所有教练的表现，然后将意见提交各体育单项协会最终决定。而体育俱乐部的教练要求在各体育单项协会进行教练员注册，双方达成合意即可订立合同，当事人的权利义务关系受劳动合同法调整。但无论是哪一种教练，都是运动训练的直接组织者，以其过硬的专业知识承担培养运动员的义务。在具体的比赛中，教练凭借自身的经验，通过观察赛场上的变化，对比赛战略进行及时的调整并决定上场运动员名单。在这一环节中，教练同样可能出现竞技舞弊行为，故意采用不合理的战术，安排不合适的球员上场，从而输掉比赛。“中国羽毛球教练李永波承认其在2004年雅典奥运时操纵了羽毛球的半决赛。当他看了张宁的第一场比赛后，他认为张宁比周密更有机会拿冠军，所以他让周密故意输掉半决赛，最后张宁赢了冠军。”[③] 然而，教练

---

① 2006年2月，王珀利用担任西藏惠通陆华足球俱乐部总经理的职务便利，与王鑫合谋操纵比赛，以使王鑫赌球获利。王珀收受王鑫90万元后，因赌博网站未开盘而操作未果。2006年8月19日，王珀利用担任西藏惠通陆华足球俱乐部总经理的职务便利，指使球队助理教练丁哲与广州医药足球俱乐部联系，在中甲联赛第17轮比赛中故意输给广州医药足球俱乐部。丁哲收受广州医药足球俱乐部20万元，王珀分得10.1万元。2006年5月和8月，王珀在无权决定的情况下，允诺帮助他人进入西藏惠通陆华足球俱乐部足球一线队，以办理进入球队注册相关手续为由，骗取他人23万元。

② 2007年9月，杜允琪利用担任青岛海利丰足球俱乐部总裁的职务便利，与成都谢菲联足球俱乐部董事长许宏涛等人通谋，收受成都谢菲联足球俱乐部50万元，指使青岛海利丰足球俱乐部足球队在中甲足球联赛第21轮比赛中故意输给成都谢菲联俱乐部足球队。2008年10月28日，杜允琪为使青岛海利丰足球俱乐部在中甲联赛中保级，指使本队球员杜斌贿买对方球员操纵比赛，后青岛海利丰队赢得比赛保级成功。

③ Richard H. McLaren. Corruption: Its Impact on Fair Play. Marquette Sports Law Review, 2008, 19: 23.

的策略与人员安排本身就具有浓厚的“人为”色彩，所以，较之于体育俱乐部的内部管理舞弊行为，教练的舞弊行为更难以举证，但难以认定并不代表不存在。

2. 外部管理舞弊

在我国，承担体育事务的外部管理责任的机构和团体主要是各级体育管理行政机关和单项体育协会。

各级体育管理行政机关包括了国家体育总局和省、市、区体育局。国家体育总局是国务院直属机构之一，而省、自治区、直辖市体育局为各级政府的直属机构，亦具备独立的行政管理职能。《体育法》第四条规定，“国务院体育行政部门主管全国体育工作。国务院其他有关部门在各自的职权范围内管理体育工作。县级以上地方各级人民政府体育行政部门或者本级人民政府授权的机构主管本行政区域内的体育工作”。国家体育总局下设各种体育运动的管理中心，全面负责所管运动项目的业务管理；负责和指导所管运动项目的普及和优秀运动队伍建设以及后备人才的培养；负责全国竞赛的管理，制定全国比赛规程，审定运动成绩；负责运动员的注册与转会和运动员、教练、裁判技术等级评定；负责运动员、教练奖励实施工作和业务培训；等等。由于处于管理者的角色，体育管理行政机关自然能够“轻而易举”地控制一场比赛。实践中，亦有些体育管理行政机关工作人员在金钱或者其他不正当利益的引诱下，利用职务上的便利妨害竞技体育公正性，进行相关的违法犯罪活动。在2011年12月19日到21日，辽宁省铁岭市中级人民法院便公开开庭审理了国家体育总局足球运动管理中心女子足球管理部原主任张建强受贿案[①]和国家体育总局足球运动管理中心原副主任杨一民受贿案[②]，两人分别被判处有期徒刑12年并处没收财产人民币25万元，以及有期徒刑10年6个月并处没收财产人民币20万元。因此，体育管理权力是一把双刃剑，一旦被滥用，便会贻害无穷，最

① 1997年4月至2009年10月，被告人张建强在担任国家体育运动委员会足球管理中心业余部副主任、国家体育总局足球运动管理中心综合部副主任、国家体育总局足球运动管理中心女子足球管理部主任期间，利用管理裁判、女足工作等职务便利，为有关单位在裁判的选派和执裁比赛中得到关照等事项上谋取利益，先后24次收受陕西国力足球俱乐部等8个足球俱乐部和2个省市足球运动管理中心人民币共计238万元。

② 1997年年初至2009年12月间，被告人杨一民利用担任国家体育总局足球运动管理中心副主任等职务的便利，为有关单位或个人的谋取足球裁判员任职等方面的利益，先后40余次收受20余个单位或个人的财物，折合人民币共计125.4万元。

终影响竞技体育的正常进行和健康发展。

单项体育协会在未改革之前，因为资金紧缺、资金用途受到严格要求而限制了相关工作的开展。“但《体育法》赋予了单项体育协会自我管理能力和一定的独立性，包括获取私人资金支持和举办商业性赛事而营利等等。”① 单项体育协会分为全国单项体育协会和各地区的单项体育协会两类，负责各类竞赛工作的组织管理，对运动员、教练、裁判进行注册管理、业务培训、等级晋升和资格审查的实施等。在单项体育协会内部，同样存在竞技舞弊行为：前文提及的杨一民，曾任中国足协技术部主任、中国足协联赛部主任；足协“掌门人”南勇、曾任中国足协专职副主席的谢亚龙也因操纵足球比赛涉嫌收受贿赂犯罪，经检察机关批准，被依法逮捕。此外，前文提到的教练的选拔问题，即使已经逐渐程序化与公开化，但竞技舞弊行为还是找到了生存的“土壤”。高洪波、殷铁生、贾秀全、哈威、王军、吴金贵等国字号知名教练，为了能够顺利地进入国家队执教，被曝光曾以不同方式、不同金额行贿。② 中国足坛元老马克坚曾说：“足协在选帅过程中的‘暗箱操作’，毁掉了中国足球!”其实，教练愿意花钱进入国字号教练岗位，就一定会想办法弥补空缺，传闻中运动员花重金进国家队的说法也就不足为奇了。这样一来，权钱交易恶性循环，自上而下，周而复始，形成了一条黑色链条。优秀的教练得不到重用，优秀的运动员也被拒之于门外，不但破坏了正常的竞争秩序，违反了“按照公平、择优的原则选拔和组建运动员”的法律要求，而且制约着竞技体育的发展，成了竞技体育水平进一步提升的拦路虎。在单项体育协会中出现的竞技舞弊现象，破坏了竞技体育的竞争秩序，违背了竞技体育应有的含义，伤害了球迷的感情，理应受到法律的追究和制裁。

---

① James A. R. Nafziger, Li Wei. China’s Sports Law. The American Journal of Comparative Law, 1988, 46: 469.

② 据了解，杨一民于2004年11月和2005年7、8月在其家中先后收受高洪波所送人民币20000元和东芝牌笔记本电脑一台（价值人民币6000元），共计折合人民币26000元。2001年7、8月，时任长春亚泰主教练的殷铁生送给杨一民3万元。2008年12月和2009年12月，时任河南建业守门员教练的哈威，先后向杨一民行贿4万元，以感谢杨一民让他进入国字号。2007年6月，王军为感谢杨一民为他担任国家青年足球队助理教练提供帮助，在其搬家时送给他西门子牌电冰箱一台，价值9500元。贾秀全从1997年开始，到2008年10月止，一共送给杨一民218750元。从2004年到2009年，吴金贵总共向杨一民行贿71579元，其中包括美元、名表等。

（三）合作性舞弊行为

合作性舞弊行为，是指同为比赛的参加者在共同的利益导向下互相配合，操控比赛成绩，妨害竞技体育公正性的行为。不可否认，不少的竞技体育运动都是团体性体育运动，讲究运动员之间的团队协作精神。在竞技舞弊中，存在多个运动员互相配合而操控比赛的情况。因前文提及非法赌球集团的操控策略中已有所展开，此处不再展开。然而，合作性舞弊行为不单单表现为运动员的互相合作，在实践中出现得更多的是体育俱乐部与体育俱乐部之间的合作。

我国的某些体育赛事实行分级管理。以足球为例，中国足球联赛主要是由中国足球超级联赛、中国足球甲级联赛、中国足球乙级联赛三级组成。根据能够参加的赛事的不同，体育俱乐部因此分为中超俱乐部、中甲俱乐部和中乙球队。在每一年的比赛中，每一场赛事的比赛成绩都会直接影响到级别的变化，于是出现了体育俱乐部的“升级”“保级”“降级”问题。而且，在许多城市，足球俱乐部已经成为城市的名片，球队夺冠与否、级别如何无不涉及巨大的经济效益与社会效益。因此，在金钱的利诱下，各体育俱乐部倘若能达成共识，操控比赛结果而达到双赢的局面的话，就会联手实行竞技舞弊行为。例如，2007 年 9 月，青岛海利丰足球俱乐部董事长与成都谢菲联足球俱乐部董事长通谋，在收受成都谢菲联足球俱乐部 50 万元的情况下，指使本俱乐部在中甲足球联赛第 21 轮比赛中故意输给成都谢菲联俱乐部足球队。[①] 类似的合作性舞弊行为并不少见，大体都是体育俱乐部在“升级”或者“保级”有危险的前提下，以金钱交换的方式让对方故意输掉比赛。而愿意输掉比赛的一方，大多都是认为失败的结果对其没有影响或者产生的负面影响远小于其能够得到的经济利益。总的来说，在利益平衡的情况下，就有可能出现合作性竞技舞弊行为。

（四）实行性舞弊行为

竞技比赛，本质上就是运动员水平的较量。而在这个较量的过程中，

① 参见铁岭市中级人民法院网《足球假赌黑系列案继续开庭　杨一民等人相继出庭受审》，见 http://lntlzy. chinacourt. org/public/detail. php?id = 139，最后访问时间：2012 年 4 月 23 日。

需要裁判充当比赛规则的执行者。因此，在赛场上，直接参与者就只有裁判和运动员。上述所说的种种舞弊行为的目的能否达到，最终也还是要依赖裁判或者运动员的临场表现。所谓裁判的实行性舞弊行为，就是俗称的“黑哨”；而运动员的实行性舞弊行为主要表现为“假球”，还有“虚报年龄和身份”“使用兴奋剂”“恶意伤害”等。实行性舞弊行为无疑破坏了竞争秩序，成为竞技舞弊的又一表现形式。

1. 裁判

“裁判员是以规则为依据，在公平、公开、公正、准确的前提下，采用合理有效的执裁方法，保证运动员最大限度地发挥技战术水平，创造优异成绩。”[①] 毋庸置疑，裁判是各类竞技比赛规则的执行者，应当尽量地减少错判和误判的情况。但遗憾的是，在多场比赛中存在着裁判收受贿赂操纵比赛的情况。2003 年 3 月 28 日，北京市第一中级人民法院做出终审裁定：驳回龚建平的上诉，维持北京市宣武区人民法院以受贿罪判处被告人龚建平有期徒刑 10 年的一审判决。[②] 龚建平成了中国足球历史上第一个因为受贿、假球、黑哨而被判刑入狱的裁判。2011 年 12 月 20 日到 21 日，辽宁省丹东市中级人民法院开庭审理了前足球裁判陆俊[③]、黄俊杰[④]、周伟新[⑤] 3 人涉嫌非国家工作人员受贿罪案件，陆俊被判处有期徒刑 5 年零 6 个月、没收个人财产 10 万元人民币、没收非法所得 78 万元人民币，黄俊杰被判处有期徒刑 7 年并处没收财产人民币 20 万元，周伟新被判 3 年 6 个月有期徒刑。一直以来，裁判员吹“假哨”“黑哨”的传闻

---

① 刘锡梅、燕呢喃：《体育竞赛裁判学》，高等教育出版社 2011 年版，第 1 页。

② 2000 年至 2001 年，龚建平在受中国足球协会指派担任全国足球甲级队 A、B 组主裁判员职务期间，先后 9 次收受他人财物，共计人民币 37 万元。其中，2001 年 4 月 21 日，龚建平在执裁浙江绿城与天津立飞的比赛前，在杭州国际大酒店收受绿城俱乐部贿赂款人民币 2 万元；2001 年 7 月 7 日，龚建平在执裁浙江绿城与厦门红狮的比赛前，在杭州西子宾馆收受绿城俱乐部贿赂款人民币 8 万元。

③ 陆俊在 2003 年联赛帮助申花赢得夺冠关键战那场比赛中，收受 35 万元贿金。陆俊曾帮助沈阳买通广州松日，操纵了天津泰达与广州松日的比赛，获得 10 万元贿金。1999 年至 2003 年，陆俊利用执裁足球比赛的职务之便，为相关足球俱乐部及相关人员谋取不正当利益，先后 7 次非法收受他人财物共计人民币 81 万元。

④ 2005 年至 2009 年，黄俊杰利用执裁足球比赛的职务之便，为相关足球俱乐部及相关人员谋取不正当利益，先后 20 余次非法收受他人财物共计人民币 148 万元、港币 10 万元。

⑤ 2001 年至 2005 年，周伟新利用执裁足球比赛的职务之便，为相关足球俱乐部谋取不正当利益，先后 8 次非法收受他人财物共计人民币 49 万元。2009 年，周伟新为谋取赌球赢利等不正当利益，对黄俊杰等 4 名足球裁判员行贿 8 笔，共计人民币 35 万元、港币 10 万元。

不绝于耳，这些案件也恰好印证了传闻不虚。倘若“假哨”“黑哨”使得作为球场上的“法官”的裁判都不再处于中立地位，不再依靠本身的专业理论知识和执裁实践经验执行竞赛规定，比赛也就难以在公正、平等、合乎规则和规程精神的条件下进行了。

2. 运动员

运动员是竞技体育的最主要参加者，竞技体育实质上就是运动员之间水平的较量。《体育法》第二十九条规定，“全国性的单项体育协会对本项目的运动员实行注册管理。经注册的运动员，可以根据国务院体育行政部门的规定，参加有关的体育竞赛和运动队之间的人员流动”。在运动员队伍中，除了存在上文提及的“花重金进国家队”的丑陋现象外，还存在打假球、虚报年龄和身份、使用兴奋剂、运动员间恶意伤害等竞技舞弊行为。

当运动员或者运动队出于各种原因选择不倾尽全力去夺得比赛的胜利时，竞技体育就有了“假球”的空间。最为经典的案例就是 1984 年第一届足协杯安徽队对福建队的比赛。由于两队都不想赢得这场比赛，眼看要 0 比 0 完场时，安徽队突然将球送进自家大门！而在剩下的几分钟内，福建队如法炮制，向自家大门发起猛攻但没有成功，只能垂头丧气地面对“胜利”的结果。除此之外，“隋波事件”① “渝沈之战”② “甲 B 五鼠案”③ “2006 年中超保级假球案”④ 等“假球”事件，对公众来说也并不陌生，也一度让球迷失望透顶，只能愤怒地离开看台。

---

① 1998 年 8 月 22 日，在当年联赛第 16 轮云南红塔和陕西国力的赛后新闻发布会上，国力主教练贾秀全公开指出本队个别球员表现不正常，“3 号隋波”脱口而出。

② 1999 年，中国联赛的最后一轮，沈阳海狮客场挑战重庆隆鑫。隆鑫上半场时先攻入一球，但中场休息时两队迟迟不肯出场比赛，导致足足推迟了 10 分钟这场比赛才结束，结果最后一分钟攻进制胜一球。2000 年 3 月 17 日，中国足协才正式做出了处罚决定，但也只是将“渝沈之战”定性为“消极比赛”。

③ 2001 年甲 B 联赛倒数两轮，成都五牛 11∶2 狂胜四川绵阳，而亚泰也在绿城身上开始了疯狂的进球表演，6∶0 狂胜。事后中国足协调查后，对最后这两场以及前一轮四川德比“不正常”比赛做出处罚，剥夺了长春亚泰晋升甲 A 的资格，取消长春亚泰、江苏舜天、成都五牛、四川绵阳次年的转会资格和 2002、2003 年引进国内球员资格，以及 3 场比赛上场国内球员 2002 年的注册资格，四川绵阳被勒令降入乙级，之后中国足协赦免了部分绿城、舜天球员，而绿城也对 4 名“问题球员”做出开除处理。

④ 2006 年中超保级的球队集中在重庆力帆和青岛中能 2 支球队身上，青岛中能队已经 3 连败，而且仅比重庆力帆多 3 分，保级形势异常严峻。而在本轮比赛前，早就有传言称，已经提前上岸的深圳金威队将在客场放青岛中能一马。不过这样的预言还是像一场闹剧一样被验证了。

“虚报年龄和身份”也在破坏着竞技体育秩序，妨害公平竞争。2010年，冯仁亮被曝出“年龄门”事件，中国足协纪律委员会处罚他停赛3场，并通报批评。虚报年龄和身份的行为，已经不单单是涉及个人诚信问题了，而是已经关系到一国的国际形象问题。

因使用兴奋剂而被取消比赛结果或者被禁赛的情况也并不少见。虽然《体育法》和《反兴奋剂条例》都明确规定了“严禁使用禁用的药物和方法”“在体育运动中使用禁用的药物和方法的，由体育社会团体按照章程规定给予处罚”等，但遗憾的是，还是有人抱着侥幸的心理去违反这些规定。使用兴奋剂，不仅危害个人身体健康，还违反体育道德的基本原则，触犯了法律，应该依法追究相关人员的责任。

此外，在激烈的竞技体育活动中难免会出现肢体碰撞，但这绝不能成为恶意伤害的借口而让运动场成为使运动员生命安全与健康遭受极大威胁的梦魇之地。然而，近年来球场暴力的事件时有发生，似乎还有泛滥的苗头。运动员的恶性伤害，不仅给受害者造成了巨大伤害，使其被迫暂时或者永久地结束体育生涯甚至丧失性命，还直接破坏了竞争秩序，违反了竞争规则。不可否认，在恶意伤害的情况下，伤害者通常会受到一定的惩罚，如被罚下场、被禁赛等，然而，这样的惩罚总是显得微不足道。

总而言之，运动员的打假球、虚报年龄和身份、使用兴奋剂、恶意伤害的行为，是运动员竞技舞弊的主要表现形式。

第二节　竞技舞弊犯罪化之思路

不可否认，公平公开竞争是竞技体育本身必不可少的特性，但现实中却存在着不少竞技舞弊的情况，具体包括了前文所说的操控性舞弊行为、管理性舞弊行为、合作性舞弊行为和实行性舞弊行为四大形式。面对这些不法行为，刑法要介入并对其加以调整却面临不少困境：首先，我国并没有相关的条文直接规制竞技体育犯罪，立法上罪名体系存在空白之处；其次，规制竞技体育犯罪，必须解决传统学理上的困境，处理好刑法与其他法律规范、刑法介入与行业自律、刑法与刑事诉讼法等的关系；最后，对竞技舞弊行为的定性争议很大，不同的刑法解释方法直接影响到竞技体育犯罪的定罪量刑。换言之，当前刑法规制竞技体育犯罪，需要走出传统学理之困境，基于实质解释论的思路进行相关的研究。

一、传统学理之困境

在我国刑法分则与几个刑法修正案规定的众多罪名中，没有一个条文直接规定了竞技体育犯罪，这就为竞技舞弊行为究竟是否属于犯罪、是否属于刑法调整的范围留下了可讨论的空间。而本文亦将从犯罪的本质出发，结合刑法的谦抑性，联系刑事诉讼法对此问题加以探讨。

（一）竞技体育犯罪的界定

目前，各国刑法定义“犯罪”概念大致有三种不同的立法例：一是从形式上定义犯罪，[①] 二是从实质上定义犯罪，三是将犯罪的形式内容和实质内容结合起来。[②] 而关于犯罪的基本特征，则存在着“三特征说”和“两特征说”的争论：“三特征说”认为犯罪的基本特征是社会危害性、刑事违法性和应受刑罚惩罚性，而“两特征说”提倡犯罪的基本特征是社会危害性和刑事违法性或者是社会危害性与应受惩罚性。因此，有人认为“犯罪是指针对其实施而应予科处刑罚的行为”[③]，有人认为“犯罪——孤立的个人反对统治关系的斗争，和法一样，也不是随心所欲地产生的。相反，犯罪和现行的统治都产生于相同的条件”[④]，也有人认为“犯罪得就实质与形式两方面观察之，就形式而言，犯罪乃法律上加以刑罚制裁之不法行为，自实质而言，犯罪乃有反社会性之行为，亦即侵害社会秩序应受刑罚制裁之行为”[⑤]。虽然近年来有学者对混合性犯罪概念做出了批判[⑥]，

① 如1810年《法国刑法典》第1条、1937年《瑞士刑法典》第1条、1953年修订的《印度刑法典》第40条的规定。

② 如1960年《苏俄刑法典》第7条的规定。

③ ［日］山口厚：《刑法总论》，付立庆译，中国人民大学出版社2011年版，第2页。

④ 中共中央马克思恩格斯列宁斯大林著作编译局：《马克思恩格斯全集（第3卷）》人民出版社2008年版，第379页。

⑤ 韩忠谟：《刑法原理》，中国政法大学出版社2002年版，第53页。

⑥ 参见陈兴良《社会危害性理论：进一步的批判性清理》，载《中国法学》2006年第4期。

但通说还是认为，我国《刑法》第十三条[1]的规定就是对犯罪的科学概括，表明犯罪应该具有一定的社会危害性、刑事违法性、应受惩罚性三个基本特征。

本文所说的“竞技体育犯罪”，指的是在竞技体育过程中，竞技运动参与者实施的符合刑事法律规定、应当受到刑罚处罚的、具有严重社会危害性的行为。但是，由于刑法没有直接规定相关的罪名，需要依赖有关法律解释的技术，因此，竞技舞弊行为“是否有法律规定”“是否应当受到刑罚处罚”“是否具有严重危害性”“刑事违法性或者应受惩罚性是否必要”等一系列问题都可以做出截然相反的回答，直接影响到其定性。

（二）刑法与其他法律法规

对于竞技舞弊行为，《体育法》《治安管理处罚法》《反兴奋剂条例》等法律法规中均有相关条文对其加以调整。《体育法》的第七章为“法律责任”，具体规定了对“在竞技体育中从事弄虚作假等违反纪律和体育规则”“在体育运动中使用禁用的药物和方法”“利用竞技体育从事赌博活动”“侵占、破坏公共体育设施”“寻衅滋事、扰乱公共秩序”[2] 等一系列行为的处罚。在《治安管理处罚法》中，又规定了对“围攻裁判员、运动员或者其他工作人员”“向场内投掷杂物，不听制止”等扰乱文化、体育等大型群众活动秩序行为的处罚。[3] 在《反兴奋剂条例》中则规定了运动员、运动员辅助人员、体育主管部门和其他行政机关及其工作人员等其他相关人员违反本条例的法律责任。[4]

在确立刑法与这些法律条例的效力关系时，必须坚持“上位法优于下位法”“特别法优于普通法”的原则。[5] 而《体育法》《治安管理处罚法》《反兴奋剂条例》均明确规定了“构成犯罪的，依法追究刑事责任”。这

---

① 我国《刑法》第十三条规定，“一切危害国家主权、领土完整和安全，分裂国家、颠覆人民民主专政的政权和推翻社会主义制度，破坏社会秩序和经济秩序，侵犯国有财产或者劳动群众集体所有的财产，侵犯公民私人所有的财产，侵犯公民的人身权利、民主权利和其他权利，以及其他危害社会的行为，依照法律应当受刑罚处罚的，都是犯罪，但是情节显著轻微危害不大的，不认为是犯罪”。

② 详见《体育法》第四十九到五十四条。

③ 详见《治安管理处罚法》第二十四条。

④ 详见《反兴奋剂条例》第三十七到四十六条。

⑤ 参见黄建武《新编法理学教程》，广东高等教育出版社 2008 年版，第 113 页。

就意味着行为在未达到危害社会、依照法律应当受刑罚处罚的程度时，刑法就不应该对其加以调整。在其他法律法规能有效调整社会关系的时候，刑法也不应该对其加以调整。也就是说，刑法具有谦抑性，要求其始终处于保证其他法律得以贯彻实施的坚强后盾和最终保障的地位。如果不顾虑“法官不理会琐细之事”的原则，就会损伤国家的威信，降低刑罚的信用，造成国民的激愤。在进行竞技舞弊犯罪化处理的过程中，同样应该处理好刑法与其他法律法规的关系。鉴于刑法在法律体系中的特殊地位，不是所有竞技舞弊行为都可以被纳入刑法调整的范围。在行为危害程度不大，用《体育法》《治安管理处罚法》《反兴奋剂条例》等法律法规可以充分保护和调整竞技体育活动的情况下就没有适用刑法的必要。但同样，究竟“什么样的行为才算是具有严重的社会危害性、构成犯罪”“在什么时候才让刑法作为保护社会关系的最后手段发挥作用”都是有争议的。所以，将竞技舞弊进行犯罪化处理就不可避免地出现了“罪与非罪”的探讨。而有不少问题，依照传统的学理观念均应做出否定的回答，亦即各种竞技舞弊行为只是单纯的违法行为，并非犯罪行为。因此，竞技舞弊犯罪化研究必须走出传统学理的困境，在现有的理论框架下展开。

（三）刑法介入与行业自律

在竞技体育中，有一些单项体育协会规定将有关争议提交本协会仲裁委员会仲裁，仲裁决定具有最终效力，排除了司法介入的可能性。[①] 其实，根据《中华人民共和国仲裁法》（以下简称《仲裁法》）第二条的规定，“平等主体的公民、法人和其他组织之间发生的合同纠纷和其他财产权益纠纷”才属于可以约定仲裁的范畴。在那些触犯刑法、构成犯罪的情况下，不得约定仲裁，还是应该以诉讼的方式解决纠纷。但遗憾的是，实践中出现的涉及运动员和俱乐部纠纷的案件，无论其性质如何，大多都只是由相应的单项体育组织对行为人进行罚款或者禁赛处罚，甚少自动提交法

① 如《中国足球协会章程》的第六十二条规定，“一、会员协会、注册俱乐部及其成员，应保证不得将他们与本会、其它会员协会、会员俱乐部及其成员的业内争议提交法院，而只能向本会的仲裁委员会提出申诉。二、仲裁委员会在《仲裁委员会工作条例》规定的范围内，作出的最终决定，对各方均具有约束力。三、仲裁委员会作出的上述范围外的裁决，可以向执行委员会申诉，执行委员会的裁决是最终裁决。四、会员协会和联赛组织应采取必要措施保证其管辖范围内的足球组织和个人严格遵守上述规定。五、违反上述规定将根据中国足协的有关规定予以处罚”。

院处理。再加上有关部门的工作惰性，使得那些本应由公权力介入、处罚的行为就只停留于由私权解决的阶段。这样一来，操纵比赛、打假球或者恶意伤害等竞技舞弊犯罪行为便享受着“非犯罪化”的待遇，成了我国刑法规制竞技体育犯罪的又一困境。

（四）刑法与刑事诉讼法

在刑事诉讼中，刑法解决的是实体问题，刑事诉讼法解决的是程序问题，两者构成了一种直接配套的关系，互相协同，密不可分，同等重要，缺一不可。正如马克思所说，“审判程序和法二者的关系如此密切，就像植物的外形和植物的联系，动物的外形和血肉的联系一样”。而在刑事诉讼法中，最重要、最实际的问题就是证据问题，整个刑事诉讼程序就是运用证据证明案件事实的过程。“西方理性主义传统要求，应当坚持事实问题与法律问题的区分。证据活动指向的是对事实主张真实与否的证明，而司法裁判的法律维度，则关心将法律规范适用于既定事实的正确性或合理性。”① 刑法要规制竞技体育犯罪，也必须遵守刑事诉讼法中的规定，严格按照其规定的程序展开一切活动。一般来说，为了战胜对手，取得优异的运动成绩，运动员必须最大限度地发挥和提高个人能力。但是，运动员的水平和能力并非处于一成不变的状态，这样的不确定性与一定的人为性使得证明竞技体育犯罪陷入困境。在相关证据不能达到“确实充分”“排除合理怀疑”的标准时，就难以动用刑法对其施加刑罚。随着竞技舞弊行为的隐蔽性逐渐增强，打擦边球的情况日益增多，要证明“假球”“黑哨”等案件事实就更加困难了，往往会出现花费了大量的人力、物力却可能得到一个没有确凿证据、不予立案或者撤案处理的结果。于是，当前进入司法程序的竞技体育犯罪案件大多与受贿罪、行贿罪挂钩，而几乎没有人因为单纯的“假球”“黑哨”而被追究刑事责任。由于篇幅所限，笔者无意仔细探讨证据中的具体问题，亦即在本文中所提到的全部犯罪类型都假设能有充分的证据支持。但在司法实践中，由于竞技体育本身的特殊性，证据确实是追究竞技体育犯罪的重大障碍之一。

---

① ［美］米尔吉安·R. 达马斯卡：《比较法视野中的证据制度》，吴宏耀、魏晓娜等译，中国人民公安大学出版社2006年版，第27页。

二、解释论之思路

大体而言，将竞技舞弊行为进行犯罪化处理存在两种思路：一是主张从立法的角度解决各种妨害竞技体育公正性不法行为的入罪问题；二是提倡通过有效的法律解释，将各种竞技舞弊行为纳入现有罪名的调整范围之内。诚然，立法论更有利于问题的解决。但是，“应该针对何种竞技舞弊行为立法”“如何确定责任的范围”等一系列问题，立法论都必须做出回应。另外，在成文法国家中，任何的法律相对于司法实践来说都是抽象的，都是需要解释的。“法律不是摆在那儿供历史性地解释，而是要通过被解释变得具体有效。”[①] 面对纷繁复杂的竞技舞弊行为，面对立法反复斟酌需要经历的漫长过程，面对其所带来的资源耗费，解释论无疑成了当前竞技舞弊犯罪化研究的最佳路径。尽管大家都承认法律解释的必要性和重要性，但在“如何解释法律”这个关键问题上却依旧无法达成共识。具体到刑法解释，同样存在着较大争议。在刑法解释的基本立场中，一直就存在着主观说、客观说和折中说的争论，近年来也有学者提出从“主客间性”到“主体间性”刑法解释观；在刑法解释的限度上，又存在形式解释论与实质解释论之争。关于前者，客观说逐渐占据了通说的地位，即普遍都认同了“法律一经制定，就脱离于立法者的存在，刑法解释的目标只是阐明解释时刑法条文客观上所表现出来的意思”，本文亦持此观点。但关于后者，仍然未有定论。采用不同的解释立场和方法，将直接影响到罪名构成要件解释的内涵和外延认定问题，影响到对“竞技体育犯罪的各种不法行为应该被纳入哪个条文加以调整、以什么罪名定罪量刑”这一问题的回答。因此，笔者将在形式解释论与实质解释论进行比较分析的基础上，根据学说本身的合理性和竞技体育犯罪的特殊性提出本文的立场，从而为下文竞技舞弊犯罪化之展开提供思路。

① Hans-Georg Gadamer. Truth and Method. Continuum，1989：275.

（一）形式解释与实质解释之争

“罪刑法定原则”[①] 是刑法解释的帝王原则，形式解释论和实质解释论之争亦围绕此原则展开。然而，当前并没有一个公认的形式解释与实质解释的定义。而且，在形式解释论者或者实质解释论者内部，观点分歧也很大。所以，如果进行比较批判的时候以“形式解释论者”或者“实质解释论者”来概括就很容易误伤无辜。但是，要将所有人的观点列出再加以分析比较是不现实也是不必要的。在这样的情况下，笔者选取了形式解释论的代表性学者陈兴良教授与其学生邓子滨博士、实质解释论的首倡者张明楷教授的观点进行研究。

形式解释论主张，应该基于罪刑法定原则所倡导的形式理性，忠诚于罪状的核心含义，通过形式要件将实质上值得科处刑罚但缺乏刑法规定的行为排斥在犯罪范围之外。[②] 实质解释论提倡，对构成要件的解释必须以法条的保护法益为指导，而不能仅停留在法条的字面含义上。当某种行为并不处于刑法用语的核心含义之内，但具有处罚的必要性与合理性时，应当在符合罪刑法定的前提下，对刑法用语做扩大解释。[③] 总的来说，双方的争议可能源于误会，但部分争论依然颇具意义。在其论争的过程中，分歧主要集中在以下几个方面。

1. 实质判断究竟应该放在构成要件阶层还是违法性阶层

形式解释论认为，其并不排斥、也不反对实质解释，但主张实质判断并非在构成要件符合性阶段进行判断，而是应当在违法性阶层进行。[④]

实质解释论认为，对构成要件的解释不能停留在法条的字面含义上，必须以保护法益为指导，使行为的违法性与有责性达到值得科处刑罚的程度。[⑤]

2. 实质解释论究竟是否在缺乏法律规定的前提下展开

实质解释论认为，实质解释主要是就刑法规定的构成要件进行实质解

① 罪刑法定原则指的是法无明文规定不为罪，不处罚。罪刑法定原则分为形式的侧面和实质的侧面，前者包括了刑法不溯及既往、排除习惯法原则、禁止类推原则、禁止绝对不定期刑，后者包括了刑法的明确性原则和内容适当原则。

② 参见陈兴良《形式解释论的再宣示》，载《中国法学》2010 年第 4 期，第 27 页。

③ 参见张明楷《实质解释论的再提倡》，载《中国法学》2010 年第 4 期，第 49 页。

④ 参见陈兴良《形式解释论的再宣示》，载《中国法学》2010 年第 4 期，第 28 页。

⑤ 参见张明楷《实质解释论的再提倡》，载《中国法学》2010 年第 4 期，第 49 页。

释，而不是单纯对案件事实进行实质判断。①

形式解释论认为所谓的“法律缺乏形式规定”实质上是“法律没有规定”，“如果法律有明文规定，即使是隐性规定的情形，也完全可以通过法律解释方法予以解释，又何必采取所谓实质解释论呢？如果法律没有规定，又怎么可能通过实质解释而将其行为入罪呢？在这种情况下的解释就不再是对法律文本的严格限制，而完全超越了法律文本”②。

3. 罪刑法定原则形式侧面与实质侧面是否存在位阶

形式解释论主张，罪刑法定原则的形式侧面是对司法权的限制，实质侧面是对立法权的限制，两者具有各自的功能，不存在价值上的高低之分，亦不会存在冲突。③

实质解释论认为，罪刑法定原则形式侧面与实质侧面会存在冲突的情况。对构成要件的表述可能包含不值得科处的行为，在这样的情况下，当然实质优于形式，即不得处罚不当罚的行为。当行为不能被构成要件的表述所包含（不属于刑法用语可能具有的含义）时，当然形式优于实质，即不得违反罪刑法定原则。④

4. 刑法“入罪”解释的边界如何确定

在这个问题上，形式解释论和实质解释论均主张以可能的语义作为解释的限度。但形式解释论认为，“在实质解释论那里，刑法解释的边界不是由可能的语义划定的，而是由处罚必要性这一实质价值要素界定的。因此，就产生了突破语义限制的可能和危险”⑤。

5. 是否应该允许不利于被告人的扩大解释

形式解释论认为，扩大解释的限度是必须有利于被告人。⑥

实质解释论认为，在遵循罪刑法定原则的前提下，可以做出不利于被告人的扩大解释，从而实现处罚的妥当性。⑦

6. 究竟是何种解释不当扩大了犯罪的处罚范围

实质解释论认为，形式的解释导致在构成要件之外寻找定罪的标准，

---

① 参见张明楷《实质解释论的再提倡》，载《中国法学》2010 年第 4 期，第 54 ～ 55 页。
② 参见陈兴良《形式解释论的再宣示》，载《中国法学》2010 年第 4 期，第 28 ～ 29 页。
③ 参见陈兴良《形式解释论的再宣示》，载《中国法学》2010 年第 4 期，第 34 页。
④ 参见张明楷《实质解释论的再提倡》，载《中国法学》2010 年第 4 期，第 52 页。
⑤ 陈兴良《形式解释论的再宣示》，载《中国法学》2010 年第 4 期，第 37 页。
⑥ 参见邓子滨《中国实质刑法观批判》，法律出版社 2009 年版，第 194 页
⑦ 参见张明楷《实质解释论的再提倡》，载《中国法学》2010 年第 4 期，第 51 页

从而违反罪刑法定的初衷，不当扩大了犯罪的处罚范围。

形式解释论则认为，如果先进行实质解释，则无法再做出形式解释，因此，形式解释对实质解释的限制机能荡然无存，造成解释结果成为不当扩张解释甚至是类推解释的危害结果。

（二）本书的立场

本书基于以下几点理由，认为实质解释论更为合理：

第一，将实质判断放在构成要件阶段探讨更为科学。形式解释论认为，实质判断过于前置带来的后果是消解了形式要件的限制机能，使构成要件从承担排除在形式上不具备构成要件该当性行为的出罪机能转向从实质上认定具有处罚必要性行为的入罪机能。[①] 但其实，实质解释论主张以有无法益侵犯来指导的构成要件解释，依然是在条文含义的可能范围内进行，并没有排除构成要件形式上的出罪机能。而且，形式解释论者只关注法益指导下的入罪机能，而忽略了法益指导下的出罪机能，有失偏颇。再者，德日的三阶层理论中，违法性阶段探讨的是违法阻却事由，那么在这个阶段进行实质判断就会存在没有判断依据的问题。

第二，实质解释论符合罪刑法定原则。形式解释论认为实质解释超出了词语可能的含义而在法律缺乏规定的情况下予以入罪，其推理的逻辑起点是实质解释论先进行实质判断之后无法再进行形式判断，因此，处罚必要性决定了刑法解释的边界。笔者已于前文对此观点进行批评，此处不再赘述。另外，既然形式解释论自身也强调“形式解释论与实质解释论的根本区分仅仅在于：在对刑法进行解释的时候，是否先进行形式判断，然后再进行实质判断”[②]，那么否认实质解释中形式判断的存在就有点自相矛盾了。所以，我们应该肯定实质解释也在语义的范围内进行，而没有超出词语可能的含义。那么，“没有法律规定”的问题就不攻自破、不言自明了。倘若没有法律规定，又何来的词语，何来的词语的可能含义？实质解释论者所说的“缺乏法律形式规定”仅仅指的是按照词语的通常含义解释是不在刑法规定的情形之列。但是，通常含义的外延比可能含义的外延要小得多，也不能把“不在通常含义规定的情形之内”就直接等同于“法

① 参见陈兴良《形式解释论的再宣示》，载《中国法学》2010年第4期，第47页。

② 陈兴良：《形式解释论的再宣示》，载《中国法学》2010年第4期，第28页。

律没有规定”。实际上，实质解释论依然是按照法律条文的规定，在法律文本的框架下、在词语可能的含义范围内进行解释，符合罪刑法定原则。

第三，不应该将扩大解释限制在对被告人有利的情境下。刑法的目的是保护法益和保障人权，因此，解释结论是否合理，应视乎其是否在法益保护与保障人权两方面取得平衡。倘若一味地强调扩大解释只能是对被告人有利，而对被告人有利的情形就是尽可能地罪轻或者无罪，那就很容易将值得处罚的行为予以出罪，违背了扩大解释要扩大惩罚范围的初衷。因此，只要符合词语可能含义的范畴，不超出国民的预测可能性，不违背民主主义就可以进行扩大解释。

第四，不能绝对地说实质解释论不当扩大处罚的范围，容易导致权力的滥用。应当承认，就大多数案件而言，形式解释论与实质解释论得出的结论相同。但由于语言的模糊性，刑法不可避免地存在构成要件的表述中可能包含不值得科处的行为的情况，此时，实质解释论认为应当“出罪”而形式解释论认为依然应当“入罪”。同时，在法条需要进行不利于被告人的扩大解释的情况下，实质解释论认为应当“入罪”而形式解释论认为应当“出罪”。然而，形式解释论认为“形式解释论之争与实质解释论之争，本质是罪刑法定原则与社会危害性之争”，这就说明了其关注的重点只限于第二种情形。而由于关注的重点不同，双方很容易就会互相指责对方不当扩大处罚的范围，容易导致权力的滥用。但其实，无论是形式解释论还是实质解释论，都会出现扩大处罚范围的情况。

第五，形式解释论很容易将一切问题简单归咎于成文法的固有缺陷，即使针对可以通过扩大解释来弥补的法律的漏洞，也认为应当通过立法来解决。[①] 但在中国语境下，立法所花费的时间、人力和物力是无法估量的。立法，总让人有一种“远水不能救近火”的感觉。而且，轻易地修改法律不仅不符合经济性原则，也不利于推动法律解释技术的提高。笔者并不否认可以通过立法的途径解决问题，但不主张在时机尚未成熟的情况下匆忙立法。

第六，实质解释论更有利于规制竞技体育犯罪，保护竞技体育公正性。当前的研究不应该再局限于单纯惩罚犯罪分子本身，而要着眼于预防犯罪和减少再犯，达到法律效果和社会效果的统一。“在不危及法治国这

① 参见邓子滨《中国实质刑法观批判》，法律出版社2009年版，第165页。

一绝对原则下，刑事政策的问题不仅影响到了其本身的具体内容，而且也影响到了犯罪的一般理论。”① 本书选择实质解释论作为刑法解释的限度，除了因为学说本身的合理性之外，还基于刑事政策的考量。如今，竞技舞弊和竞技赌博日益泛滥，形成了一条风险逐级递增的犯罪链条。其他法律尝试着对这些行为进行调整，但因为违法成本极低，根本不能有效遏制各种不良现象不断产生、发展、泛滥的势头。当大家都期待作为社会关系调整的最后手段——刑法发挥作用的时候，立法上罪名体系的空白、司法上自由主义的泛化和法律解释的惰性却成了最大的障碍。为了维护竞技体育的公正性，挽回人们对竞技体育的信心和热情，预防竞技体育犯罪，我们必须依靠现有的各种理论寻求出路。而实质解释论恰巧能为竞技舞弊犯罪化处理提供理论支持与解决思路，从而实现竞技体育公正性的刑法保护。

综上所述，笔者认同刑法具有谦抑性，不主张任何行为都要通过刑法加以调整，但那些侵犯刑法所保护的法益、具有社会危害性、应当受到处罚的行为不应该因为法律解释的惰性而就此逍遥于法外。因此，本书基于实质解释论的立场，在遵循罪刑法定原则的前提下展开对各种竞技舞弊行为定性的讨论。

第三节　竞技舞弊犯罪化之展开

在竞技舞弊的各种行为中，当前国内的研究仅仅局限在“体育裁判受贿行为的定性”与“竞技性伤害的正当化事由”两个方面，缺乏系统的研究而自然未能就竞技体育公正性的刑法保护提出完整的刑事政策。于是，这些不法行为是否符合犯罪的构成要件、如何定性大多都尚无定论，依然存在讨论的空间。尤为值得指出的是，笔者在本书中不打算严格按照犯罪构成体系全面探讨妨害竞技体育公正性行为定性过程中的所有问题，更不会探讨三大犯罪构成体系孰优孰劣、应该采用何种犯罪构成体系认定犯罪的问题。本文只是基于实质解释论的立场，联系竞技体育犯罪的实践，对那些在定性过程中存在较大争议的问题、将竞技舞弊犯罪化处理探

① ［德］劳克斯·罗克辛：《刑事政策与刑法体系》，蔡桂生译，中国人民大学出版社 2011 年版，第 12 页。

讨过程中遇到的障碍进行逐一分析。

一、竞技操控的定性

（一）操控比赛、侵害购票观众观看正常比赛权利的行为

毋庸置疑，观众花钱购买特定竞技体育比赛的门票，期待看到的是一场公平、公正、符合竞技体育精神的比赛。但是，前文提到的种种暗箱操作、操控比赛的行为，使得整场比赛犹如一场早已安排好的“表演”，已经严重侵害了观众观看正常比赛的权利。但要用刑法规制这些“假球”“黑哨”等操控比赛的不法行为，必须回答以下这两个问题。

1. 操控比赛是否侵犯了刑法所保护的利益

正如前文所说，操控比赛破坏了竞技体育的秩序，侵害了观众观看正常比赛的权利，无疑触犯了某些群体的利益。但所被侵犯的利益是否属于刑法所保护的范畴呢？我国的刑法分则按照同类客体的标准将犯罪划分成十类。[①] 通过对比分析不难发现：操控比赛虽然破坏了竞争秩序，但这里的竞争秩序与刑法分则第六章的社会管理秩序[②]相去甚远。不可否认，操控比赛同时侵害了购票观众观看正常比赛的权利。正因为观看正常比赛的权利并非与生俱来、凭空产生，而是观众给付了一定的货币、支付了相应的对价作为一般等价物作为交换的条件，所以，观众被欺骗“自愿”花钱观看“表演”，就意味着侵犯了观众财产权。那些没有支付对价观看比赛的观众，其观看正常比赛的权利恐怕就不为刑法所保护了。总的来说，操控比赛侵犯了购票观众以财产交换而来的观看正常比赛的权利，可以被视为侵犯了刑法所保护的财产权利。

2. 操控比赛的行为是否符合犯罪的构成要件

对行为进行定性不能单纯依靠类罪名展开，而是应该落实到某一具体

---

① 这十类犯罪分别是：危害国家安全罪，危害公共安全罪，破坏社会主义市场经济秩序罪，侵犯公民人身权利、民主权利罪，侵犯财产罪，妨害社会管理秩序罪，危害国防利益罪，贪污贿赂罪，渎职罪，军人违反职责罪。

② 《刑法》分则第六章保护的社会管理秩序是“国家对社会日常生活进行管理而形成的有条不紊的秩序”。破坏社会管理秩序的行为有以下九类：扰乱公共秩序罪，妨害司法罪，妨害国（边）境管理罪，妨害文物管理罪，危害公共卫生罪，破坏环境资源保护罪，走私、贩卖、运输、制造毒品罪，组织、强迫、引诱、容留、介绍卖淫罪，制作、贩卖、传播淫秽物品罪。

罪名上。那么，操控比赛的行为是否符合特定犯罪的构成要件？操控者用虚构事实的方法使观众观看了一场“表演”，表面上与刑法所规制的诈骗罪十分类似，但在具体的认定过程中依然存在不少问题。

通说认为，诈骗罪是指“以非法占有为目的，用虚构事实或者隐瞒真相的方法，骗取公私财物，数额较大的行为”①。诈骗罪的基本构造为：行为人采用虚构事实或者隐瞒真相等欺骗方法—被害人产生了错误认识—被害人基于错误认识处分了财产—行为人或者第三者取得财产—被害人遭受财产损害。在那些被操控的比赛中，倘若买票的观众事先被告知比赛是一场“表演”，那么观众买票的热情肯定会大打折扣，是否还会继续买票则成了一个未知的问题。但正是因为操控者虚构了“这是一场正常的比赛”的事实，隐瞒了“比赛已经被操控”的情况，才使得购票观众产生了错误的认识，并基于这个错误认识处分了自己的财产、购买了门票，最终遭受了损失。至于操控者与售票者是何种关系则无关紧要，因为诈骗罪并不要求行为人即操控者取得财产，第三者（售票人）取得了财产同样可以成立此罪。但值得一提的是，诈骗罪中的欺骗行为与处分财产之间必须存在因果关系。如果操控者在观众买票之后才产生操控比赛的犯意，欺骗行为与处分财产之间就不存在因果关系，显然不能成立诈骗罪。因此，操控行为必须先于观众的购票行为而产生。另外，诈骗公私财物必须符合“数额较大”的标准才构成犯罪。2011年3月1日公布的《最高人民法院、最高人民检察院关于办理诈骗刑事案件具体应用法律若干问题的解释》中指出，诈骗公私财物价值3000元至1万元以上的，应当认定为“数额较大”。事实上，一张比赛的门票的价钱很难达到3000元。如果认为每一次售票行为都是独立的，只能单独考虑，那么就会出现无法入罪的情况。但笔者认为，司法解释只要求诈骗公私财物达到数额较大，没有说明一定要一次性诈骗抑或是只针对一个人诈骗，这就没有理由不当缩小处罚的范围。因此，当操控者在案发的时候，诈骗的财物数额累计达到“数额较大”的程度时，就能动用刑法追究责任。

在初步确定了操控比赛的行为符合诈骗罪的构成要件后，我们需要

① 高铭暄、马克昌：《刑法学（第五版）》，北京大学出版社、高等教育出版社2011年版，第508页。

追问的是：是否符合刑法规定的特殊的诈骗罪类型？在《刑法》中，第二百六十六条规定的诈骗罪跟特殊诈骗罪是普通法条与特别法条的关系，应该坚持特别法条优于普通法条的原则。各种形式的特殊诈骗罪大体上分为两类：一类是金融诈骗罪，另一类是合同诈骗罪。“假球”“黑哨”等各种操控比赛的行为无疑与金融诈骗罪无直接关系，但是否符合合同诈骗罪的构成要件则须进行进一步讨论。合同诈骗罪，是指“以非法占有为目的，在签订、履行合同过程中，以虚构事实或隐瞒事实真相的方法，骗取对方当事人财物较大的行为”[①]。关于合同的定义，有人认为“合同诈骗罪中的合同必须能够体现财产转移或交易关系、体现能够对市场秩序造成破坏的性质”[②]，有人认为“合同诈骗罪的合同是刑法意义上的、存在于市场活动中的、以财产为内容的、体现了合同当事人之间财产关系的财产合同”[③]，亦有人认为“合同诈骗罪的合同不限于书面合同，也包括口头合同，但就合同内容而言，宜限于经济合同”[④]，等等。通说认为，合同的范围，“应当从是否发生在市场交易过程中、是否体现市场交易关系作为确定的标准，具体可从如下三个方面判定：一是合同是否发生在平等主体之间；二是合同是否规定财产流转的内容，反映市场交易关系；三是合同内容是否具有双务、有偿性”[⑤]。观众购票，可以被视为一个与售票者签订合同的过程，但这并不意味着操控比赛就是合同诈骗的过程。《刑法》第二百二十四条将合同诈骗行为规定为五种[⑥]，操控比赛显然不符合前四款的规定。至于最后的“以其他方法骗取对方当事人财物的”，笔者认为应该按照体系解释的要求，不能脱离前四款的规定进行理解，“其他方法”应该解释为虚构合同标的、伪造合同等与合同诈骗性质相同的手段。倘若将观众购票视为一个合同订立的过程，

① 高铭暄、马克昌：《刑法学（第五版）》，北京大学出版社、高等教育出版社2011年版，第450页。

② 刘耀洲：《试论对合同诈骗罪的司法认定》，载《山东审判》2005年第1期。

③ 沙君俊：《论合同诈骗罪的合同》，载《国家检察官学院学报》2003年第2期。

④ 张明楷：《刑法学（第四版）》，法律出版社2011年版，第746页。

⑤ 高铭暄、马克昌：《刑法学（第五版）》，北京大学出版社、高等教育出版社2011年版，第450页。

⑥ 这五种行为分别是：①以虚构的单位或者冒用他人名义签订合同的；②以伪造、变造、作废的票据或者其他虚假的产权证明做担保的；③没有实际履行能力，以先履行小额合同或者部分履行合同的方法，诱骗对方当事人继续签订和履行合同的；④收受对方当事人给付的货物、货款、预付款或者担保财产后逃匿的；⑤以其他方法骗取对方当事人财物的。

那么比赛开始就是合同开始履行。操控比赛的话，充其量只能认定为履行的质量有“重大瑕疵”。这与合同诈骗罪要求的合同自始不能履行或者自始不打算履行之类的合同诈骗行为有本质的区别。因此，操控比赛的行为不能被定性为合同诈骗罪。

综上所述，操控者操控比赛，使得购票观众陷入错误认识并基于错误认识处分自己的财物，观看了一场非正常比赛的行为，宜以诈骗罪定性。

（二）操控比赛、侵犯广告商和赞助商利益的行为

体育广告和体育赞助是俱乐部经营管理过程中主要的收入来源之一，也是运动员参与竞技比赛并取得优异成绩所产生的附属经济效益。不是所有形象好、影响力大的俱乐部和运动员都能得到广告商和赞助商的青睐，但得到赞助或者是广告收入的都是形象正面、有一定知名度的俱乐部和运动员。在体育广告和体育赞助活动中，广告商和赞助商总是企图依靠俱乐部或者运动员良好的社会形象来传递自己商品或者服务的信息，通过示范效应来扩大市场的占有率。但各种操控比赛的行为，却会给俱乐部和运动员的形象带来致命一击，反而带来负面效果。无论是俱乐部还是运动员，因为其隐瞒了所存在的“暗箱操作”的行为，所以，广告商或者赞助商产生了认识错误并基于这个错误认识处分了自己的财产，进行了相关的经济活动。等到操控行为东窗事发的时候，对运动员或者俱乐部质疑甚至是谩骂的声音随之出现，给广告商和赞助商带来的各种负面效果也铺天盖地地袭来。此时，广告商或者赞助商或许会得到更多的关注，但这些关注并不是带来了经济上的收益，反而是企业形象受损、商品或者服务遭到抵制的反效果。如果广告商或者赞助商在一开始就知道俱乐部或者运动员的操控行为，那就很有可能做出截然相反的选择。毕竟，没有谁会寄望于一个形象受损的俱乐部或者运动员来帮自己的企业树立良好的形象。因此，操控比赛，侵犯广告商和赞助商利益的行为，符合诈骗罪的构成要件。

至于是否属于合同诈骗罪，认定的关键同样是对刑法分则第二百二十四条中“其他方法”的理解。笔者在前文已经提到坚持体系解释的解释方法，这里的“其他方法”不应该是囊括了实践中出现的全部不利于合同履行的方法和手段，而是应该与前四种法定情形社会危害性相当的行为。换言之，不是所有与合同有关的诈骗罪都当然符合“合同诈骗罪”的构成要

件。在体育赞助活动中，广告商或者赞助商给付了一定的对价之后获得了赛事的冠名权，场地、路牌、印刷品、奖券、门票等各种广告权，利用赛场进行的公关活动权，会徽和吉祥物的使用权，等等。即便是比赛已经遭到了操控，但俱乐部或者运动员也还是努力地履行这些合同约定的义务，只是履行后合同的目的依然落空罢了。这与前四款列举的种种不履行合同、利用合同诈骗的行为有着本质的区别。所以，操控比赛，侵犯广告商和赞助商利益的行为不符合合同诈骗罪的客观形式要件，不属于合同诈骗罪调整的范畴。

综上所述，操控者隐瞒了竞技舞弊行为，使广告商、赞助商产生了错误的认识，并基于错误的认识处分自己的财产，遭受损失，其侵犯广告商和赞助商利益的行为应以诈骗罪追究刑事责任。

（三）为谋取不正当利益，给予他人财物的行为

在司法实践中，与竞技体育有关的犯罪活动总是离不开行贿与受贿，案件判决的结果也大多是依行贿罪、受贿罪或者与之相关的罪名定罪量刑。对于个人为谋取不正当利益、给予他人财物的行为，我国刑法按照行贿对象的不同，分别按行贿罪①、对非国家工作人员行贿罪②、对单位行贿罪③进行处罚。与前文提到的各种竞技舞弊行为相比，大家对谋取不正当利益，给予他人财物的行为定性问题基本上达成了共识，只是还是对单项体育协会人员和裁判的身份存在争议。由于行贿与受贿是对象犯，理论上习惯于将单项体育协会人员和裁判的身份属性放在单项体育协会人员和裁判受贿的情境下讨论而不是以行贿的角度探讨，所以，笔者亦将此问题放到下文的“竞技管理渎职贿赂”中加以研究。总的来说，若为谋取不正

① 《刑法》第三百八十九条规定，“为谋取不正当利益，给予国家工作人员以财物的，是行贿罪。在经济往来中，违反国家规定，给予国家工作人员以财物，数额较大的，或者违反国家规定，给予国家工作人员以各种名义的回扣、手续费的，以行贿论处。因被勒索给予国家工作人员以财物，没有获得不正当利益的，不是行贿”。

② 《刑法》第一百六十四条规定，“为谋取不正当利益，给予公司、企业或者其他单位的工作人员以财物，数额较大的，处三年以下有期徒刑或者拘役，并处罚金；数额巨大的，处三年以上十年以下有期徒刑，并处罚金”。

③ 《刑法》第三百九十一条规定，“为谋取不正当利益，给予国家机关、国有公司、企业、事业单位、人民团体以财物的，或者在经济往来中，违反国家规定，给予各种名义的回扣、手续费的，处三年以下有期徒刑或者拘役，并处罚金”。

当利益，则给予国家体育总局及省、自治区、直辖市体育局工作人员财物的行为定性为行贿罪，给予教练、运动员或者俱乐部的其他人员财物的行为定性为对非国家工作人员行贿罪，给予体育俱乐部财物的行为定性为对单位行贿罪。

二、竞技赌博的定性

随着体育产业的不断发展，依赖着日新月异的信息网络技术，竞技赌博呈现出蔓延的趋势。据北京大学中国公益彩票事业研究所执行所长王薛红的调查，国内每年的非法赌资和彩票的资金比例大概是 10∶1。而一旦让球员和比赛成了赌具，就很容易滋生腐败，让竞技体育失去了本来应有的含义。鉴于竞技体育的特殊性，即使是赌博合法化的美国，也对体育赌博是否合法存在争议，更何况我国明文规定禁止一切形式的赌博活动。在各种形式的竞技赌博中，参与人员大体上可以分为竞技赌博的组织者与竞技赌博的参加者两大类，故本文也将竞技赌博的行为分为开设赌场的行为与参与赌博的行为等进行一一定性。

（一）开设赌场的行为

我国刑法规定的开设赌场罪，“是指为赌博提供场所、设定赌博方式、提供赌具、筹码、资金等组织赌博的行为”[①]。至于开设的是长期性的赌场还是临时性的赌场在所不问。一般来说，竞技赌博的组织者（俗称“庄家”）在境外博彩公司注册账户或者和境外庄家达成协议，直接接受国内赌球者的投注或者发展“二级代理”“三级代理”，抽取差额、赚取利润。这种“经营模式”完全符合我国《刑法》第三百零三条规定的开设赌场罪。

然而，除了传统意义上的赌场外，近年来网络赌博也悄然兴起。自 2001 年 4 月 19 日辽宁省警方侦破了全国首例网络赌博案开始，网络赌博便仰仗着其便捷性、隐蔽性、分散性及集团化 4 大特点在国内肆虐开来，其社会危害性绝对不亚于传统意义的赌场。湛江警方就曾破获一个涉案赌资额过亿元的粤西地区最大的网络赌博案，一举捣毁 26 个投注点，涉案

---

① 高铭暄、马克昌：《刑法学（第五版）》，北京大学出版社、高等教育出版社 2011 年版，第 551 页。

金额1亿多元。[①] 当外国的学者和立法对于禁止网络赌博立场依然形成尖锐的对立的时候，[②] 我国已通过司法解释的形式明确对这种行为予以禁止。2010年8月31日出台的《最高人民法院、最高人民检察院、公安部关于办理网络赌博犯罪案件适用法律若干问题的意见》规定，“利用互联网、移动通讯终端等传输赌博视频、数据，组织赌博活动，具有下列情形之一的，属于刑法第三百零三条第二款规定的‘开设赌场’行为：（一）建立赌博网站并接受投注的；（二）建立赌博网站并提供给他人组织赌博的；（三）为赌博网站担任代理并接受投注的；（四）参与赌博网站利润分成的”。除此之外，该意见还对网上开设赌场的量刑、共同犯罪的认定和处罚、网络赌博犯罪的参赌人数、赌资数额和网站代理的认定等一系列问题进行了相关的规定。[③]

因此，竞技赌博的组织者开设赌场的行为，无论是传统意义上的赌场还是网络赌博，都应该以开设赌场罪定性。

（二）参与赌博的行为

各式各样的赌博行为，固然不是所有都触犯刑法所规定的赌博罪。那些单纯、偶然参与赌博的行为，无论采取何种刑罚解释的立场与解释方法，都无法被纳入赌博罪的调整范围，只能依据其他法律进行处罚。[④] 只有侵犯了以劳动或者其他合法行为取得财产这一国民健全的经济生活方式与秩序，符合刑法规定的“以营利为目的聚众赌博或者以赌博为业”的行

---

① 警方初步查明，自2009年以来，犯罪嫌疑人陈某光、余某华、邓某、罗某迪等人通过境外服务器开设“盛世”“A009”“龙天下”“至尊”“皇冠”等互联网赌博网站平台设置投注点，利用国家体彩管理中心发行的七星彩票每期中奖号码前4个数字和香港发行的六合彩每期特别号码，以及国内外足球赛事进行投注赌博。并逐级发展下级代理和会员，涉案赌资过亿元，涉案人员分布在廉江、遂溪、雷州、赤坎、霞山等地。

② 如在美国形成了网络赌博禁止论和规制论的对立：禁止论认为，网络赌博具有不同于实体赌博的流弊，会带来一系列经济、社会问题，应当全面禁止；规制论则认为，网络赌博根本无法有效禁止，宜疏不宜堵，应采取牌照制等方式予以许可和监管。在立法上，尽管各个州（犹他州和夏威夷州除外）对传统赌博进行合法化管理，但仅有8个州明确将网络赌博规定为犯罪，其他州的赌博法律在是否适用于网络赌博的问题上含糊不清。参见 State Gambling Law Summary. http://www.gambling-law-us.com/State-Law-Summary. Last visited: April 9th, 2012。

③ 参见《关于办理网络赌博犯罪案件适用法律若干问题的意见》。

④ 《治安管理处罚法》第七十条规定，“以营利为目的，为赌博提供条件的，或者参与赌博赌资较大的，处五日以下拘留或者五百元以下罚款；情节严重的，处十日以上十五日以下拘留，并处五百元以上三千元以下罚款”。

为才应该以赌博罪定性。而聚众赌博，就是以营利为目的，纠集多人从事赌博；[1] 以赌博为业，即将赌博作为职业和主要生活来源，或者虽有正当职业但将主要的精力放在赌博上。因此，对于参与赌博的行为定性要具体问题具体分析，以营利为目的的聚众赌博和以赌博为业才能定性为赌博罪，而除此之外的任何行为或是无罪，或是依《治安管理处罚法》处罚。

（三）操控竞技赌博结果的行为

操控比赛，不仅侵犯了购票观众观看正常比赛的权利，侵犯了广告商和赞助商的利益，还侵犯了赌博者的财产权。我们可以设想，如果赌球人员知道了非法赌球集团操控了比赛结果的话，其还会继续做出相同的选择吗？笔者认为，假如操控的事实早被公之于众，除非知道自己所支持的球队一定会输的赌博者的赌博目的异于常人，亦即不是为了潜在的经济利益而参与赌博的话，那么其必定会做出不同的选择。一般来说，赌博者或是放弃赌博，或是根据操控结果转变下注的方式。但正因为操控者虚构了“这是一场正常的比赛”的事实，隐瞒了“比赛结果已经被操控”的情况，才使得赌博者产生了错误的认识，并基于这个错误认识处分了自己的财产并最终遭受了损失。在这里，倘若要纠缠于“赌资是否受到法律保护”的问题是没有意义的。因为赌博者在下注之前，其手中的钱财与一般财物无异，不能因为其可能会用于非法用途而刑法不予保护。在这种情况下，操控竞技赌博结果的行为可以以诈骗罪定性。

三、竞技管理渎职的定性

国家体育总局及省、自治区、直辖市体育局、全国各单项体育协会及地区单项体育协会是竞技体育的管理部门，充当着组织、协调、监管等重要角色。前文提及的关于这些主体的管理性舞弊行为与案例，概括起来就是利用职务之便索贿、受贿的贿赂行为和滥用职权操控比赛的渎职行为。

---

① 2005 年 5 月 11 日《关于办理赌博刑事案件具体应用法律若干问题的解释》规定，“以营利为目的，有下列情形之一的，属于刑法第三百零三条规定的‘聚众赌博’：（一）组织 3 人以上赌博，抽头渔利数额累计达到 5000 元以上的；（二）组织 3 人以上赌博，赌资数额累计达到 5 万元以上的；（三）组织 3 人以上赌博，参赌人数累计达到 20 人以上的；（四）组织中华人民共和国公民 10 人以上赴境外赌博，从中收取回扣、介绍费的”。

此外，由于管理部门监管不力才造成打假球、吹黑哨、使用兴奋剂、虚报年龄和身份等各种竞技舞弊行为层出不穷，因此，运用监督过失理论可以追究相关责任人员的法律责任。

（一）利用职务之便索贿、受贿的行为

行为人利用职务之便索贿、受贿的行为，刑法根据行为主体的不同分别按照受贿罪[①]和非国家工作人员受贿罪[②]定罪量刑。在前文列举的众多司法判决中，被告人大多都被判处受贿罪或者非国家工作人员受贿罪。究其原因，主要是因为这些管理性竞技舞弊行为本身就与那些不正当利益密不可分，还因为用于证明案件事实的各种证据较为容易取得。但其实，学界对利用职务之便索贿、受贿的行为定性并不是毫无争议的，相关的讨论集中体现在全国和各地区单项协会、裁判的身份认定以及对受贿罪中“财物”的不同理解之中。

1. 全国和各地区单项协会的主体性质

全国和各地区单项协会均将自身定性为体育社会团体，如全国各单项体育协会在各自章程的总则中规定其为具有独立法人资格的全国性、非营利性的体育社会团体。[③] 但由于国家体育总局下设的运动管理中心同时是全国单项体育协会的常设办事机构，实行“一套人马，两套班子”的运作

① 《刑法》第三百八十五条规定，“国家工作人员利用职务上的便利，索取他人财物的，或者非法收受他人财物，为他人谋取利益的，是受贿罪。国家工作人员在经济往来中，违反国家规定，收受各种名义的回扣、手续费，归个人所有的，以受贿论处”。

② 《刑法》第一百六十三条规定，“公司、企业或者其他单位的工作人员利用职务上的便利，索取他人财物或者非法收受他人财物，为他人谋取利益，数额较大的，处五年以下有期徒刑或者拘役；数额巨大的，处五年以上有期徒刑，可以并处没收财产。公司、企业或者其他单位的工作人员在经济往来中，利用职务上的便利，违反国家规定，收受各种名义的回扣、手续费，归个人所有的，依照前款的规定处罚”。

③ 《中国足球协会章程》的第三条规定，“中国足球协会是中华人民共和国境内从事足球运动的单位和个人自愿结成的唯一的全国性的非营利性社会团体法人”；《中国排球协会章程》的第二条规定，“中国排球协会是中华人民共和国具有法人资格的、全国性的、自愿结成的、非营利性的管理排球运动的行业性群众体育社团组织”。《中国网球协会章程》的第二条规定，“中国网球协会是具有独立法人资格的全国性、公益性、群众体育组织，是中华全国体育总会的团体会员，是中国奥林匹克委员会承认的全国专业性运动协会，是代表中国参加国际网球联合会（ITF）、亚洲网球联合会（ATF）和其他国际网球体育组织的唯一合法组织。是由全国网球工作者、运动员、教练员和网球活动积极分子以及关心支持网球运动发展的社会各界人士及海内外人士自愿结成，非盈利性社会组织”；等等。

方式，所以，体育协会的法律地位与性质一直是争议的对象。在“单项体育协会人员是否属于国家工作人员的范畴”这个问题的回答上，肯定与否定的意见同在。尽管《刑法》第九十三条明确界定了国家工作人员的范围，即“本法所称国家工作人员，是指国家机关中从事公务的人员。国有公司、企业、事业单位、人民团体中从事公务的人员和国家机关、国有公司、企业、事业单位委派到非国有公司、企业、事业单位、社会团体从事公务的人员，以及其他依照法律从事公务的人员，以国家工作人员论”，但理论和实践中还是对国家工作人员的认定标准存在争议。第九十三条规定的国家工作人员可分为国家机关中从事公务的国家工作人员和准工作人员两类。无论是前者还是后者，均规定了“从事公务”这一基本特征。因此，如何理解“从事公务”成了认定国家工作人员的关键。

关于“从事公务”的含义，理论上存在三种不同的观点：其一，从事公务，指的是“依法履行职责的职务行为以及其他办理国家事务的行为”[①]；其二，从事公务，是指“依法所进行的管理国家、社会或集体事务的职能活动”[②]；其三，从事公务，就是“在国家机关、国有公司、企业、事业单位、人民团体等单位中履行组织、领导、监督、管理等职责”[③]。其实，无论是哪种观点，都承认了从事公务必须具备管理性，即对公共事务的管理。而分歧仅在于对公共事务的理解上，第一种观点认为公共事务就是国家事务，后两种观点则认为公共事务囊括了国家事务、社会事务以及集体事务，范围涉及经济、政治、文化、生态、教育、科技等各个方面。在《现代汉语词典》中，“公务”指的是关于国家的事务，公家的事务。既然公务的本意如此，就没有必要将公务限定在国家事务的范围。而且，将国家事务与其他公务加以区分并不是一件容易的事。即便能够区分，也会因为不当缩小了保护的范围而不利于社会秩序的稳定。再者，那些利用管理社会或者集体事务之便而索贿、受贿的行为的社会危害性绝对不亚于利用管理国家事务之便而索贿、受贿的行为。在不超出词语可能含义的前提下，承认公务包含社会事务与集体事务更为科学。基于以上理由，笔者认为公务应该是包括了国家、社会或集体事务。另一个分歧在于从事公务是否要求具备国家代表性，亦即这种管理是否是国家权力的

① 张穹：《修正刑法条文实用概说》，中国检察出版社1997年版，第111页。

② 刘家琛：《新刑法条文释义》（下），人民法院出版社1997年版，第1660页。

③ 赵秉志：《新刑法教程》，中国人民大学出版社1997年版，第780页。

一部分或者是由国家权力派生出来的，前两种观点对这个问题做出了肯定的回答，但最后一种观点的回答是否定的。笔者认为，倘若认为代表个人、集体或者团体的管理行为也包括在内的话，那么就相当于一切的管理行为都能囊括在内，国家工作人员的范围就过于广泛，造成非国家工作人员的范围过小或者非国家工作人员完全没有存在的必要的荒谬结论。所以，本文主张从事公务应该具有国家代表性这个基本特征。

由前文提到的全国和各地区单项体育协会的工作范围可知，全国和各地区单项体育协会承担的是该项运动竞赛工作的组织管理，运动员、教练、裁判的注册管理、业务培训、等级晋升和资格审查的实施等其他体育事务方面的管理工作。由于全国或者各地区单项体育协会都是唯一的负责全面管理全国或者各地区此运动项目事务的组织，所以这些管理工作与一般的“行业自律”有本质的区别。也就是说，全国和各地区单项协会经过法律授权，行使的是国家对体育事务方面的管理权力，符合“公务”的本质特征。而“一套人马，两套班子”的运作方式使得认定上产生了混乱，完全是因为没有从“从事公务”这个本质特征出发认识国家工作人员的范围。换言之，我们不能单纯从犯罪嫌疑人或者被告人的身份进行界定，而应该由其所履行的职务决定。因此，如果是利用国家体育事务上管理的便利索贿或者受贿的，应定性为国家工作人员。反之，如果没有利用国家体育事务上管理的便利索贿或者受贿，无论其身份如何都不能认定为国家工作人员。

2. 裁判的身份属性问题

关于裁判的身份属性问题和裁判收受贿赂的定性问题，学界存在如下三种针锋相对的观点：

第一种是陈兴良教授、王作富教授主张的无罪论，认为裁判只是业余工作，所从事的裁判活动不具备公务活动的性质；裁判与各单项体育协会只是行政管理关系与合同关系，无法形成刑法上的委派关系，因此不能认定为受贿罪。此外，裁判不属于任何俱乐部，来自不同的公司、企业、高校或者社会团体都可以成为比赛的裁判，因此也不能认定为非国家工作人员受贿罪。这样一来，因为缺乏法律的规定，即使群众对裁判收受贿赂而吹“黑哨”的行为痛心疾首，也不能对其科以刑法上的处罚。①

① 参见王作富、田宏杰《“黑哨”行为不能以犯罪论处》，载《政法论坛》2002 年第 3 期，第 162 ～ 164 页。

第二种是韩玉胜教授主张的商业受贿赂论，认为各体育行业是一项产业，具有企业的属性。当单项体育协会指派一个或者几个经其登记和管理的裁判进行相应的裁判工作时，这些人就不是以个人名义执行比赛规则，而是成了各体育行业的一员，因此宜以商业贿赂定性。[1]

第三种是张明楷教授、谢望原教授、曲新久教授主张的普通受贿论，认为各单项体育协会组织相关赛事是从事公务的过程，那么经各单项体育协会选派的裁判也是在从事公务，符合法律上规定的“其他依照法律从事公务人员”的要求，故应以《刑法》第三百八十五条规定的受贿罪定罪量刑。[2]

上述几种观点，分歧的关键在于对裁判与各俱乐部、单项体育协会的关系以及所进行的裁判工作的性质的不同理解。在回答第一个问题之前，我们恐怕要先弄清“裁判是如何产生的”这一重要问题。以足球为例，2006 年足协改革了裁判的选拔制度，下发了《关于投票推选 2006 年中超中甲联赛裁判的通知》。根据规定，中超、中甲的所有裁判都必须经过审核和各参赛俱乐部的投票推荐两个程序。裁判员要先向所在地区的中国足协所属会员协会报名，由会员协会再推荐，送到中国足协裁判委员会。送到裁委会的名单要经过裁委会审核、中超中甲裁判选拔组审核以及俱乐部投票选择三个环节才会最终确定裁判人选。而《羽毛球裁判员管理办法(试行)》规定，“担任大型综合性运动会羽毛球比赛的裁判员名单，原则上由乒羽中心提出建议，征求有关省市意见，报国家体育总局批准后确定。其他各级、各类羽毛球比赛的裁判员，由各相应体育行政部门的裁判主管部门选派”。由此可见，各单项体育协会不仅对裁判进行行政管理，还直接决定具体赛事中裁判人选或者至少是对裁判的产生有重要的作用。而进行裁判，不单是裁判个人执行比赛规则的过程，而是对外代表着各单项体育协会，必须对各单项体育协会负责。

至于裁判的工作性质，能否被认为是“从事公务”一直存在对立的观点。肯定论认为，裁判的裁判过程就是行使国家法律赋予各单项体育协会

---

① 参见黄桥贤、陈为群《我国足球职业联赛频现“黑哨”的理性思考》，载《内蒙古体育科技》2007 年第 3 期，第 16 ～ 17 页。

② 参见曹新久《“黑哨”行为已构成受贿罪》，载《政法论坛》2002 年第 3 期，第 159 ～ 161 页；谢望原、陈梦《体育竞技中贿赂犯罪比较研究》，载《政法论丛》2004 年第 6 期，第 34 ～ 38 页。

的竞赛管理权。否定论认为，裁判不能认为是“从事公务”，因为“参赛球队在足球比赛中之所以听从足球裁判员的指挥，是由足球比赛的竞技规则所决定”[①]。笔者认为，将裁判过程认为是从事公务实际上曲解了裁判的工作和从事公务的应有含义。鉴于前文已经具体界定了从事公务的范围，此处不再赘述。但尤为值得指出的是，从事公务必须同时具备管理性和国家代表性两个基本特征。而整个裁判过程，显然不能认为是一种“管理”活动，亦难以认定为具有“国家代表性”。竞技体育本身的特点，使其必然要求由一个中立的第三方，即裁判执行已经制定好的、普遍认同的比赛规则。裁判只是各种比赛规则的执行者，这与“对整场赛事进行组织协调”“对运动员的资格进行管理”等与之类似的管理活动是截然不同的。换言之，裁判只是劳务的提供者，而不是公务的执行者。

既然否定了裁判“从事公务”的说法，又肯定了裁判与各单项体育协会的内在联系，那么是否就等同于本文主张“无罪论”呢？其实不然。前文已经提到，各单项体育协会均将自身定性为非营利性社会团体法人。虽然全国和各地区单项协会行使了法律赋予的各项国家体育事务管理权力，但并不能由此就得出“全国和各地区单项协会是国家机关”结论，不能直接否定各单项体育协会的法人性质。亦即，对各单项体育协会人员的身份认定不能简单地一概而论，而要视乎其所进行的犯罪活动过程中是否利用了国家体育事务的管理权力。裁判在受委托进行裁判的时候，代表着单项体育协会执裁，因此，可以被认为是各单项体育协会的一员。又因为裁判过程不是从事公务的过程，因而裁判收受贿赂的行为构成“非国家工作人员受贿罪”而非“受贿罪”。而且，这种观点也得到了最高人民检察院的认可。[②]

综上所述，本文主张裁判属于非国家工作人员，其收受贿赂的行为符合非国家工作人员受贿罪的构成要件。

3. 受贿罪的“财物”的理解

对于贿赂的范围，存在财物说、财产利益说、财产性利益和部分非财

---

① 王作富、田宏杰：《“黑哨”行为不能以犯罪论处》，载《政法论坛》2002 年第 3 期，第 164 页。

② 2002 年 2 月 25 日最高人民检察院下发的《依法严肃处理足球“黑哨”腐败问题的通知》指出，“根据目前我国足球行业管理体制现状和体育法等有关规定，对于足球裁判的受贿行为，可以依照刑法第一百六十三条的规定，以公司、企业人员受贿罪依法批捕、提起公诉”。

产利益说以及利益说四种不同观点：财物说认为贿赂仅指金钱或者可以用金钱计算的财物，财产利益说认为贿赂包括财物及其他可以用金钱计算的物质利益，财产性利益和部分非财产利益说认为可进行价值衡量的非财产利益属于受贿罪“财物”的范围，利益说认为凡是能满足人的物质和精神需求的一切利益都视为贿赂。

针对是否包括财产利益的问题，笔者认为基于以下理由，应予以肯定：其一，财产性利益对人的需要的满足与传统意义上的财物并没有本质上的区别，财产性利益最终也可以转化为金钱或者其他财物；其二，实践中出现了越来越多的侵犯财产性利益的案件，倘若一律不处罚会导致不公平，难以达到“罪责刑相适应”；其三，在刑法中存在肯定财产性利益的条文，如《刑法》第二百二十四条的“担保财产”、第二百六十五条的“通信线路、电信码号”等。通说采用了财产利益说，主张受贿罪中的“财物”不限于财产，还包括财产性利益。

然而，面对贿赂手段的多元化、越来越多人以“非财产利益”[①] 进行贿赂的趋势，对“非财产利益”一律不处罚显然不利于打击贿赂犯罪。受贿罪侵犯的法益是职务行为的廉洁性，“非财产利益”同样是作为“以权换利”的肮脏手段，无疑侵犯了受贿罪所保护的法益。但是，究竟“非财产利益”有没有超过“财物”含义的范围呢？“财物”，即资财与物品，其共同的本质特征是能够进行价值的衡量。因此，“非财产利益”倘若能进行金钱的衡量，亦应该属于财物的范畴。例如，“非财产权益”中的提供性服务，在实践中就存在着两种形式：一是行贿人自己为了本人或者他人利益向国家工作人员提供性服务，如蒋艳萍案件；二是雇佣性职业者向国家工作人员提供性服务，并以此与国家工作人员进行交易，如赖昌星案件。针对第一种情况，我们固然很难用市场价值或者其他手段进行价值的衡量；但在第二种情况中，性服务是请托人通过支付财物换取的，那么就属于可用金钱衡量的情况。不过在这种情况下，应当要求受贿人知道或者应当知道行贿人用以行贿的非财产利益是用财物或者财产利益换取而来的。

总的来说，本文支持财产性利益和部分非财产利益说。在竞技体育受贿犯罪中，凡是可以用金钱衡量的利益都属于受贿罪财物的范围，受贿的

① 非财产性利益主要包括：介绍职业、提职晋级、入党入团、调换工作、授予荣誉称号、提供性服务等。

数额就是用金钱衡量出来的总和。对于那些不能用金钱衡量的非财产利益，倘若受贿人还有其他受贿事实，可以作为受贿的情节予以考虑。

（二）滥用职权操控比赛的行为

竞技管理人员利用职务之便索贿、受贿之后，一般都会滥用自己手中的权力操控或者协助他人操控比赛，以期达到为他人谋取不正当利益的目的。竞技管理人员滥用职权操控比赛的社会危害性毋庸置疑，那些滥用职权的行为究竟是否符合滥用职权罪[①]的构成要件呢？

滥用职权罪，“是指国家机关工作人员超过职权，违法决定、处理其无权决定、处理的事项，或者违反规定处理公务，致使公共财产、国家和人民利益遭受重大损失的行为”[②]。由此可见，滥用职权罪将行为主体限定在国家机关工作人员，亦即国家的权力机关、行政机关、审判机关、检察机关和军队中的机关的工作人员，而政协和中国共产党的各级机关是否属于国家机关尚存在争议。由于各单项体育协会虽然行使了部分国家体育管理职能，但不能就此认定为国家机关，所以，国家体育总局及省、自治区、直辖市体育局的工作人员才能成为滥用职权罪的主体，各单项体育协会的工作人员即使滥用职权操控比赛也不能按照此罪处罚。另外，刑法明文规定只有“致使公共财产、国家和人民利益遭受重大损失的”才科以刑罚，而2006年7月26日出台的《最高人民检察院关于渎职侵权犯罪案件立案标准的规定》详细规定了“重大损失”的具体标准。[③] 虽然学界上对

---

① 《刑法》第三百九十七条规定，“国家机关工作人员滥用职权或者玩忽职守，致使公共财产、国家和人民利益遭受重大损失的，处三年以下有期徒刑或者拘役；情节特别严重的，处三年以上七年以下有期徒刑。本法另有规定的，依照规定”。

② 高铭暄、马克昌：《刑法学（第五版）》，北京大学出版社、高等教育出版社2011年版，第643页。

③ 涉嫌下列情形之一的，应予立案：①造成死亡1人以上，或者重伤2人以上，或者重伤1人、轻伤3人以上，或者轻伤5人以上的；②导致10人以上严重中毒的；③造成个人财产直接经济损失10万元以上，或者直接经济损失不满10万元，但间接经济损失50万元以上的；④造成公共财产或者法人、其他组织财产直接经济损失20万元以上，或者直接经济损失不满20万元，但间接经济损失100万元以上的；⑤虽未达到③、④两项数额标准，但③、④两项合计直接经济损失20万元以上，或者合计直接经济损失不满20万元，但合计间接经济损失100万元以上的；⑥造成公司、企业等单位停业、停产6个月以上，或者破产的；⑦弄虚作假，不报、缓报、谎报或者授意、指使、强令他人不报、缓报、谎报情况，导致重特大事故危害结果继续、扩大，或者致使抢救、调查、处理工作延误的；⑧严重损害国家声誉，或者造成恶劣社会影响的；⑨其他致使公共财产、国家和人民利益遭受重大损失的情形。

"重大损失"在滥用职权罪中的地位颇有争议,[1] 但基本上都只针对"重大损失"的主观罪过方面产生分歧，即都认同必须有"重大损失"的结果存在。不可否认，在国际赛事上滥用职权操控比赛会严重损害国家声誉，属于该规定中所列举的情形之一，可以被定性为滥用职权罪。而对于滥用职权操控国内的各种赛事的行为，则不能一概而论会造成"重大损失"或者没有造成"重大损失"，应该根据具体的案件具体分析。那些造成恶劣社会影响的或者其他致使公共财产、国家和人民利益遭受重大损失的情形，当然可以以滥用职权罪定性。

综上所述，国家体育总局及省、自治区、直辖市体育局的工作人员滥用职权操控比赛，倘若造成了产生重大损失的危害结果，就可以以滥用职权罪定罪量刑。

（三）玩忽过失与监督过失理论

在20世纪60年代，日本学者提出了监督过失理论，主要适用于公害事件、食品、药品、火灾等重大责任事故。在业务或者生活上形成的监督关系中，"如果监督者不履行或者不正当履行自己的监督或者管理义务，导致被监督者产生过失行为引起了结果，或者由于没有确立安全管理体制，而导致结果发生，监督者主观上对该结果具有监督过失"[2]。在立法上，我国刑法存在相关罪名追究监督过失的责任，如刑法分则第九章规定的各种玩忽职守罪，无疑是对监督过失理论的一种肯定。在司法实践中，亦有越来越多的案件依靠监督过失理论进行定罪量刑。对各类竞技比赛负有监管义务的国家体育总局及省、自治区、直辖市体育局的工作人员，如果严重不负责任、不履行职责或者不正确履行职责，致使公共财产、国家和人民利益遭受重大损失，就符合了玩忽职守罪的构成要件，可以以玩忽职守罪定性。而玩忽职守罪，主观上体现的就是一种监督过失，亦即应当承担监督责任者没有实施监督行为从而导致结果的发生。至于监督过失的处罚范围，则要以国家体育总局及省、自治区、直辖市体育局的工作人员各自的工作和职责范围进行界定。总的来说，各国家体育总局及省、自治

---

① 有人认为"重大损失"是滥用职权罪的结果，并以对此的结果态度判断本罪的罪过形式；有人认为"重大损失"只是客观处罚条件或者客观的超过要素；有人认为"重大损失"只能是说明滥用职权社会危害程度、限制处罚范围的定罪情节。

② 张明楷：《刑法学（第四版）》，法律出版社2011年版，第271页。

区、直辖市体育局的工作人员不履行或者不正确履行监管职责造成重大损失的行为，可以利用监督过失理论，以玩忽职守罪追究责任。

四、竞技运动员相关行为的定性

在竞技比赛中，虽然有很多偶然的因素可以影响到比赛的成绩，但运动员的水平始终占据着极为重要的位置。一般来说，为了赢得比赛的胜利，竞技运动员会通过努力训练尽其所能地提高自己的水平。遗憾的是，还是有人希望不劳而获，铤而走险，使用妨害竞技体育公正性的伎俩以期达到目的。在媒体广泛报道的运动员的“丑闻”中，大多都与使用兴奋剂、虚报年龄和身份、竞技性恶意伤害有关。这些妨害竞技体育公正性的行为，除了遭受到道德的谴责之外，还应该受到法律的制裁。

（一）使用兴奋剂的行为

关于兴奋剂的定义，《世界反兴奋剂条例》（*World Anti-Doping Code*，WADC）第1条①、第2条②对此做出了详细的规定，“运动员的检验样品中出现禁用药品的成分或者代谢物”“使用或者尝试使用禁止药品或者禁止方法”“经通知后拒绝提供或者无正当理由不提供检验样品”“比赛过后不进行相关检测”“篡改或者尝试篡改兴奋剂管理中的任一部分与环节”“持有禁止性药品或者禁止性方法”“进行或尝试进行禁止性药品或者禁止性方法的非法交易”“帮助、教唆、掩饰或者其他串通违反兴奋剂条例”这八种行为都属于使用兴奋剂的情况。而所谓禁止性药物和禁止性方法由世界反兴奋剂机构（The World Anti-Doping Agency，WADA）每年制定具体的违禁品表。③ 在国内，2003年12月31日通过的《反兴奋剂

---

① *World Anti-Doping Code* 2009 Article 1.

② *World Anti-Doping Code* 2009 Article 2.

③ 2012年的禁用清单：“赛内和赛外均禁用的物质”——S0，未获批准的物质；S1，蛋白同化制剂；S2，肽类激素、生长因子及相关物质；S3，b2-激动剂；S4，激素与代谢调节剂；S5，利尿剂和其他掩蔽剂。

“禁用方法”——M1，提高输氧能力；M2，化学和物理篡改；M3，基因兴奋剂。

“赛内禁用的物质和方法”——S6，刺激剂；S7，麻醉剂；S8，大麻（酚）类；S9，糖皮质类固醇。

“特殊项目禁用物质”——P1，酒精；P2，b-阻断剂。

条例》同样提供了兴奋剂的定义，规定“本条例所称兴奋剂，是指兴奋剂目录所列的禁用物质等”。使用兴奋剂问题严重，不仅对个人、对竞技体育本身会产生危害，还会危及国家的国际形象，具有严重的社会危害性。在《体育法》《反兴奋剂条例》都不能有效打击这种不良现象的时候，刑法就应该发挥作用，作为最后的保障手段维持竞技体育的公正性。

《刑法》分则第六章规定了与毒品有关的犯罪。《刑法》第三百五十七条规定，“本法所称的毒品，是指鸦片、海洛因、甲基苯丙胺（冰毒）、吗啡、大麻、可卡因以及国家规定管制的其他能够使人形成瘾癖的麻醉药品和精神药品”。那么，究竟兴奋剂与毒品的关系如何？回看刑法对毒品所下的定义，是采用了列举式加概括式的方式加以规定的。兴奋剂的禁用列表中，在“赛内禁用的物质和方法”规定了大麻（酚）类，这属于法条列举的“大麻”的范畴。而其他兴奋剂，因为不在列举的范围之内，所以必须判断是否符合“国家规定管制的其他能够使人形成瘾癖的麻醉药品和精神药品”这一概括式规定。兴奋剂是“国家规定管制的”毋庸置疑，但是否“能够使人形成瘾癖的麻醉药品和精神药品”，则要使用化学、生物学或者其他方法进行具体的判断。判断的结果可能是肯定的也可能是否定的，但我们至少可以肯定的是：兴奋剂与毒品这两个概念至少是交叉的关系，而不是毫无关联。既然有一部分兴奋剂可以被解释为刑法中的“毒品”，那么就有可能构成刑法规定的毒品犯罪。

关于毒品犯罪，刑法只处罚那些引诱、教唆、欺骗、强迫他人吸食、注射毒品或者违法向吸食、注射毒品的人提供国家规定管制的能够使人形成瘾癖的麻醉药品、精神药品的行为，而不处罚自愿吸食毒品的行为。也就是说，在竞技体育中，操控者引诱、教唆、欺骗、强迫运动员使用兴奋剂的行为有可能构成犯罪，但运动员自己决定使用兴奋剂的则不可罚。刑法如此规定，是价值博弈的结果，很难说是因为法律有漏洞。我们固然不能类推解释让吸食毒品的行为以相关的毒品犯罪定性，因此，只能采用其他手段解决运动员自己使用兴奋剂、实行竞技舞弊的问题。

综上所述，有一部分兴奋剂属于刑法规定的“毒品”的范畴，操控者引诱、教唆、欺骗、强迫运动员使用兴奋剂，或者依法从事生产、运输、管理、使用国家管制的麻醉药品、精神药品的人员违反国家规定，向运动员提供国家规定管制的能够使人形成瘾癖的麻醉药品、精神药品的，可以分别以《刑法》第三百五十三条[①]的引诱、教唆、欺骗、强迫他人吸毒罪，第三百五十五条[②]的非法提供麻醉药品、精神药品罪定性。

（二）虚报年龄、身份的行为

在竞技运动员的运动生涯中，年龄与身份是十分关键的因素。从年纪最小的少年队到青年队再到成年队，均有固定的年龄上限和下限，还可能存在户籍的限制。而国际或者国内的各种竞技比赛亦严格规定了参赛运动员的年龄和身份。于是，原本不符合参赛要求的运动员就想方设法虚报年龄和身份，以期能够获得参加比赛的机会进而获得优异的成绩。年龄和身份的造假行为，倘若要求竞技比赛的组织者全部都要审查出来显然是对其施加了过高的注意义务。而且随着造假技术的提升，即使是严格按照程序认真审查也未必能发现，从而出现了“以大打小”“违反规定搞假引进”等破坏竞争秩序、妨害竞技体育公正性的现象。之后这些虚报年龄或者身份的行为一旦因为各种原因被发现，实践中大多都只是被通报批评、取消参赛资格、撤销奖项甚至禁赛罢了，鲜少有人被追究刑事责任。

其实，虚报年龄和身份的行为，本质上是一种诈骗行为。竞技运动员通过虚构事实、隐瞒真相的方式，使得竞技比赛的组织者陷入了错误的认识——误以为参赛的运动者年龄和身份都符合要求，并基于这个错误的认识允许身份或者年龄造假的运动员参加比赛。但并非所有的诈骗行为都能构成刑法上的“诈骗罪”。“诈骗罪”被规定在《刑法》分则第五章，属于侵犯财产犯罪，而“允许身份或者年龄造假的运动员参加比赛”这个行为无论怎么解释也难以与财产直接挂钩。这样一来，如果竞技运动员虚构年龄或者身份，只是单纯地获得了参赛资格，便不符合诈骗罪的构成要

---

① 《刑法》第三百五十三条规定，“引诱、教唆、欺骗他人吸食、注射毒品的，处三年以下有期徒刑、拘役或者管制，并处罚金；情节严重的，处三年以上七年以下有期徒刑，并处罚金。强迫他人吸食、注射毒品的，处三年以上十年以下有期徒刑，并处罚金。引诱、教唆、欺骗或者强迫未成年人吸食、注射毒品的，从重处罚”。

② 《刑法》第三百五十五条规定，“依法从事生产、运输、管理、使用国家管制的麻醉药品、精神药品的人员，违反国家规定，向吸食、注射毒品的人提供国家规定管制的能够使人形成瘾癖的麻醉药品、精神药品的，处三年以下有期徒刑或者拘役，并处罚金；情节严重的，处三年以上七年以下有期徒刑，并处罚金。向走私、贩卖毒品的犯罪分子或者以牟利为目的，向吸食、注射毒品的人提供国家规定管制的能够使人形成瘾癖的麻醉药品、精神药品的，依照本法第三百四十七条的规定定罪处罚。单位犯前款罪的，对单位判处罚金，并对其直接负责的主管人员和其他直接责任人员，依照前款的规定处罚”。

件，不能以诈骗罪定性。不过，倘若造假的运动员赢得了比赛、获得了奖杯或者奖金，那么竞技比赛的组织者就是基于错误的认识处分了奖杯或奖金，就能被认为是错误处分了财产，并且造成了财产方面的损失。然而，成立诈骗罪要求达到数额较大的程度，亦即诈骗公私财物价值3000元至1万元以上。换言之，虚报年龄和身份的运动员倘若在比赛中获得了奖杯或者奖金，并且达到数额较大的程度就能被定性为诈骗罪。如果只是得到了经物价鉴定价值不大的奖杯或者未达到诈骗罪认定的“数额较大”程度的奖金，同样是不符合诈骗罪的构成要件的，不能以诈骗罪追究责任。

综上所述，虚报年龄和身份参加比赛，从而获得的奖杯或者奖金达到数额较大程度的行为宜以诈骗罪定性。

（三）竞技性伤害的行为

“在竞技比赛中，例如在足球比赛中，打破对手赢得比赛的意志和信心是胜利的最重要的一面。而要打破取胜的意志和信心，可能会产生身体上的猛烈碰撞。遭到这样的猛烈碰撞，运动员可能会暂时地失去成功的斗志。如果碰撞猛烈一点，运动员失去获胜的信心时间就更长一点。如果碰撞非常严重，就有可能使运动员整个赛季或者整个运动生涯都就此结束。”[①] 因此，竞技体育本身固有的竞技性、对抗性和危险性使得竞技比赛中出现伤害事件难以避免。但遗憾的是，这也成了某些竞技运动员发泄不满情绪、进行恶性伤害的借口。在出现了球员伤害的事件后，单项体育协会主张自身具有最高裁决权，不得将争议提交法院，因而，一般都仅由单项体育协会进行罚款或者禁赛处罚。而且，传统刑法观点认为：体育竞技行为属于正当化事由的范畴，从而主张体育伤害行为非犯罪化。[②] 基于这两大理由，司法实践中至今仍未有涉及体育伤害的刑事案件。

针对单项体育协会通过章程约定排除司法介入的问题，笔者在前文已经指出：“平等主体的公民、法人和其他组织之间发生的合同纠纷和其他

---

① Christo Lassiter. Lex Sportiva：Thoughts Towards a Criminal Law of Competitive Contact Sport. St. John's Journal of Legal Commentary，2007—2008，22：39.

② 参见黄京平、陈展鹏《竞技行为正当化研究》，载《中国刑事法杂志》2004年第6期；吴情树、陈慰星、王方玉《论体育运动中的正当行为——以大陆法系刑法为文本》，载《天津体育学院学报》2005年第4期；杨丹《竞技体育行为的正当化》，载《体育学刊》2005年第1期；楚晋《体育竞技伤害行为正当化的依据及限界研究》（硕士学位论文），吉林大学2007年。

财产权益纠纷”才属于可以约定仲裁的范畴。倘若触犯了刑法、构成犯罪，便不得约定仲裁，进而必须由公权力介入，此处不再赘述。

即使“体育竞技行为属于正当化事由的范畴”成了刑法理论界的共识，但其理由依据却各不相同，大体上有以下六种学说：

第一种是被害人同意说，认为“体育竞技比赛中的伤害行为可以依据传统习惯，以法律允许的名义，以被害人承诺为理由而使得犯罪消失”①。也就是说，社会公众都推定这些比赛的运动参与者对比赛的规则以及一定的比赛惯例都是非常熟悉的，② 行为人明知并自愿参与到有风险的社会活动中，则表明他对所参与活动中固有的风险表示同意。但是，被害人同意说忽略了“被害人同意应该有范围的限制，涉及生命权和身体健康权的同意无效”这一问题。

第二种是国家许可说，认为国家许可体育运动为发展，那就相当于许可了体育运动中的伤害行为。这样的逻辑显然是有问题的：难道国家赞同了言论自由，那就相当于许可了口头侮辱、诽谤的行为了吗？国家许可说的错误在于认为伤害行为必然是体育运动的一部分。但其实，并非所有体育运动都会存在伤害行为，而所有的伤害行为也并非因为体育运动本身而产生，亦即存在以体育运动为幌子进行恶性伤害的情况。

第三种是社会相当性说，主张如果社会公众希望体育竞技比赛以特定的方式进行，就必须容忍一定的伤害行为，亦即某种行为能为社会一般观念所接受是正当化事由的理论依据。但是，倘若进一步追问“竞技伤害是否为社会一般观念所接受”“社会一般观念的接受程度如何”，就能发现社会相当性说存在不足之处。

第四种是正当风险说，其强调行为虽然会对法益造成损害或者威胁，但是如果禁止该行为，则会给社会带来更大的损失与不便。但禁止竞技伤害就一定会给社会带来更大的损失与不便吗？其实，禁止竞技伤害中不遵守规则、恶性伤害的行为，会更利于竞技体育的发展。

第五种是区别对待说，主张将竞技伤害分为轻伤和轻伤以上两种伤害结果，前者以被害人同意说作为正当化事由，后者以行使依据比赛规则而

① ［法］卡斯东·斯特法尼等：《法国刑法总论精义》，罗结珍译，中国政法大学出版社1998年版，第374页。

② Comment. Consent in Criminal Law: Violence in Sports. Michigan Law Review, 1976, 75: 156.

获得的权利作为正当化事由。

第六种是正当业务说，主张体育竞技属于正当业务行为，运动员只要遵守了有关竞赛规则，非故意致人伤残，就排除犯罪性，不负刑事责任。

除了上面几种学说外，还有人提出“自我防卫”“无意识的反射行为”“受害人的挑衅”等理由[①]。倘若对上述各种理论学说进行一一分析，就会发现“体育竞技行为属于正当化事由的范畴”的概括其实曲解了某些学说的本来含义。例如，在正当业务说中只是认为遵循了竞技规则的伤害才属于正当化事由，而非所有的竞技伤害一律属于正当化事由。笔者认为，竞技伤害分为三种：第一种是遵守比赛规则而出现的伤害，第二种是不遵守比赛规则、轻度违规造成的伤害，第三种是不遵守比赛规则、严重违规造成的恶性伤害。对于第一种情况，应当承认其属于正当化事由的范畴。对于第二种情况，基于刑法的谦抑性和社会危害性考虑，亦认同单项体育协会内部处置的权利，承认其属于正当化事由。但对于第三种情况，就不能作为排除犯罪化的事由，而是符合刑法规定的故意杀人或者故意伤害罪了。比赛规则中可能包含着法律和社会允许的风险；遵循比赛规则，就意味着在法律和社会允许的风险内活动；而一旦严重违反了比赛规则，就相当于创造了法律和社会所绝对不允许的风险。当这种绝对不被允许的风险被实现并且没有任何阻却事由的时候，就可以作为犯罪处罚。因此，对竞技性伤害的定性要具体问题具体分析。在有关证据能证明属于恶性伤害的情况下，就应该交由司法部门处理，并根据比赛现场的情况、行为人的主观恶性、伤害的结果等相关因素，依据有关的罪名追究刑事责任。

因此，本文同意正当业务说，认为在竞技比赛中，运动员只要遵守了比赛规则就可以不负刑事责任。但一旦出现恶意伤害的情况，则应该依刑法有关罪名定罪量刑。

综上所述，在现有的刑法框架下，竞技舞弊行为并非一律不可罚。相反，竞技舞弊行为犯罪化处理是可能而且是必要的。与一般的犯罪行为一样，竞技舞弊行为侵犯了刑法所保护的法益，因此应当追究其刑事责任。而各种竞技舞弊行为可能触犯的具体的罪名如图 7 - 2 所示。

---

① Christo Lassiter. Lex Sportiva: Thoughts Towards a Criminal Law of Competitive Contact Sport. St. John's Journal of Legal Commentary, 2007—2008, 22: 74 - 81.

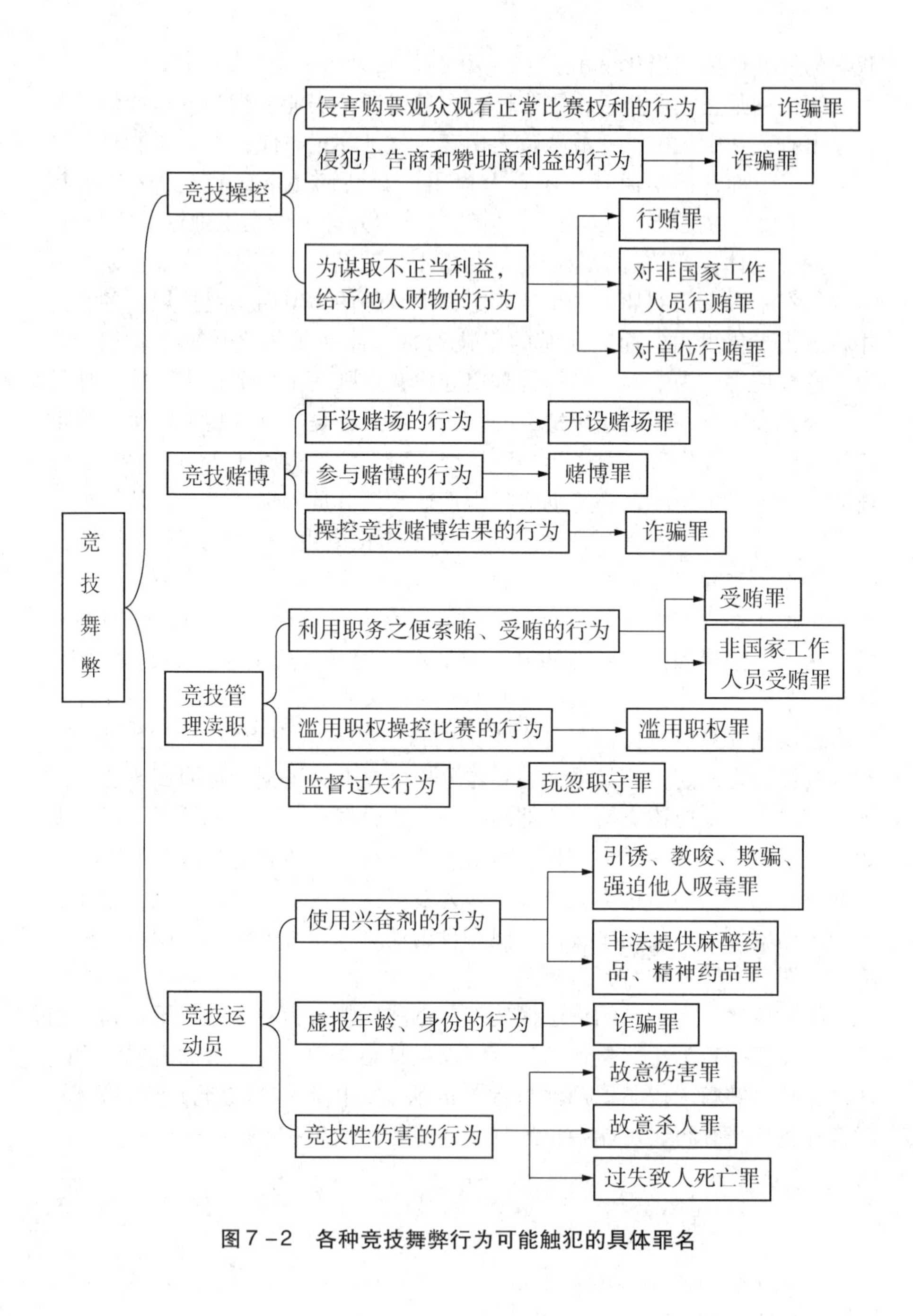

图7－2　各种竞技舞弊行为可能触犯的具体罪名

结　语

竞技体育与欣赏竞技体育已逐渐成为人们生活不可分割的一部分，但在竞技体育事业蓬勃发展的同时，竞技舞弊行为也日益泛滥。本书尝试对各种行为进行类型化处理，具体分为操控性舞弊行为、管理性舞弊行为、合作性舞弊行为和实行性舞弊行为四大类。但应当承认的是，随着各种破坏竞技秩序手段多样化并且隐蔽性逐渐增强，本书无法囊括全部情形，只是有针对性地讨论那些常见的、主要的情形。当“公正性”这一体育事业的灵魂不断受到侵蚀、严重损害了人们对竞技体育的信心和热情的时候，当其他的手段无法保障竞技体育公正性的时候，刑法就应该“义不容辞”地承担其作为社会关系的最后保障手段的责任。

然而，刑法要规制竞技体育犯罪，却面临着传统学理的困境。本书主张坚持刑法的谦抑性，但在竞技舞弊行为侵犯了刑法所保护的法益、具有社会危害性、应当受到处罚的时候，刑法就可以而且是必须介入。刑法规制竞技舞弊行为，存在立法论和解释论这两种路径，本书主张采用解释论，将值得科处刑罚的行为合理地解释为犯罪。当前，刑罚解释存在形式解释论和实质解释论之争，笔者基于学说本身的合理性与刑事政策的考虑主张以实质解释论作为解释之思路。亦即，基于实质解释论的立场，在遵循罪刑法定原则的要求下尽可能将以往极少处罚的竞技舞弊行为在解释论上予以犯罪化，实现竞技体育公正性的刑法保护。

但尤为值得指出的是，虽然本书所列举的各种竞技舞弊行为均具有或多或少的社会危害性，侵犯了法益，但却依然存在由于不符合犯罪构成要件的形式要求而出罪的情况。总的来说，本书不主张因为立法上罪名体系的空白和法律解释惰性而一概不处罚的极端现象，亦不主张进行类推解释将一切行为都入罪的非法现象。只有坚持正确的法律解释方法并加以运用，才能正确地对各种竞技舞弊行为进行定性；只有立足于整体对竞技舞弊行为进行研究，才能全面地保护竞技体育公正性、促进竞技体育的健康可持续发展。